沖縄芸能のダイナミズム

創造・表象・越境

久万田晋・三島わかな……編

七月社

[装画]「薫風」(部分、平良優季、二〇二〇年)

沖縄芸能のダイナミズム　創造・表象・越境　＊目次

トカラ列島
奄美大島
喜界島
奄美諸島
東シナ海
徳之島
沖永良部島
与論島
沖縄諸島
久米島
沖縄島
慶良間列島
大東諸島
宮古諸島
宮古島
与那国島
多良間島
太平洋
西表島
石垣島
波照間島
八重山諸島

序にかえて

◉三島わかな

一　プロローグ

二〇一九年、沖縄の芸能は、ひとつの画期をむかえた。一七一九年の組踊誕生から三〇〇年のこの年、県内外で組踊を中心とした琉球芸能公演がこれまでにない活気と賑わいをみせた。そのなかで去る一〇月末、まったく思いもよらないことが起こった。かつて宮廷芸能が執り行われた場であり、そのシンボルとされる首里城が火災にみまわれ、正殿・北殿・南殿が焼失した。そして城内の施設に収蔵されていた一五〇〇点以上の国宝級の絵画や漆芸などの工芸品、そして文献など史資料の三分の一が、鎮火に至るまでの一〇時間の間に痛手を受けた。まことに、あっけないことだった。

首里城は一三世紀末頃の創建のあと、これまでにも幾たびかの火災にみまわれ、現在のそれは四度目の再建であった。今回、首里城が焼失したことで、連日テレビの報道に映し出されたのは、首里城を身近に感じてきた沖縄の人びとの現実を受けとめきれない茫然とした表情だった。そして、その悲しみを乗り越えて欲しいという県外の人びとの思い、さらには沖縄系移民の子孫が居住する国外の人びとの思いは那覇市や沖縄県が募ったクラウドファンディングに続々と寄せられ、わずか数日のうちに、その額は三億円を超えた。沖縄の「外側」にいる人びとが五度目の再建を願って、厚い思いを寄せてくださったのだ。

このように、沖縄内外の多くの人びとが沖縄のシンボルとして首里城を認識していたという事実は、筆者にとって正直、意外なことだった。つまり今回の出来事は、沖縄の「内側」の人びとのみならず、沖縄の「外側」の人びとが何を沖縄のシンボルとして認識しているのかを再確認する機会となった。さらに言えば、首里城にアイデンティティを重ねようとする沖縄の人びとの自意識が、この出来事によってより強いものになったと感じるのは、おそらく筆者だけではあるまい。

二　沖縄の諸芸能と空間性

たしかに、首里城は近世琉球の宮廷芸能と切っても切れない関係にあった。しかし、それだけではなく、沖縄の芸能は庶民の暮らしと密接に結びつき、かつ沖縄の諸地域において豊富で多様に繰り広げられてきた。したがって本書では、沖縄にみられる多種多様な諸芸能のことを「沖縄芸能」と総称する。そして、本書が対象とする「沖縄芸能」には、どのようなものがあるのだろうか。本節以下で沖縄芸能を概説するにあたり、ここではまずその分類の基準となる「民俗芸能」「宮廷芸能」「大衆芸能」の定義を確認しておきたい。

1　沖縄芸能の分類基準

まず「民俗芸能」とは、沖縄各地に暮らす庶民の間で育まれ、特にムラの祭りの場を中心として発達した諸芸能を指す。地域の民俗行事（船漕ぎ、綱引きなど）、舞踊や音楽（民謡を含む）、演劇、さらにそれらを包括したムラ踊り、ムラ遊び、豊年祭などが含まれる［久万田 二〇一一：二九］。

次に「宮廷芸能」とは、近世琉球を通じて首里王府の士族層によって育まれてきた芸能を指す。主に中国からの外交使節である冊封使《サッポウシ》を歓待する芸能として成立発展した。さらに江戸幕府との外交的な場（たとえば「江戸上り」）において奏楽された中国由来の諸芸能も含まれる[*1]［久万田 二〇一一：二九］。

もっとも、近現代において「沖縄芸能」のカテゴリーに含まれるものは、必ずしも「民俗芸能」や「宮廷芸能」の括りだけに収まらない。第三のカテゴリーとなる「大衆芸能」は近現代を象徴するものであり、それは明治以後の商業演劇を通じて成立した芸能、および昭和初期以降に登場したレコードやラジオ、テレビといったマス・メディアを通じて成立・流布した芸能を指す[*2]［久万田 二〇一一：二九～三〇］。

加えて、二〇世紀以降の芸能や音楽において特筆すべきことは、「複製」という技術が登場し、日常的に普及した点にあると筆者は考えている。むろん、それは「録音」によってもたらされた技術であり、その恩恵として、人びとはいつでも好きな時に好きな場所で各種芸能や音楽を鑑賞できるようになった。同様にラジオ放送の制作運営でも「録音」技術の恩恵を大きく受けていた。それは、レコーディングされた多種多様な芸能や音楽がラジオ番組のコンテンツとして日々放送されていたことからも明らかである。具体的に言うと、レコーディングされたオーソドックスな「民俗芸能」や「宮廷芸能」がラジオ番組内で放送されることもあれば、同時代に創作された新感覚の「新作民謡」や「新作芸能」（洋楽と沖縄芸能の要素のフュージョン）なども放送され、実にさまざまな芸能の諸様式が誕生した。

沖縄芸能の近現代の特色として留意しておきたい点は、前述した三つのカテゴリーの「接近」にある。すなわち、「民俗芸能」と「宮廷芸能」の接近、あるいは「宮廷芸能」と「大衆芸能」の接近、さらには「宮廷芸能」と「西洋音楽」の接近や「民俗芸能」と「西洋音楽」の接近などの、領域相互的な動き、あるいは脱領域的な動きがみられる点にある。まさに、そういう動きこそ芸能を芸能たらしめ、色褪せることのない生命力をもたらすものであり、その点にこそ近現代の面白さがあるだろう。そして前述したとおり、レコードに収録されたり、あるいはラジオ番組やテレビ番組等で放送された諸芸能について言えば、それらは本来生まれた「場所」から必然的に切り離されるものであり、そして異なるコミュニティへと「越境」すること、それが「複製芸能」[*3]の宿命として考えられる。

このような分類基準のもとで、本節では以下に、二〇世紀以降さまざまに変容する以前の芸能、言い換えれば、個々の芸能が本来のコミュニティを越境する以前の「空間性」を重視し、[*4]「民俗芸能」ならびに「宮廷芸能」という観点から沖縄の諸芸能を島嶼別に概観する。

2　島嶼と文化圏

現在の「沖縄県」は、九州の南から台湾へと弧状に連なる琉球弧の一部をなしている。かつて奄美諸島（与論島、沖永良部島、徳之島、奄美大島、喜界島）は琉球国の支配下にあったが、一六〇九年の薩摩藩島津氏の侵攻以降はその直轄地となり、琉球国から切り離された。その後、明治維新にともなう廃藩置県を経て、近代以降の奄美諸島は鹿児島県に属する。したがって現代の行政区分における「沖縄県」は、沖縄島以南の周辺島嶼群を領域とする。

現在、沖縄県には無人島を含めた三六三の島々があり、県全体の人口は一四〇万人を超える。[*5] その領海は最東端から最西端まで約一〇〇〇キロメートル、最北端から最南端まで約四〇〇キロメートルとひじょうに広大である。[*6] ここでは以下、沖縄芸能の文化圏を島嶼ごとにグルーピングし、大きく四つ（大東諸島、沖縄島と周辺離島、宮古諸島、八重山諸島）に分けて概観したい。

大東諸島

沖縄県内で最東端に位置するのは大東諸島である。大東諸島は有人島の南大東島および北大東島のほか、沖大東島をはじめとしたいくつかの無人島からなり、太平洋上に浮かんでいる。同じく太平洋上に点在する伊豆諸島や小笠原諸島からみて、大東諸島は南西に位置する。そういったロケーションもさることながら、南北大東島がアホウドリの生息地だったことが、伊豆諸島や小笠原諸島の人びとがこの島に入植するきっかけとなった。

それというのもアホウドリの羽根は羽毛布団の材料として高く売れたため、小笠原諸島に生息したアホウドリが幕末から乱獲され、さらに近代以降もアホウドリを追い求めた人びとが当時無人島だった南北大東島に明治半ばに入植し、定住したのである。以来、南北大東島では「八丈太鼓」が行われ、現在では「大東太鼓」として継承されている。また、マグロや鰆などの刺身をみりん醤油に漬け込んだ大東寿司なども沖縄の他の地域にはみられない食文化である。このように大東諸島には八丈島や小笠原諸島の文化的影響が色濃く残されている。

沖縄島と周辺離島

沖縄島と周辺離島については、まず民俗芸能について概観し、次に琉球国時代に首里王府における政《まつりごと》と結びついて機能した宮廷芸能を概観する。

民俗芸能としては、まず全県的に分布する「獅子舞」[*7]や「棒踊」「棒術」がある。次に、女性を担い手とし、生活のなかの祈りと結びついた芸能に「ウスデーク」[*8]等があり、また女性による祈りの古謡として庶民によって歌われた「クェーナ」や、女性祭司による呪術的な「ウムイ」がある。さらに日本の仏教からの影響として、念仏の流れを汲む「京太郎《チョンダラー》」があり、同様に本来は盆の行事と結びつき、県内各地の集落を母体に継承されたのが「エイサー」[*9]である。また、外来の流れを汲む民俗芸能として「打花鼓《ターファークー》」がある。これは中国系の芸能であり、琉球国時代に那覇の久米村に居住した閩人《びんじん》がもたらした芸能とされるが、現在では沖縄島中部の中城村でのみ継承されている。さらに南方系の芸能に「南の島《フェーヌシマ》」がある。これは沖縄県内各地に分布する棒踊の一種だが、麻の繊維を染めた赤褐色のかつらをかぶり、棒の一端に鉄輪をつけて奇声を発して飛びはねる所作をともなうほか、棒技の部と素手の芸の部で構成されるなど、様式や系統の点で沖縄在来の棒踊とは異なる〔沖縄大百科事典刊行事務局編　一九八三（下）：三四九〕。

首里王府の宮廷芸能にはいくつかの種類があり、いずれの芸能も政《まつりごと》と結びつき、王府内の役人として務めていた男性が担い手だった。主要な芸能のひとつは、王府内の各種儀式で謡われた歌謡「王府おもろ」である。また、総称的に「冠船芸能《カンセンゲイノウ》」*10と呼ばれる一連の歓待芸能があり、これらは事実上、外交手段として機能した。それというのも、明清朝時代には琉球国王の代替わりごとに冊封を行うことを目的として、冊封使と呼ばれる中国皇帝の名代使節が琉球に派遣された。その際に冊封使は約半年もの長期にわたって琉球に滞在し、その間に彼らを歓待するために琉球側は七回もの宴を催した。その宴席で披露された芸能が冠船芸能である。そこには琉球独特の演劇である「組《クミ》踊《オドリ》」*11をはじめ、「琉球舞踊」や「歌三線《ウタサンシン》」*12のほか、前述した「王府おもろ」も含まれる。

さらには、中国系の室内楽に「御座楽《ウザガク》」があり、これも冠船芸能のひとつである。御座楽は首里城での慶賀や冠船または江戸上りの際に楽童子《ガクドウジ》と呼ばれる奏者らによって室内で演奏され、三絃や琵琶などの弦楽器群および銅鑼や揚琴などの打楽器群で編成された。そして御座楽のレパートリーは器楽のみならず、曲目によっては歌唱も含まれる。また、中国風の楽童子らの衣装も独特である。一八世紀以降の江戸上りでは、江戸城での演奏の際に用意した曲の他に、将軍が所望した曲もレパートリーに加わった〔沖縄大百科事典刊行事務局編　一九八三（上）：六〇〇〕。

御座楽と同じく中国系の野外音楽・道中楽に「路次楽《ロジガク》」がある。路次楽は琉球国王の行列の際に決まって奏楽され、江戸上りの際にもその道行きで演奏された。チャルメラの一種である哨吶《ツォナ》と呼ばれる吹奏楽器を中心に、太鼓などの打楽器で編成される。

宮古諸島

宮古諸島は沖縄島の西側約三〇〇キロメートルに位置する島嶼群であり、次に述べる八重山諸島と宮古諸島をあわせて先島諸島と呼ぶ。八つの有人島（宮古島、池間島、大神島、伊良部島、下地島、来間島、多良間島、水納島）と、それらの周辺の無人島からなる。

宮古諸島ならではの民俗芸能に「クイチャー」がある。祭りの場ではもちろんのこと、祈願や家々の宴会など人びとの集いの場で円陣になって歌い踊られるのがクイチャーであり、生命力に溢れた芸能である。その他の民俗芸能としては全域的に行われている「獅子舞」や「棒踊」「棒術」がある。

ことに多良間島では、宮廷芸能の流れを汲む組踊が「多良間の八月踊り」の演目として伝承されている。ただし、その様式は首里王府内で上演された組踊とは随分異なっており、多良間島独自の変化を遂げている。

八重山諸島

八重山諸島は宮古島から西へさらに約一〇〇キロメートル、つまり沖縄島の西側約四〇〇キロメートルに位置する島嶼群である。一二の有人島（石垣島、竹富島、小浜島、黒島、新城島〔上地島、下地島〕、由布島、西表島、鳩間島、嘉弥真島、波照間島、与那国島）ならびに、その北に位置する尖閣諸島をはじめとする数多くの無人島からなる。なお、日本最西端となる与那国島と台湾東岸とは、約一〇〇キロメートルを隔てるばかりである。

古くから、八重山諸島は芸能が盛んな地域で「民謡の宝庫」と呼ばれてきた。前述したとおり「獅子舞」や「棒踊」「棒術」は全県的に分布する民俗芸能であり、例にもれず八重山諸島の各地でも広く行われている。ただし、小浜島の獅子舞ではそれに付随して太鼓踊が演じられ、また黒島では小太鼓集団の演舞が付随するというように、島ごとに様式上の独自性もみられる。つまり八重山諸島では、類型性のなかにも島ごとに異なる特色がみられるのである。ことに竹富島では稲や粟の農耕プロセスごとに盛大な規模で祭りが執り行われる。すなわち豊年祭《プーイ》、盆、結願、節《シチ》、種取り《タナドゥイ》といった一連の祭りが時期ごとに順次開催され、そこではさまざまな芸能が奉納される。これらの祭りはニライカナイ信仰にもとづき弥勒《ミルク》が登場する点では、他の地域とも共通する。*13

さいごに、「アンガマ」について触れておきたい。これは儀礼的集団芸能のひとつであり、一般的には仮面をつけて扮装した踊りのことをさす。沖縄県内では石垣島を中心とした八重山諸島のみで行われる芸能である。石垣島のアンガマでは、先祖を象徴するという、ウシュマイと呼ばれる翁ならびにンミと呼ばれる嫗の仮面を付けた二人の老人を先頭にして、そこに踊り手らが追従する。集落内の家々を訪ねて行われるウシュマイとンミによる問答がユニークであり、加えて歌や踊りも披露される。旧盆の夜に行われるのがソーロンアンガマであり、その他八重山諸島には節アンガマや家造りのアンガマがある。

三　本書のねらい

本書は、近世琉球国時代から近現代沖縄社会にかけて育まれた沖縄の芸能について考えるものである。ここで特筆したいのは、本書が芸能そのものを対象とするだけでなく、芸能が二〇世紀という時代とどのように向き合い、そしてそのなかでどのように生きながらえてきたのか、さらにはこれからの時代をどのようにして生きながらえてゆくべきなのかについて考えようとしていることである。

思えば、二〇世紀という時代は二度の世界大戦を体験し、世界の多くの人びとは反省を心に誓った。あわせてこの世紀にはテクノロジーが日進月歩で開発・導入され、人びとのライフスタイルもこれまでにないほどにめまぐるしく変化した。その最たるものがアナログからデジタル時代への突入である。諸外国の諸芸能と同様に、沖縄の芸能もそういった激動の世紀を乗り越えてきたのだ。そこで本書は、沖縄の芸能がさまざまな経緯で本来の居場所を離れたあと、どのように変化・変容したのか、そしてこれらの躍動する芸能をめぐって生じたさまざまな議論と諸課題についても照射するものとなっている。

歴史をふりかえると、「沖縄芸能」にスポットライトが当てられた史上初の出来事は、一九一〇（明治四三）年、邦楽調査掛の主催による「琉球歌の演奏会」だった。それは東京音楽学校奏楽堂を会場としたワークショップ形式の演奏会であり、文化界の重鎮が数多く出席した。そこでは歌三線の調べによって琉球の宮廷音楽のレパートリーの数々が披露された。[*14] 当時の日本人にとって、沖縄の芸能は珍重すべきものに他ならず、初体験の響きだったと思われる。

それに続く本格的な沖縄芸能の調査は一二年の後の一九二二（大正一一）年となる。それは近代日本を代表する音楽学者の田辺尚雄[*15]が財団法人啓明会の助成を受けて実施した沖縄島・八重山諸島・台湾の音楽調査だった。さらに、田辺の調査から約四〇年後となる一九六三年には、民族音楽学者の小泉文夫[*16]率いる「東京藝術大学民俗音楽ゼミナール」が第一回の沖縄音楽調査を行ない、以降、幾度かにわたって沖縄島、宮古諸島、八重山諸島の音楽を調査した。

このように近代以降、外からの眼差しによって「沖縄芸能」は注目されるところとなり、その研究がスタートしてから一世紀あまりの歳月が過ぎた現在、「沖縄芸能」に関する著作物は少なくない。けれども、従来の著作物の多くは芸能のジャンルごとに区分けされ、言い換えるとジャンル別に完結したスタイルで著述される傾向にあったと思う。

そこで本書では、沖縄の諸芸能の多様性を伝えるべく紙幅の許すかぎり努めながら、あわせて各章が個々に描き出す世界を別々のものとして捉えるのではなく、各章の話題に有機性をもたせ、沖縄の「近代化」や「現代性」を芸能を通じて描き出そうと試みた。なかでも芸能ジャンル間の「様式的接近」について、読者の皆様に感じていただけるよう努めた。むろん、それは単著では限界があり、共著というスタイルをとるからこそ可能である。そして、本書の執筆者は沖縄の芸能や音楽を対象とする研究者であるが、そのアプローチは歴史学的手法、民俗・民族音楽学的手法、文化人類学的手法、社会学的手法というようにバラエティに富んでいる。それぞれのフィールドにおける最新の研究成果の集積という点も、本書の魅力である。

四　本書の構成および照射する時空

本書は三部七章ならびに七本のコラムで構成される。各部のテーマは、第Ⅰ部「舞台芸能のいま・むかし――規範と多様性」、第Ⅱ部「表象のゆくえ――継承と創造」、第Ⅲ部「越境する想い――伝播と移動」となっている。各章末に挿入されたコラムでは、当該章のテーマに関連した「人物」にフォーカスし、その人が生きた時代を浮き彫りにするとともに、その人となりに迫るよう努めた。

七つの章が対象とする時代や地域もそれぞれ異なっており、本書全体をつうじて時空の広がりを感じることができよう。すなわち、本書は近世から近代そして現代に至るまでの時間軸をもち、そして領域的にも琉球国時代の首里を中心とした空間から、近代以降の行政区分としての沖縄県（沖縄島や八重山諸島など）、そして沖縄人《ウチナンチュ》が出稼ぎのために移り住んだ関西圏や移民として渡ったハワイ諸島も対象となっている。加えて本書は、電波によって瞬時に時空を超えることのできる放送文化も考察の対象としている。沖縄の芸能や音楽は戦前のラジオ番組をつうじて、沖縄県内だけでなく国内各地（内地、外地）、そして海外へと届けられた。したがって、放送文化としての空間性は「沖縄」にとどまらず、国内外を含めてより広域である。このように、本書がカバーする「沖縄の空間性」については決して固定的なものではなく、各章の描きだす世界観に応じて柔軟に理解していただければと思う。

五　各部ならびに各章の概要

第Ⅰ部は、第一章および第二章の二つの章からなり、いずれも「舞台芸能」について論じている。まず、飯田泰彦による第一章「八重山の祝宴に関する一考察——祭儀と饗宴」では、現代八重山で行われる「祝宴」の諸事例から一定の様式を導き出し、そこに八重山の多彩な芸能がどのように表れるのかについて考察する。「祝宴」の定義については、「祭儀」ならびに「響宴」という二つの機能で構成されるとし、それを前提に論が進められる。

八重山の祝宴は、その内容がバラエティに富んでいるために一見すると無秩序にさえみえるのだが、飯田は祝宴の始まりと終わりに注目することによって、ゆるやかながらも演目構成上の約束事が存在していることを浮かびあがらせる。本章において「祝宴」の意義について考察する際には、

「村落祭祀の祝宴」および「人生儀礼の祝宴」という目的の異なる二つの場に大別している。とりわけ前者においては、神の介在による制約が芸能に及ぼす影響について述べている。そこで飯田は、両者に共通する普遍性が〈長者の大主〉にあることを指摘するとともに、「〈長者の大主〉という様式が芸能の再生装置として有効に機能し、八重山芸能を豊かにしているのではないだろうか」と結論づける。

本章では「祝宴」の多様性とそこに通底する一定の秩序を論理的に導き出すなかで、自身の結婚式の祝宴模様も考察対象となっている点がひじょうにユニークである。このように現代八重山社会のリアリティが、そのコミュニティにどっぷり浸かって生きる飯田自身の体験や体感によっても裏付けられているため、八重山社会に生きる生活者の目線での生き生きとした筆致も読みどころである。

つぎに、鈴木耕太による第二章「近世における組踊をめぐって――上演作品・舞台・小道具、そして近代への伝承」では、近世琉球の宮廷芸能のひとつである冠船芸能として成立した組踊《くみおどり》に着目し、当時の組踊の上演様式の再確認をつうじて、現代の上演様式との相違を明らかにする。近年、沖縄では琉球国時代の近世史料である尚家文書《しょうけもんじょ》が公開された。本章では、尚家文書に含まれる『冠《かん》船躍方日記《せんおどりほうにっき》』（一八三九年）や沖縄県立博物館が所蔵する「冠船之時御座構之図《かんせんのときおざがまえのず》」などの従来の研究が依拠することのなかった史料を駆使することによって、最新の研究成果が盛り込まれている。

本章では、まず近世における上演作品の整理をつうじて、「村踊りだけでなく、冊封においてもその上演順は重要な要素である」と指摘するとともに、村踊りにおける「長者の大主」が、冊封の重陽宴で上演された「老人老女」に、また御膳進上の舞台芸能として上演された「辺戸之大主」に相当すると考察する。ことに「長者の大主」については、第一章においても重要な論点となっている。舞台上演の目的や意義そして各々の芸能が帰属した時代や地域そして階層を超えたところに君臨するものが「長者の大主」であり、琉球の舞台芸能をかたちづくるうえでのコアとして機能していることがわかるだろう。

さらに本章では、近世における組踊の上演の場が複数あることを指摘する。すなわち定説にもみられる「仲秋宴」や「重陽宴」といった首里城正殿での宴だけでなく、「望舟宴」という那覇の天使館での宴や「弁ヶ嶽遊覧」「末吉社壇遊覧」における浦添御殿・大里御殿においても組踊が上演された。あわせて当時の組踊上演の舞台様式についても、首里城正殿で設営された「三間四方の舞台に橋掛りがついた舞台」のみならず、その他にも「横長の長方形であったり、士族の邸宅の二番座であったり」と指摘する。これらの諸点から、上演の場に応じた臨機応変な舞台様式や演出の変化にこそ、近世琉球の芸能の柔軟さがあると結論づける。

第Ⅱ部は、第三章および第四章の二つの章からなる。いずれの論考においても、「芸能と表象」の問題について考えるものとなっている。

まず、呉屋淳子による第三章「伝統芸能の〈担い手〉とは誰か——現代から問い直す組踊の継承」は、第二章と同様に組踊に関する論考となっており、一連の流れでお読みいただけるならば、近世から近代そして現代に至るまでの組踊を取り巻く環境の推移とそこに生じる諸問題について通観できるかと思う。ただし課題意識やアプローチは両論間で大きく異なるものとなっている。すなわち、第二章では近世および現代の組踊の「上演様式の相違」に着目したが、本章は組踊の「担い手」に着目し、現代社会における伝統芸能とその継承のあり方に対する疑問に端を発した論考である。そこで本章の冒頭において、「現在にいたるその「継承」が文化的・政治的な文脈の中で「創り出されたもの」であることを、現代における組踊の継承の問題に焦点を当てて論じようとするものである」「〈担い手〉自身が、ある特定の歴史的・文化的状況の中を生きる、個人である」と述べられる。このような問題意識に対して自覚的な実演家は果たしてどの程度いるだろうか。

なお本章では、文化人類学者・渡邊欣雄が提唱した「仮構論」をフレームワークとして援用する。呉屋はその理由について、「文化的な力学の中で、あるイメージが現実を形づくっていくダイナミズムを描き出すための有効な道具」だからだと述べる。「仮構論」を用いながら、本章では沖縄史上のターニングポイントである日本本土復帰前後以降の現代沖縄社会に軸足をおきつつ、組踊の担い手がどのように規定されていったのかを今一度確認する。

戦後登場した「コンクール」は民俗芸能のみならず伝統芸能の世界にもさまざまな影響を及ぼした。その際に議論された「型の統一」は、その後の継承のあり方にも大きな変化をもたらすことになったという。そして本章では、日本本土と沖縄との関係性のなかで、組踊の継承面に横たわるポリティカルな問題を浮かびあがらせる。すなわち、現今の組踊の継承者に関する規定が日本国の重要無形文化財のひとつである歌舞伎の指定要件「女形によること」を無批判に範としてきたがゆえに、戦後の沖縄社会に数多く誕生した「女性」の舞踊家が排除されてきたことを指摘する。そういった事実を踏まえた上で、重要無形文化財の指定が組踊の継承のあり方の柔軟性や新たな可能性の探究を封じ込めてしまうことに繋がっているのではないかと警鐘を鳴らす。本章における示唆は、あたかも所与のものとして受けとめられてきた組踊の継承の現在に一石を投じるとともに、その将来のあり方を考える上でひじょうに意義深いものである。

つぎに、三島わかなによる第四章「地域の音文化は電波に乗って——戦前のラジオ番組にみる沖縄イメージ」では、戦前の日本放送協会制作の各種ラジオ番組を対象として、琉球古典音楽や組踊などの宮廷芸能をはじめ沖縄各地の民謡といった「楽音」はもちろんのこと、さらには沖縄社会に実在したあらゆる「環境音」がどのように切り取られ、そして、どのような趣旨をもつ番組として放送されたのかに注目する。近代日本社会で「琉球・沖縄イメージ」が創りあげられていった一端を、放送文化の中から見ていこうというものである。

戦前の沖縄の人びとがその暮らしの中でラジオ放送を聴いていたことについて、従来のメディア研究では明らかにされておらず、同様に琉球や沖縄を題材としたラジオ番組がさまざまな切り口のもとで放送されていたことについても知られていなかった。そのため、「青い空、青い海」や「トロピカル沖縄」といった沖縄イメージは、戦後沖縄社会の象徴とされる海洋博やリゾート開発などのキャッチフレーズと共に形成されたかのように語られてきたが、実はそうではない。すでに戦前から、沖縄に対するこうしたイメージ形成がはかられていた。それは沖縄の人びとが「沖縄の外」を意識するプロセスでの出来事であり、そして沖縄の「外の人びと」が沖縄に重ねあわせたいイメージを、沖縄の人びとが汲み取ったものだったと言える。第二次世界大戦の際に同時代史料の多くが焼失してしまったこともあって、沖縄の近代史は後発的な研究領域となっているが、そうとはいえ現存する史資料を渉猟するだけでも、放送文化が創り出したこれまで知られていなかった文化的営みを描くことができる。

ラジオで放送する日本各地の芸能や民謡については、番組制作に先立って「ホンモノ」探しから着手された。つまり、本書第三章における指摘と同様に「正統」な芸能を披露することが大事だったのだ。また「御当地モノ」番組のリスナーは、みずからの地域が電波に乗ることに大きな期待を寄せ、そしてそれを喜び、さらには他地域の放送回と比較することでメラメラと「対抗意識」を燃やした。このように地域の音文化が電波に乗ることをきっかけに、人びとはみずからの住む地域や都道府県を見つめ直した。その意味で「御当地モノ」を題材としたラジオ番組は、人びとのローカル・アイデンティティを強化する役割を果たしたのである。

第Ⅲ部は、第五章から第七章の三つの章からなる。ここでは二〇世紀を特徴づける交通手段の発達と普及を背景に、人びとが「移動や往来」をおこない、特定の地域の芸能が「越境」し、同様に沖縄の芸能には欠かすことのできない三線が他地域へと「伝播」した現象について考察している。

まず、久万田晋による第五章「エイサー伝播の現代的状況――沖縄本島北部・中部・南部の事例から」では、旧盆行事に由来する民俗芸能のエイサーを対象として、現代の沖縄本島における広がりのありようと伝播のプロセスを明らかにする。あわせて、エイサーの様式上の四つの類型すなわち、①太鼓エイサー、②パーランクーエイサー、③男女の手踊りエイサー、④女エイサー、が県内各地でモザイク的な分布をみせており、「民俗音楽的、芸能民俗誌的研究で描かれてきたような芸態の分布がうまく当てはまらない状況」が生じていると指摘する。したがって本章は、戦後のエイサー伝播の背景の解明に迫るものとなっており、沖縄本島北部（名護市）・中部（宜野湾市）・南部におけるエイサー伝播の事例を取り上げて検討し、考察をはかるものである。

本章を読み解く上で大切なのは、本来は沖縄の地域社会のための、いわば「内側」の芸能として「外」の目を意識しなかったはずのエイサーが、戦後の沖縄社会の激変と人びとのライフスタイルの変化を背景に、いまや「不特定多数の観客に見せる（魅せる）芸能として大きく変貌を遂げてきた」点である。「魅せる芸能」への変貌を大きくうながすこととなった戦後史上の画期は、一九五〇年代に始まったエイサーコンクールにあったという。あわせて、戦後のライフスタイルの変化にみられる都市型生活様式の浸透、エイサー活動の母体となる青年会活動のエリアの拡大、遠隔地への車での通勤、他地域出身者との婚姻、遠隔地地域間の人間関係による移動の頻度の高まりが、エイサーの現代的伝播・分布の遠因になっていると考察する。

このように、戦後沖縄社会におけるエイサーの普及は量的かつ質的な広がりをもちつつ、沖縄の芸能といえば「エイサー」というように、その認知度は県内そして県外でも圧倒的である。その一方で世界に目を向ければ、沖縄の芸能は二〇世紀をかけてはるか海を越え、彼の地において、それぞれのかたちで継承されてきた。それは「移民」の人びとの歴史とともにある。そういった世界を描き出したのが、遠藤美奈による第六章「ふるさとへの希求――ハワイ沖縄系移民と芸能」である。ふるさとを遠く離れた人びとは、みずからが何者なのか、世代を超えて問いかけつづける。その際に、「ふるさとと深く結びつきを持つ」ことを実感させてくれるのが「沖縄の芸能」なのである。

本章で注目していただきたいのは、移民と芸能に関する従来の諸研究の定説とは異なった、また別の世界が描き出されている点である。遠藤の言葉を借りれば、「本土出身者との文化的な差異から生じた溝については、これまで多くの研究でも指摘され、悲話も残されている。だが、消極的な表現や逸話だけでは、こうした溝の部分について移民が重ねてきた足跡の一部をも十分に説明することはできない。とりわけ芸能が演じられる場面は、悲哀を帯びながらも歓喜に満ちていることが多い」のである。

本章では、まず戦前の一九二〇〜三〇年代のマウイ島に注目する。沖縄系移民が率先して主催した「郷土芸術大競演会」を事例に、他府県人と共に生きる日系人社会にあって「沖縄の芸能を演じようとしている点はとりわけ重要である」とし、「「おきなわ」の芸能を他者へ披露することへの戸惑いを感じさせない」と遠藤は指摘する。さらにマウイ島で行なわれた「盆踊り競演会」にも注目する。そこで沖縄系の人びとは「琉球盆踊」と称して、いわゆる「エイサー」を披露したのだが、ただし、その踊り手はハワイ諸島内の日系社会の慣習にならって幼い少女らだった。「競技の結果、踊り演目として台頭してきた流行音頭踊をおさえて「琉球聯合処女組」が一等を獲得し、日系社会の盆踊りの代表としての地位を得た」という。また、オアフ島やマウイ島のエイサーは笠を被って演舞された。もはや沖縄では見られない装束だが、戦前の本島中部地域の装束様式が彼の地で実践されていたことを遠藤は指摘し、さらに顔を隠す行為にかつては重要な意味が込められていたと説く。この指摘は、第五章の沖縄内部でのエイサーの展開とも関連し、さらにコラム⑥で紹介したように、移民先で行なわれていたエイサーが沖縄へと逆移入される事例もあった。「(伝統の)創造」「越境」「還流」といった双方向の動きが二〇世紀以降の芸能をはぐくむ環境となっているのである。

さらに本章では、マウイ島の獅子起こしの儀礼に込められた「三世が思い描く「伝統的な沖縄の芸能」の再現についても明らかにされ、そこでは沖縄系移民社会における世代間の「沖縄イメージ」の相違が浮きぼりにされている。

栗山新也による第七章「三線に積み重なる価値と人間関係——大阪の事例から」は、楽器としての三線の価値形成に着目した論考である。

本テーマとの関連で思い出されるのが、数年前に沖縄の地元紙を賑わせた「里帰り三線」の話題である。一九〇〇年代初めにハワイへ渡った沖縄県系人・嘉数亀助さんが移民の際に一丁の三線を持参した。第二次世界大戦のあと、嘉数さんの甥がハワイで捕虜となった時にこの三線もハワイの収容所に持ち込まれ、そして復員後の甥は、故郷の沖縄へ里帰りする際にこの三線を一緒に持ち帰ったという。移民の芸能については第六章でもすでに論じられたが、本章は「モノ」という観点から、三線と移住者との関係について考えるものとなっている。

沖縄から大阪への出稼ぎは一九二〇〜三〇年代に集中し、沖縄の人びとが集住する地域には稽古場が開かれ、琉球古典音楽や沖縄民謡が継承されてきた。本章では、戦前から戦後の大阪で暮らす沖縄出身者とその子孫が所有する三線を対象に、どのような人間関係の中で三線がやり取りされてきたのか、そして一丁の三線をめぐっていかなる価値が付与されてきたのかを明らかにする。その目的は、社会生成の媒介物としての三線の機能や役割について考えることにあり、そこで栗山は三線の価値基準を、①楽器としての実用性、②棹の用材・形状美・製作技術の高さ、③由緒・来歴、の三つに分類する。

聴き取り調査にもとづいた五つの事例の分析をつうじて、「三線製作の過程では、大阪の製材業従事者や三線製作・販売の仲介者、沖縄の三線職人を結ぶ越境的なネットワークが形成されていた」こと、そして三線が人から人へと渡ることによって「楽器としての実用的価値から記念品的価値・関係性の象徴的価値へと価値付けが推移する」ことを導き出す。

このように、三線の価値は決して固定的で一義的なものではなく、継承の過程でその価値が推移し、積み重なっていく。そして栗山は、「楽器としての実用性よりも三線に積み重なった人間関係の「履歴」が重視されるところに、楽器として、あるいはモノとしての三線の特徴があらわれているのではないだろうか」と問いかける。沖縄の人びとが長く持ち続けてきた三線への特別な感覚や精神性が、そこには感じられよう。

六　本書から展望すること

さいごになるが、沖縄の人びとにとって「芸能」とは何だったのか。それはまず、個人において人生儀礼と子孫繁栄を願うものであり、また地域コミュニティごとに異なるアイデンティティを表出するものだった。次に、国家においては王国の威信と存続をかけるものであり、また近代以降は日本国や沖縄県の成員としての意識をかたちづくるものであった。さらに沖縄の人びとは他府県と異なる魅力ある沖縄という意識をみずからの芸能によって強化していった。さいごに、故郷沖縄を離れた人びとにとっては、みずからのルーツをたしかめるためのかけがえない手段であり、そして、そのシンボルとも言える三線には、その楽器をバトンタッチで継承してきた人と人との関係性が積み重ねられてきた。

このように、さまざまな時代と諸相において、人びとの存在意義そのものといっても過言ではない沖縄芸能。本書が描いてきたように、沖縄という空間の「内と外」を振り子のように行きつ戻りつしながら、沖縄芸能は継承され、現在みるようなかたちで表現されるようになった。もっとも、それを支える人びとの営みが続くかぎり、迎え来る時代の状況に応じてこれからも沖縄芸能はたえず変化を遂げていくことだろう。今を生きる私たちは、沖縄芸能がこれまでたどってきた途をつぶさに見ることによって、過去に何があったのかを知り、どういった因果関係で現在の芸能のかたちになっているのかを理解しておく必要があるだろう。

これからも、いきいきと躍動的で、独特の個性を失うことのない沖縄芸能であり続けるために、それを支える人びとが主体性を発揮して、みずからの芸能のあり方を意識的に方向づけていくことが何よりも大切ではないだろうか。「主体的」とは己の責任で選択することであり、そういう姿勢こそが沖縄芸能を沖縄芸能たらしめるのではないか。本書がそのための一助となれば、このうえなく幸いである。

1――久万田晋は「宮廷芸能」ではなく「古典芸能」という用語を使用している。本章では、沖縄芸能が行われた場（空間性）により着目するため、久万田の概念規定を援用しながらも「宮廷芸能」という用語を使用する。

2――本書とのかかわりで言えば、ラジオ放送を介した沖縄の音楽芸能の諸動向や再創造については、本書第四章が注目するところとなっている。

3――「民俗芸能」「宮廷芸能」「大衆芸能」の三つのカテゴリーが、それらの芸能の成立や社会的機能、担い手などの相違によって分類されるのに対して、筆者が称するところの「複製芸能」とは、鑑賞（聴かれること）を前提としてレコーディング（あるいは放送）された諸芸能を指す。

4――そうとはいえ、これまでの歴史をふりかえると、「宮廷芸能」「民俗芸能」「大衆芸能」の三領域を厳格に区別することは難しい場合もある。宮廷芸能と民俗芸能との間には交流があり、同様に宮廷芸能と大衆芸能との間にも交流があり、「これらの三領域は互に密接に交流しながら歴史的に展開してきているのである」[久万田 二〇一一：三〇]。

5――唯一の例外が硫黄鳥島である。硫黄鳥島は沖縄島よりも北に位置し、徳之島の西側六五キロメートルのところにある。地理的には奄美諸島の中に含まれるが、行政上は沖縄県島尻郡久米島町の管轄である。

6――二〇一五（平成二七）年一〇月一日時点の人口である（沖縄県企画部統計課編『平成二七年国勢調査人口等基本集計結果の概要 沖縄県の人口と世帯数』二〇一六年、https://www.pref.okinawa.jp/site/kikaku/tokei/documents/jinkotokihonsyukei.pdf）。

7――関連して、本書第六章では沖縄系ハワイ移民の民俗芸能にみられるマウイ島の「獅子起し」の儀礼について描かれている。

8――関連して、本書第六章では沖縄系ハワイ移民のマウイ島におけるウスデークについて描かれている。

9――関連して、本書第五章では沖縄本島各地のエイサーの現代的状況が描かれており、さらに本書第六章では沖縄系ハワイ移民によるマウイ島の「琉球盆踊」（エイサー）について描かれている。

10――本章では、池宮正治の用法にならい、「冠船芸能」という表記を用いる［池宮 二〇一五：四九〜五〇］。

11――関連して、本書第二章では組踊の近世における上演形態のありようが明らかにされており、さらに本書第三章では組踊に注目し、現代社会における継承のありかたについて議論する。

12――関連して、本書第七章では「三線」に着目し、大阪に移住した人びとが持ち込んだ三線の継承のプロセスと価値の推移について明らかにしている。

13――関連して本書第一章では、これら八重山諸島の民俗芸能にみられる特色が舞台芸能にも浮かびあがることを描き出している。

14――出演は金武良仁、曲目は《コテイ節》《作田節》《口説》《万歳カフス節》《ウフンシヤリ節》《センスル節》《仲風節》《述懐節》《大浦節》だった［東儀 一九〇八：二七～三二］。
15――たなべ・ひさお（一八八三年生、一九八四年没）。日本で初めて東洋音楽概説をまとめた。
16――こいずみ・ふみお（一九二七年生、一九八三年没）。民族音楽学者であり、日本国内の音楽をはじめ、東南アジア、インド、中近東、アフリカの音楽を幅広く調査した。

＊参考文献

池宮正治 二〇一五『琉球芸能総論』笠間書院
沖縄大百科事典刊行事務局編 一九八三『沖縄大百科事典』上・中・下巻、沖縄タイムス社
久万田晋 二〇一一『沖縄の民俗芸能論』ボーダーインク
東儀鐵笛 一九〇八「琉球歌論評」（『音楽』第一巻二号）

第1章

八重山の祝宴に関する一考察

祭儀と饗宴

◉飯田泰彦

一　はじめに

人々の暮らしで祝宴は度々催されるが、誰しも心に残る忘れられない祝宴があるものである。想定外の私の結婚披露宴もその一つ。妻とは元職場の同僚だったので、かつての職場仲間が企画し、石垣市内の大川公民館を貸し切って行われた（これを事例①「飯田家・石垣家結婚披露宴」とする。二〇一〇年一月九日）［表①］。

即席とはいえ二五〇人の友人知人が集い、会場は立錐の余地なく、本土から俄かに呼び出された親類縁者はただ驚いていた（ちなみに私は本土出身、妻は石垣市出身）。持つべきは友人で、写真撮影、音響や裏方、妻の着付けも友人がかって出てくれた。

披露宴は元同僚・入嵩西千鶴子さんの名司会よろしく、主催者挨拶があり（No.2）、乾杯の音頭（No.3）、座開きの舞踊「鷲之鳥節」（No.4）に始まり、数々の余興が続いた。「竹富島の婚礼祝いでは《霧下《きる》りアヨー》を謡うもんだよ」と古謡を謡う仲間が集い、その定番曲を謡ってくれた[*1]（No.7）。また、どこから聞きつけたのか祝電披露もあり（No.10）、手作りケーキへの入刀もあった（No.17）。プログラムには詩の朗読（No.12）やオペラ歌手・東田盛誠さんの独唱（No.8）もあった。

宴の中盤、女装した口紅べったりの義父が人形を背負い風車を手に登場し、子守唄《あがろうざ節[*2]》をBGMに会場を練り歩いた（No.13）。どうやら人形は妻の幼き頃のようだ。つまり、義父は

左：図①　一人芝居「あがろうざ」（撮影：辻元順子）
右：図②　乾杯の音頭（撮影：新盛基史）

No.	プログラム	分野	備考
1	新郎・新婦入場		
2	主催者挨拶		有志代表
3	乾杯の音頭		竹富町教育委員会教育長
4	鷲之鳥節	舞踊	新婦兄弟・叔母
5	祝辞		竹富町長
6	祝辞		竹富町史編集委員長
7	霧下りアヨー、アンパルヌミダガーマユンタ	斉唱	石垣市文化協会古謡部会
8	独唱	独唱	新郎の大家
9	スピーチ		新郎弟
10	祝電披露		
11	スピーチ		新郎叔父
12	詩の朗読	詩朗読	新郎新婦友人
13	一人芝居「あがろうざ」	狂言	新婦父
14	謝辞		新郎父
15	思い出のアルバム	スライド	
16	記念品贈呈		
17	ケーキ入刀		
18	新城浪民謡ショー	独唱	新城浪
19	モーヤー	舞踊	全員
20	謝辞		新郎・新婦

表①　飯田家・石垣家結婚披露宴（2010年1月9日、大川公民館、司会：入嵩西千鶴子）

図③　仏式による婚礼の儀（撮影：新盛基史）

子守りの場面を再現したのだ。会場は大いに盛り上がったが、一番笑い転げていたのは妻であった。

このどこか異風な結婚披露宴は、新城浪さん*3の民謡ショー（No.18）からモーヤー（乱舞）（No.19）へと展開し大団円を迎えた。私は「いら嬉《さに》しや今日《きゆ》ぬ日《ぴ》」*4（なんて嬉しい日なんだ）と思うと同時に、内心ホッとした。

今、振り返ってみると、適当に始まったかのような祝宴も、八重山における祝宴の形に則って進行していたことに気づく。落ち着きと安心感をもたらす進行は、司会者の才腕だけでなく、出席者の祝宴に対する共通意識によるものではないか、長い歴史に培われた祝宴の様式を踏まえて進められたからではないかと思うに至った。

概して祝宴はテーマも形も様々である。例えば、伝統的な村落祭祀と結びついた祝宴もある。行政や自治体が主体となる公共的な祝宴も多い。また人の一生において誕生祝いや生年祝いは通過儀礼の意味あいも含む。その他、結婚披露宴や新築祝い、慰労を意味する打ち上げまで、まさに祝宴は多種多様である。本章では、村落祭祀に伴う祝宴（事例②③④⑤）と、生年祝い（事例⑥⑦⑧）や結婚披露宴（事例①⑨）といった人生儀礼に関する祝宴をとりあげた。

ここで「祝宴」というとき、大雑把に「祝福を目的とした宴会、祝意を表した宴会」と定義しておく。また「祝宴」には複雑な構成もみられるが、ここでは「祭儀」と「饗宴」によって成り立つことを前提とするが、両者のあいだに明確な境界線を引こうというものでないことをあらかじめ断っておく。すなわち、祝意を表した儀式・儀礼、あるいは式典を「祭儀」、参列者をもてなす宴会・酒宴を「饗宴」という語を用いて表していこうというのである。

この原則からすると、表①は饗宴を意味し、ここで祭儀は表現されていない。この場合の祭儀は、当日午前中に行われた石垣市内の桃林寺[*5]での仏式による婚礼の儀に相当する。[*6]

農業を基盤とした村落祭祀は、作物のつつがない生長や収穫を祈願する祭儀と、来る年の豊作を舞踊・狂言で予祝する饗宴によって構成されることが多い。特に神前で神女の唱える願口《ニガイフチィ》は祭祀の主題が如実に表われ、要するに祝宴の主題となるものである。例えば、石垣市字平得《ひらえ》の草葉願の願口は次のごとくである（『南島歌謡Ⅳ』[*7]ニガイフチィ45）。

三月月《さんがわずつき》　草葉《ふしゃば》ぬ願《にが》い　（三月の草葉の願い）
作物《つくるむぬ》　大作物《ふうつくるむぬ》ぬ　草葉《ふしゃば》ぬ願《にが》い　（作物の　大作物の　草葉の願い）
作物《つくるむぬ》　草葉美《ふしゃばかい》しゃん　あらしとおり　（作物は　草葉が美しくあらせて下さい）
若葉美《ばかぱーかい》しゃん　あらしとおり　（若葉が美しくあらせて下さい）
生《む》い立《た》つん　あらしたぼうりり　（生え立ても〔見事で〕あらせて下さり）
きっと　来《く》う六月《るくんぐわつ》や　大穂《ふうぷ》ば　持《む》つぁし　（きっと　来る六月は　大穂を持たせ）

長穂《ながぷ》ば　持《む》つぁしとおり　（長穂を持たせて下さり）
しゅらん果報《がふ》　弥勒《みりく》ぬ世《ゆう》ば　受《う》うきしめー　給《たぼ》おり　（稲叢果報　弥勒世を　受けさせて下さい）
草葉《ふさば》ぬ　御願《うがん》　願《にが》いつきるんゆ　（草葉のお願いを申しあげます）
物忌精進《むぬんしょおず》　願《にが》いつきるんゆ　（物忌み　精進を願い申しあげます）

この物忌み行事は、稲の葉に虫が付くことなく生長し、六月の収穫時には大穂・長穂がもたらされることを主題とし、精進潔斎して神に祈願する厳かな祭祀である。それゆえ祝宴で饗宴の部分が発展することはなかったと考えられる。

祭儀と饗宴の比重のあり方は祝宴によってそれぞれである。つまり、字平得の草葉願は祭儀に、結婚披露宴は饗宴に重点が置かれているのである。年中行事には字平得の草葉願いのように祭儀だけで済ませる祭祀もままある。

本章は、八重山における祝宴の諸事例から様式を導き、そこに八重山の多彩な芸能がどのように表われるのか、また祝宴と芸能の関係について考察を深めるものである。

本章の「事例」は、時間・空間を特定し、参会者や芸能の演者の性格などを示して記録することで「今」を切り取り、現代八重山における祝宴のリアリティーに迫ろうとしたものである。同時に、演じられた芸能が祝宴の一要素として存在することを示すために、各事例にはプログラムを整理して作表して掲載した。

二　現代における祝宴の諸相

1　村落祭祀の祝宴

伝統的な村落祭祀に伴う祝宴も、祭儀と饗宴によって構成されることが多いが、近年は饗宴部分を「村遊び」「村踊り」という名称を用いて論じる傾向がある。ここではさらに「祝宴」という視点を加えて事例を紹介したい。

事例②　石垣市字新川牛馬祭祈願式典並びに祝賀会

事例②は、石垣市字新川で毎年秋口に行われる牛馬祭（牧祝《マキヨイ》）、即ち牛馬の繁殖と無病息災の祈願を捧げる感謝祭の一三〇周年を記念した祝宴である。字新川の牛馬祭には次の由来がある。

昔、前勢山前方の広大な土地は田園以外すべて原野だった。当時の農家の牛は、昼間農作業に使い、夜は原野に繋ぐ習慣があった。ある年、原野の牛が次々と死んだが、大嵩家《フータキヤー》の牛だけが病気に罹らず村人は不思議に思った。その訳を尋ねると、大嵩家はシラバカ区域の田園に霊石を建立し、牛馬の祈願をしているとのことであった。それを聞きつけた村人が村を挙げて祈願しようということで始まったのだという。*8

そして一八八四年にギーダカ丘《ムリィ》南側に牛馬の碑を建立した。この碑はその後、一九二五年に字新川の馬場東方に移され、一九七一年に現在のハイフックニ丘に移設された。[*9] 二〇一四年はキーダカ丘に牛馬の碑が建立されて一三〇周年にあたり、祝賀会が盛大に催された。

事例②での祭儀は№1〜3で、饗宴は№4〜13にあたる。祭儀では参列者一同が礼拝し（№1）、司祭者の照屋玄により牛馬の繁殖と無病息災を願い、嘉例付けの口飾り（祈願）が捧げられた（№2）。次いで新川古謡保存会が古謡《富崎野ぬ牛なま・ユンタ》（『南島歌謡Ⅳ』ユンタ19）を謡った[*10]（№3）。

1　ヒヤーサ　富崎野《ふさぎぬ》ぬ　ウリー　西田野ぬ　牛《うす》なまよ
（ヒヤーサ〔囃子詞〕富崎野の　ウリー〔囃子詞〕西田野の　子牛よ〔以下、囃子詞省略〕）
2　しぃとぅむでぃに　朝《あさ》ぱなに　起きすり　（早朝に　朝まだきに　起き生気づき）
3　前《まい》ぬ家《や》ん　かい隣《とぅな》りん　走《ぱ》り出《い》で　（前の家に　仲の良い隣に　走り行き）
4　山《やま》あうば　山組《やまくな》ば　とぅめさあり　（山仲間を　山組を　求め連れ）
5　山縄《やまちぃな》ば　山《やま》かぶしぃ　取《とぅ》り持ち　（山綱を　山かぶしぃ〔頭上運搬具名〕を取り持ち）
6　岳《たき》や頂《ちぃじぃ》　岡や上《うい》　登《ぬ》ぶりようり　（岳の頂　岡の上に　登りなさり）
7　富崎野ゆ　西田野ゆ　見上《あ》ぎりば　（富崎野を　西田野を　見上げると）
8　くりどぅくり　ば兄上《びぎりや》　牛そうな　（これがこれ　私の愛しい人の　牛であるよ）

この古謡の舞台は石垣島南西端の観音崎一帯の富崎原《フサキバル》である。[*11] 内容は、薪を取りにいった娘が、小高い岡の上から、眼前の牛や遥か沖合からやってくる船を眺めた風景が描写されている。朝早く起きて富崎野に繋いである子牛の世話に行き、その岡から見下ろすと、姿形の良い牛がいる。この牛こそは私の愛する人の牛だ。また西の海に目をやると、愛しいカニビラ[*12]（男性）の船が入ってくるというものである。

No.	プログラム	分野	備考
1	一同礼拝		
2	口飾り		照屋玄
3	牛馬祭の唄（古謡）	斉唱	新川古謡保存会
4	開会の言葉		字会副会長
5	字会長挨拶		字会会長
6	祝辞		石垣市長
7	乾杯の音頭		前字会会長
8	鷲ぬ鳥節	舞踊	役員婦人
9	安里屋ユンタ	舞踊	新川婦人会
10	挨拶		33代字会会長
11	親孝行の歌と踊り	舞踊	新川古謡保存会
12	余興	舞踊	新川青年会
13	閉会の言葉		

表②　字新川牛馬祭祈願式典並びに祝賀会（2014年9月15日、字新川フツクニムル、主催：新川字会、司会：徳山純英）

《富崎野ぬ牛なま・ユンタ》の内容は牛馬祈願と直接結びつかない。しかし、牛馬祭の祭儀において、かつてあった牛とともにある暮らしを盛り込んだ歌謡を「牛馬祭の唄」（№3）として謡うのは、これを意識的に祭祀歌謡として機能させようとしていると思われる。

　饗宴は字会副会長が始まりを宣言し（№4）、字会長の挨拶があり（№5）、石垣市長が来賓として祝辞を述べ（№6）、役員婦人による座開きの舞踊「鷲ぬ鳥節」が踊られた（№8）。その後、宴席も徐々に打ち解け、舞踊「安里屋ユンタ」（№9）、「親孝行の歌と踊り」（№11）などの余興が繰り広げられた。

以上より、事例②は伝統的な牧祝を基盤とするが、牛馬の碑建立一三〇周年を記念した祝賀会の性格を強調し、規模を拡大して開催したことがわかる。また、それに伴って参会者の枠組も広まっていることが指摘できる。

事例③ 新城島上地村結願祭

表③は事例③「新城上地村結願祭」の饗宴部分である。座開きの舞踊「御前風」（№1）は《かぎやで風》の旋律で「豊かなる御代ぬ　徴あらわれて　雨露の恵み　時も違わん」（豊かな御代の徴があわれて雨露の恵みも時節を違わない）という、豊穣を予祝した歌詞で踊られた。

№.	プログラム	分野	備考
1	御前風	舞踊	
2	一番狂言	狂言	
3	鷲ぬ鳥節	舞踊	
4	二番狂言	狂言	
5	ぱなれまーぬ前ぬ渡	舞踊	
6	赤馬節	舞踊	神女
7	六調節	舞踊	

表③　新城島上地村結願祭（2012年9月23日、美嶽）

続く「一番狂言」（№2）で結願祭の主題はさらに明らかになる。村福筑登之が眷族を伴って登場して名乗りをあげ、美嶽神前に向かい豊穣を祈願する。そして村福筑登之の舞踊「御前風」に続いて、眷属の踊り子がそれぞれに「口説」「古見の浦節」「マンガニソーザ」「六調」の舞踊を次々に奉納する。そこへ弥勒神が現れて五穀物種子を村福筑登之に授ける。そして一行は弥勒神を先頭に踊りつつ退場する。つまり、「一番狂言」は弥勒神によって村に豊穣がもたらされたことを象徴した儀礼的な狂言なのである。

その後、改めて芸づくしとなる。舞踊「鷲ぬ鳥節」が踊られ（No.3）、滑稽な「二番狂言」（No.4）、舞踊「ぱなれまーぬ前ぬ渡」の大踊り（No.5）、舞踊「赤馬節」（No.6）と続く。《ぱなれまーぬ前ぬ渡》は新城島に由来し、それに振り付けられた舞踊は紅型《びんがた》をまとった女踊りで、島では「大踊り」と位置付けられている。舞踊「赤馬節」は結願祭最後の演目と認識され、上座に着座していた神司が各々立ち上がり、神前に一礼し即興の手踊りを舞う。

神女たちが一くさり舞い終えると、地謡は賑やかに《六調節》を演奏しだす。踊り上手たちが次々に舞台にあがって踊りだしフィナーレを迎えた[*13]（No.7）。

事例④　黒島東筋村結願祭

現在、黒島で島レベルの結願祭は行われないが、村結願は東筋村で継承されている。事例④は二〇〇〇年に比江地御嶽の神庭で行われた東筋村結願祭の番組である。番組の前半は儀礼性の高い演目で構成されている。最初に東筋支会長による「東筋支会長挨拶」（No.1）があり、竹富町長による「来賓祝辞」（No.2）が行われた。

続く黒島小中学校校長による「乾杯の音頭」（No.3）の後、儀礼的な狂言「初番」（No.4）が演じられた。「初番」は、〈長者の大主〉系の芸能で、弥勒神《ミーラク》が登場し五穀の授受が行われる。また劇中に、舞踊「鳩間節」「八重山上り口説」「かたみ節」「波照間節」が仕組まれている。また、舞踊

No.	プログラム	分野	備　　考
1	東筋支会長挨拶		東筋支会長
2	来賓祝辞		竹富町長
3	乾杯の音頭		黒島小中学校校長
4	初番	狂言	
5	かぎやで風	舞踊	N、T
6	赤馬節	舞踊	M、F
7	わしの鳥節	舞踊	H、A
8	スピーチ		神役代表、公民館長
9	マミドーマ	舞踊	黒島小中学校職員
10	八重瀬口説	舞踊	南神山御嶽、アナドマリ御嶽提供
11	スピーチ		竹富町議会議員
12	くいぬぱな	舞踊	M
13	年中口説	舞踊	西神山御嶽提供
14	桃里節	舞踊	東筋郷友会青年部
15	スピーチ		東筋郷友会会長
16	だんなさま	舞踊	F、O、K、M
17	安里屋節	舞踊	仲盛御嶽提供
18	揚作田節	舞踊	M
19	黒島口説	舞踊	東筋郷友会婦人部
20	万歳三唱		黒島老人会会長

表④　黒島東筋村結願祭（2000年9月17日、比江地御嶽、主催：東筋支会、司会：玉代勢泰忠）
※アルファベットは演者のイニシャルを表す

「かぎやで風」（No.5）、「赤馬節」（No.6）、「わしの鳥節」（No.7）も儀礼的な演目である。

その後はスピーチを挟みながら芸能づくしとなる。フィナーレは本家本元の舞踊「黒島口説」（No.19）。そして黒島老人会会長の音頭による「万歳三唱」（No.20）でおひらきとなった。[*14]

表④をみると、各御嶽氏子から芸能が奉納されていることに気づく。即ち南神山御嶽・アナドマリ御嶽から舞踊「八重瀬口説」（No.10）、西神山御嶽から「年中口説」（No.13）、仲盛御嶽から舞踊「安里屋節」（No.17）が奉納された。

事例⑤　竹富島種子取祭

「竹富島種子取祭」は「庚申」の日から一〇日間の日程で行われ、粟の播種に主題があり、第五日目の「戊子」の日に播種儀礼を行う。祭祀は諸要素によって複雑に構成されているが、ここでは第七、八日目の朝から夕刻まで続く芸能づくしをひとまず饗宴としておこう。

第七日目の舞台芸能を玻座間村、第八日目の舞台芸能を仲筋村が担当するが、二日間で七〇以上の舞踊・狂言が奉納され島は華やぐ。両日ともNo.1〜6は世持御嶽の庭で隊列をなして行列の形式で演じられ「庭の芸能」と称される。それ以降は仮設舞台で、踊り・狂言が間断なく奉納される。ところで、《竹富口説》（『南島歌謡Ⅳ』口説歌謡13）の第8節に付随する口説囃子*15は、種子取祭の芸能の性格を物語っている。「ありが礼儀《りいぎ》や老《うい》てぃ若《わか》さん好《くぬ》める（それの礼儀には老いも若きも仕組んだ）踊《うどぅ》り狂言《きょうぎん》歌《うた》や三味線《さみせん》（踊り狂言歌や三味線）種子取祝《たにどぅりよい》ぬ面白《うむしる》むんさみ（種子取り祝いの面白いことよ）」というフレーズに現われる「好める」は、「考案する、企画する、工夫する」を意味する沖縄古語「このむ」に通じる語である。*16 この歌詞から、種子取祭の芸能は儀礼として歌三線、舞踊、狂言が上手く仕組まれていると考えられる。

玻座間村の番組［表⑤―1］から儀礼的な狂言が意図的に仕組まれていることがよくわかる。玻座間村の例狂言は「玻座間ホンジャー」（No.7）、「鍛冶工《カザク》」（No.10）、「組頭《フンガシャ》」（No.13）、「世持《ユームチ》」（No.16）、「世曳《ユーヒキ》」（No.19）である。

狂言「組頭」で組の責任者である組頭の名乗り後、「此《く》ぬ間《まー》てぃやぴら、金鍬《かなぱい》、揃整《すんとぅとぅ》ないし」とという台詞がある。これは「この間は鍛冶をして、ヘラ・鍬を整えましたが」の意だが、いわば「組頭」が狂言「鍛冶工」に続くことを意味する。狂言「鍛冶工」と狂言「組頭」は、舞踊「赤馬節」(No.11)と舞踊「八重山上り口説」(No.12)を間に挟むが、「鍛冶工」で鉄の農具を製作し、「組頭」

No.	プログラム	分野	備考
1	棒五組	棒	玻座間村男子4組、仲筋村男子1組
2	太鼓	太鼓	竹富小中学校男子生徒・教員、及び玻座間村・仲筋村男子
3	真栄	舞踊	玻座間東村婦人
4	祝い種子取	舞踊	石垣竹富郷友会婦人
5	腕棒	棒	仲筋村婦人
6	馬乗者	舞踊	玻座間村男子
7	玻座間ホンジャー	狂言	国吉家当主
8	弥勒		弥勒役は与那国家当主
9	神司スーブドゥイ	舞踊	玻座間西村婦人
10	鍛冶工	狂言	玻座間村男子
11	赤馬節	舞踊	玻座間西村婦人
12	八重山上り口説	舞踊	玻座間西集落婦人
13	組頭	狂言	玻座間集落男子
14	ササラ銭引き	舞踊	玻座間西村婦人
15	鳩間節	舞踊	華千の会
16	世持	狂言	玻座間村男子
17	祝種子取	舞踊	玻座間西村婦人
18	高那節	舞踊	山森舞踊研究所
19	世曳き	狂言	玻座間村男子
20	胡蝶の舞	舞踊	玻座間西村婦人
21	鶴亀節	舞踊	華千の会
22	元タラクジ	舞踊	玻座間西村婦人
23	北山王妃選び	狂言	玻座間村男子
24	獅子の舞	舞踊	沖縄竹富郷友会
25	夜雨節	舞踊	玻座間西村婦人
26	仲良田節	舞踊	華千の会
27	揚口説	舞踊	玻座間西村婦人
28	伏山敵討	狂言	玻座間村男子
29	竹富育ち	舞踊	玻座間西村婦人
30	みやらび	舞踊	山森舞踊研究所
31	はやし太鼓	舞踊	赤山舞踊研究所
32	おしどりの舞	舞踊	玻座間西村婦人
33	あかまた節	舞踊	山森舞踊研究所
34	仁王	狂言	玻座間村男子
35	蔵の花節	舞踊	華千の会
36	竹富口説	舞踊	玻座間西村婦人
37	曾我の夜討	狂言	玻座間村男子

表⑤−1　玻座間村奉納芸能(1996年10月20日、世持御嶽)
※網掛け部分が「庭の芸能」。表⑤−2も同じ

では作られた鍬で農地を拵えるという一連の文脈が通底している。

次は狂言「世持」で願口を唱えて種子を蒔き、狂言「世曳」では抽象的な「世」、即ち豊穣を具現化する意図が汲める。つまり、収穫した作物を舞台上で実際に車に載せて曳くことで、「世」を曳くさまを視覚化するのである。

このように例狂言が有機的に結びついた番組構成が読みとれるのである。意図的に仕組まれた複数の狂言により、一貫した祭祀世界が形成されており、それは神の介在を意味する。

第八日目は仲筋村の芸能である［表⑤―2］。番組中、狂言「シドゥリャーニ」（No.9）、狂言「天《アマ》人《ンチ》」（No.12）、舞踊「タノリャー」（No.13）、狂言「種子蒔狂言《タニマイキョンギン》」（No.16）は仲筋村の儀礼的な芸能で、「祈りの心を象徴」し奉納芸能の核となる。[17]

図④　玻座間ホンジャー

とりわけ、「種子蒔狂言」は「神酒狂言《ミシャグキョンギン》」とも呼ばれ、玻座間村の狂言「世持」の内容と重なる。劇中に「演じる祝詞」[18]というべき「神酒《ミシャグ》ヌ飾口《ガザイングチ》」が台詞として唱えられる。これは農作の過程から年貢の上納、神との饗宴までを叙述した長大な台詞である。

ここで狂言「畑屋の願い」（No.25）に注目したい。この狂言は、組踊「花売の縁」の一場面「猿の踊り」が採り入れられ、種子取祭の祈願に主題を置いた芸能に仕立てられている。

No.	プログラム	分野	備考
1	棒五組	棒	玻座間村男子4組、仲筋村男子1組
2	太鼓	太鼓	竹富小中学校男子生徒・教員、及び玻座間村・仲筋村男子
3	真栄	舞踊	玻座間東村婦人
4	祝い種子取	舞踊	石垣竹富郷友会婦人
5	腕棒	棒	仲筋村婦人
6	馬乗者	舞踊	玻座間村男子
7	仲筋ホンジャー	狂言	生盛家当主
8	弥勒		弥勒役は与那国家当主
9	シドゥリャーニ	狂言	仲筋村男子
10	かぎやで風	舞踊	仲筋村婦人
11	揚作田節	舞踊	仲筋村婦人
12	天人	狂言	仲筋村男子
13	タノリャー	舞踊	仲筋村婦人
14	めでたい節	舞踊	宇根由基子舞踊研究所
15	仲筋のヌベマ	舞踊	仲筋村婦人
16	種子蒔狂言	狂言	仲筋村男子
17	竹富節	舞踊	仲筋村婦人
18	苧引き	舞踊	宇根由基子舞踊研究所
19	揚古見の浦節	舞踊	仲筋村婦人
20	夏花節	舞踊	宇根由基子舞踊研究所
21	父子忠臣	狂言	仲筋村男子
22	扇子舞	舞踊	仲筋村婦人
23	古見の浦節	舞踊	宇根由基子舞踊研究所
24	崎山節	舞踊	宇根由基子舞踊研究所
25	畑屋の願い	狂言	仲筋村男子
26	仲良田節	舞踊	仲筋村婦人
27	まるま盆さん節	舞踊	宇根由基子舞踊研究所
28	サングルロ	舞踊	仲筋村婦人
29	しきた盆	舞踊	玻座間東村婦人
30	早口説	舞踊	玻座間東集落婦人
31	安里屋	舞踊	玻座間東村婦人
32	スル掬い	舞踊	宇根由基子舞踊研究所
33	真栄節	舞踊	玻座間東村婦人
34	組薙刀	舞踊	玻座間東村婦人
35	鬼捕り	狂言	仲筋村男子

表⑤−2　仲筋村奉納芸能（1996年10月21日、世持御嶽）

狂言「天人」は、種子取の願いにきた村人が天人と出会い、作物の種子を授かり、早速その日から畑仕事を始めたという内容。村人は「今日《ちゅー》ぬ願《に》げーや　いい願《に》げーし」（今日はいい祈願をしました）といって早速畑仕事に精をだす。これと対照的に、「畑屋の願い」の主人公は良い願いだったと言いながら、《浮島節》で「今日《ちゅー》や行《い》ちゃ拝《うが》でぃ　色々《いるいる》ぬ遊《あし》び　明日《あちゃ》や我《わ》が親《うや》ぬ　御祝《うゆ》えやくと

図⑤　狂言「畑屋ぬ願い」

う」と、明日もまたお祝いだと踊りながら帰る。

例狂言が祭祀のなかで有機的に結びついて機能することを思うと、「畑屋の願い」が「天人」のパロディーの形をとりながら、種子取祭の芸能として位置付けられていることも考えられる。このように演目間の交渉により多重の意味を帯びた番組構成が形成されているのである。[19]

玻座間村と仲筋村の対抗意識が互いに個性的な芸風を引きだしている。第二次世界大戦後、外来芸能も積極的に吸収し、玻座間村は近代演劇、仲筋村は琉球古典芸能を得意とする傾向がある。これは伝統的な祭祀の番組も歴史的な変遷を経ていることを物語るものである。

竹富島種子取祭において、豊穣祈願と多彩な芸能の結び付きが指摘できるが、両村ともに番組でホンジャー神の口上、弥勒神の登場を冒頭に配して、〈長者の大主〉系の芸態をなすことは押さえておきたい。つまり、〈長者の大主〉が全体を統括する一つの様式になっているのである。

2　人生儀礼の祝宴

琉球弧において、自分の十二支に当たる年を生年《ンマリドゥシ》といい、数え年で一三、二五[20]、三七、四九[21]、六一、七三、八五、九七歳の生年には旧正月初めの十二支の日に生年祝いが行われる。八重山では六一歳以上の生年祝いをマリドゥシィヌヨイ（生まれ年の祝い）、ショーニンヨイ（生年祝い）と呼んでお祝いする。数え年九七歳の生年祝いは、地域によってカジマヤーヨイ、マンダラヨイなどと呼ぶ。両者ともに「風車の祝い」の意味である。

六一歳以上の生年祝いでは、対象者が上座に着座し、その長寿と人徳にあやかる意をこめ、《あやかり節》を謡う傾向がある。その歌詞は次に挙げるものから適宜選ばれる。

1　あやからんとぅ思《む》てぃ　吉《ゆ》かる日《ふぃー》ゆ選《いら》でぃ　御畏《うやぐみ》さあてぃん　御側寄《うすばゆ》たる
（肖ろうと思って吉日を選んで畏れ多いですがお側に参りました）

2　御年寄《うとぅすぃ》ぬ御徳《みとぅく》　頂《ちぢ》に戴《か》み上《あ》ぎてぃ　あやからち給《たぼー》り　子孫《くわんまが》までぃん
（お年寄りの御徳を恭しく頭上に戴いて肖らせて下さい子孫までも）

3　昔《んかし》い言葉《くとぅば》に　年《とぅし》ぬ功《くー》や亀甲《かーみーくー》　諭《ゆ》し事《ぐとぅ》ゆ拝《うが》でぃ　我胴《わどぅー》ぬ宝《たから》
（昔の言葉に年の功は亀の甲と言います。この教えを給わり私自身の宝です）

4　御万人《うまんちゅ》ぬ願《にげー》や　若松《わかまち》ぬ繁茂《むてぃ》　長《なが》らやい給《たぼー》り　百歳《むむとぅ》までぃん
（私たち皆の願いは若松のような繁栄です。長らえて下さい。百歳までも）

5　あやかりぬ宴《うたぎ》　何《なを》にたとぅらん　打《う》ち晴《は》りてぃ互《たげ》に　御祝《うゆえ》しやびら
（あやかりの宴は何にもたとえられない、心晴々と互いにお祝いしよう）*22

数え年八八歳は十二支とは関係なく、生年でないのは明らかで、米寿祝いは外来の長寿祝いといえる。しかし、近年は米寿を人生儀礼として祝う人も多い。米寿の「米」の字をばらばらにすると、「八」「十」「八」に分解できる。それにちなんで「八十八」歳を「米歳《ユニドゥシ》」とし、旧暦八月八日に「米歳《ユニドゥシ》ヌ祝《ヨイ》」（米寿祝い）と称して長寿を祝う。[*23] ザートゥク（床の間）には重箱やガイジバラーという大きな器に八升八合の花米を盛り、それを囲むようにコーダティ（饗立）をめぐらし、盛米の上にトーカキ（斗掻）の竹筒を飾る。本来、トーカキは米の枡切りに用いる道具だが、切り口を赤く染めたそれは、「米」と関連してユニドゥシヌヨイを象徴するようになった。それゆえ米寿祝いはトーカキヌヨイとも称され、祝客に長寿をあやかる品として、引き出物にトーカキを一本添えることになったのだという。

事例⑥　与那国島比川村・嵩西ミイタさんカジマヤー祝賀披露宴

一九九九年、与那国島の御願解《ウガンフトゥ》ティ（豊年祭の意）を訪ねたとき、「嵩西ミイタさんのカジマヤー祝いがあるから覗いてみたら」と友人から勧められた。その言葉に甘え祝賀披露宴（饗宴）に参列した。

与那国町離島振興総合センターには、多くの参会者を見込み、開場前から多くの長テーブルが並べられていた。祝賀披露宴も、祭儀の「式典の部」（No.1～6）と饗宴の「祝宴の部」（No.7～27）で構成されている。

No.	プログラム	分野	備考
1	嵩西ミイタさん入場		
2	開会の言葉		
3	長男の挨拶		ミイタさん長男
4	四男による ミイタさんの紹介		ミイタさんの四男
5	来賓祝辞		与那国町長
6	あやかりの盃		
7	祝賀会座開き	棒	比川公民館棒座
8	ミティ唄	舞踊	孫
9	乾杯		比川公民館長
10	かぎやで風	舞踊	子供
11	あやかり節	舞踊	曾孫
12	記念品贈呈		与那国町
13	花束贈呈		孫・曾孫一同
14	四季口説・ 屋慶名クワディサ節	舞踊	曾孫
15	ストトン節・ 花のカジマヤー	舞踊	曾孫
16	鳩間節	舞踊	曾孫
17	日舞	舞踊	孫婿の母
18	比川村	舞踊	比川青空こども会
19	ティンバイ	棒	比川公民館棒座
20	6尺2人	棒	比川公民館棒座
21	1人棒	棒	比川公民館棒座
22	五福の舞	舞踊	比川婦人会
23	鶴と亀の祝い節	舞踊	孫婿夫婦
24	本竹祐助&スーパーキジムナー民謡ショー	歌謡	本竹祐助&スーパーキジムナー
25	カチャーシー	舞踊	全員
26	孫による謝辞		孫
27	嵩西ミイタさん退場		

表⑥　カジマヤー祝賀披露宴(1999年8月5日、与那国町離島振興総合センター、司会:宮里真次〔孫婿〕)

ここで注目しなければならないのは、饗宴の座開きに比川公民館棒座による棒踊り(No.7)で場が浄められ、舞踊「ミティ唄」(No.8)で祝い酒をふるまうところに与那国島らしさが表われていることだ。ちなみに与那国島では、この座開きの棒踊りをダーナラシ(座均し)と呼んでいる。[*24]

そして比川公民館長による乾杯の音頭(No.9)があり、改めて舞踊「かぎやで風」(No.10)が踊られて饗宴が進行する。そして生年祝い定番の《あやかり節》が曾孫たちによって踊られた(No.11)。

その後の記念品の贈呈（№12）・花束の贈呈（№13）あたりまでが儀式的で饗宴の導入部といえる。

その後は余興芸能が続くが、なかでも曾孫による舞踊「ストトン節・花のカジマヤー」（№15）や、孫婿夫婦による舞踊「鶴と亀の祝い節」（№23）は、カジマヤー祝いに相応しい演目である。ちなみに、前者に用いられる二曲目の民謡《花のカジマヤー》の歌詞は、「花《はな》の風車《かじまや》　風《かじ》つれてめぐる　我身《わみ》やどしつれて　遊《あし》ぶうれしや」（花の風車は風といっしょに回る。私は友人といっしょに遊ぶのが嬉しい）である。

ハイライトは、本竹祐助&スーパーキジムナー[*25]による民謡ショー（№24）。ライブ形式で当グループのレパートリーから数曲が披露され、最後は本竹得意の三線の早弾きと宮永英一の激しい太鼓のリズムがくりだすグルーヴが会場を揺さぶった。そのまま会場は一体となりカチャーシー（乱舞）へと展開する（№25）。歌曲に誘われるようにミイタさんが立ち上がり、かくしゃくたる手踊りを舞うと、会場は一段と盛り上がった。最後に孫から参会者に謝辞（№26）が述べられ、ミイタさんは《弥勒節》にのって確かな歩みで退場した（№27）。

事例⑦　平成三〇年戊年・亥歳生年合同祝賀会（石垣市字大川）――平良齋子さんを中心に

平良齋子さんは一九三四年の戊年生まれで、二〇一八年に八五歳の生年を迎えた。彼女は私の妻の実家・石垣家と近い親戚でしかもお隣どうし。平良家・石垣家では前年から、齋子さんのお祝いの話題でもちきりである。

No.	プログラム	分野	備考
1	生年者入場		
2	開会の言葉		字会副会長
3	会長挨拶		字会長
4	祝辞		石垣市長
5	生年者紹介		崎山寛宗、金城初子（以上97歳）慶田花榮子、平良齋子、小成善次、下地トミ、佐久川トミ、濵本正雄（以上85歳）
6	記念品贈呈		
7	あやかりの盃		
8	生年者代表挨拶		崎山寛宗
9	乾杯の挨拶		前字会長
10	鷲の鳥節	舞踊	大川婦人会
11	お祝いの言葉		老人副会長
12	繁昌節・桃里節	舞踊	佐久川トミ家族
13	花ぬカジマヤー・赤田首里殿内	舞踊	金城初子家族
14	生年祝の朝	一人芝居	平良齋子家族
15	高那節	舞踊	濵本正雄家族
16	モーヤー	舞踊	全員
17	閉会の言葉		司会
18	生年者退場		

表⑦　戌年・亥歳生年合同祝賀会（2018年2月16日、大川公民館、主催：大川字会、司会：宮良長欣）

近年は、石垣市主催の生年祝式典が、旧正月に石垣市民会館大ホールで催され、市内八五歳以上の生年者とその家族や関係者が参列する。この式典後、各地域に帰って生年者は合同でお祝いするという形が定着している。

齋子さんは事例⑦を主催する大川字会から招待されるにつき、平良家からの余興を私の義父・石垣佳彦に依頼している。石垣家では一週間前から余興の練習、衣裳合わせなどの準備にてんてこ舞いである。義父は「生年祝いの朝」という場面を設定した寸劇を考案したが、家族による容赦ないダメ出しに少々まいっていた。

一方、平良家・石垣家の女性たちは、余興の準備のみならず、各家でザートゥク（床の間）の飾りやお祝いの料理に忙しそうだ。地域の戌年生まれの先輩・後輩で組織した「島戌会《しまいぬかい》」の仲間もやってきて、一番座に寄せ書きや旅行の写真を飾り雰囲気を盛り上げた。

表⑦はNo.1～8が祭儀で、No.9～18が饗宴である。定刻午後五時、八人の生年者が入場し所定の席に着く。字会副会長の開会の言葉（No.2）、字会長の挨拶（No.3）と続いた。司会者から八人の生年者が紹介された（No.5）後、字会から生年者に記念品が贈呈された（No.6）。

その後《あやかり節》をBGMに「あやかりの盃」が行われた（No.7）。生年者の前のテーブルに酒器が整えられ、参会者は各々で生年者の前に歩み寄り、生年者より「あやかりの盃」を戴くのである。「石垣市生年祝式典」で少々疲れ気味の齋子さんも、自分にあやかりに来られた方々を前にすると背筋も伸び、「これからも元気にがんばりましょう」「健康には気をつけて下さいね」など、元気な声を掛けていた。

そして、生年者を代表して九七歳の崎山寛宗さんが挨拶し（No.8）、字会へ感謝の言葉が述べられた。

ここで前字会長の乾杯の挨拶があり（No.9）、そして

図⑥　平良家のザートゥク

饗宴の芸能づくしと続く。座開きは大川婦人会による舞踊「鷲ぬ鳥節」（No.10）。そして老人副会長からのお祝いの言葉があり（No.11）、佐久川家提供の舞踊「繁昌節・桃里節」（No.12）、金城家提供の舞踊「花ぬカジマヤー・赤田首里殿内」（No.13）と続き、いよいよ平良家提供の一人芝居「生年祝の朝」（No.14）である。

緞帳が上がると板付きで女装した義父の後姿。「今日《きゆ》や齋子《ときこ》姉《ねー》さんの生年祝《まりどぅしぬよい》だからたいへんさー」と言いながら振り返る。手鏡を見つめ、口を半開きにして口紅を塗りはじめる。両手で大きなカンプー（琉球結髪）を整えながら、「此《く》りから大川公民館かいレッツゴー！」と声を張る。チンドン風にアレンジした八重山民謡《新港節》[*26]にのって気分良く踊りだす義父。滑稽な踊りは彼の独

図⑦　あやかりの盃。左から平良齋子、崎山寛宗

図⑧　風車を持って《花ぬカジマヤー》を踊る

図⑨　一人芝居「生年祝の朝」

壇場で大喝采。景気良く二、三のハナキンも飛び交った。[27]

その後、饗宴は濵本家提供の舞踊「高那節」（№15）が踊られ、モーヤー（乱舞）へと展開した（№16）。モーヤーでは次から次へと踊り上手が舞台に上って踊るが、地謡は踊り手がいる限り手を止めない。モーヤーが一段落し、司会の「閉会の言葉」（№17）でもっておひらき。《弥勒節》が流れだすと、会場は落ち着きを取り戻し、参会者は手をとりあって退場用の花道を作る。生年者はその花道を通って退場した（№18）。

事例⑧　仲山文さん八五歳生年祝

石垣市字真栄里の仲山文さん八五歳の生年祝を紹介したい。多くの参会者と豊富な余興芸能は圧巻だった。特筆したいのは、プログラム全体にわたり、生年祝を意識した配慮がなされていたことである。「あやかりの杯」（№9）を受けたかたちで舞踊「あやかり節」（№10）に続いたり、「饗宴」のなかにそれぞれの演目が有機的に結びついた場面がみられた。

開会一番は仲山家による「祝儀番《シュンギバン》」（№1）。「祝儀番」は、仲山文さんの人となりや生年祝いの主題を明確にする意味で儀礼性の高い演目といえる。[28]

その後、仲山家長男による挨拶（№2）、真栄里老人会長の乾杯の音頭（№3）があり、子どもたちによる舞踊「かぎやで風」（№4）が踊られる。そして芸能づくしへと展開する。

なお、司会を務めた珍珍ＶＶは芸人として沖縄を拠点に活躍し、オキハムのＣＭでお馴染みの二

No.	プログラム	分野	備考
1	祝儀番	狂言	仲山家
2	挨拶		仲山家長男
3	乾杯の音頭		真栄里老人会会長
4	かぎやで風	舞踊	子供
5	鳩間節	舞踊	孫、曾孫
6	来賓祝辞		石垣市教育委員会教育長
7	鷲の鳥節	舞踊	孫、曾孫
8	母を語る		六女
9	あやかりの盃		
10	あやかり節	舞踊	孫
11	あしびなー	舞踊	孫、曾孫
12	デンサー節	舞踊	子供
13	ピアノ演奏	演奏	孫、曾孫
14	おばあちゃんへのメッセージ		孫
15	花束・記念品贈呈		
16	祝電披露		
17	にぃふぁいゆぅ	舞踊	子供、孫
18	独奏	演奏	二女婿、孫
19	高那節	舞踊	二男嫁、孫
20	ロンドンの花売り娘	舞踊	孫
21	松竹梅	舞踊	孫、孫嫁
22	カチャーシー	舞踊	全員
23	謝辞		石垣市防本部消防長、四女婿
24	閉会の言葉		

表⑧　仲山文さん八五歳生年祝（1998年7月19日、石垣全日空ホテル&リゾート、司会：珍珍VV）

人組で、那覇市にグループ名を冠する民謡酒場を構える。

事例⑨　大嵩家・石仲家結婚披露宴

事例⑨は、私の職場・竹富町役場の同僚、大嵩安幸さんと石仲愛里さん（旧姓）の結婚披露宴。社交的なお二人だけに参会者も三五〇名を越えて大盛会だった。

大嵩さんは地域行事の司会もこなし、プライベートでも結婚披露宴などの司会を依頼されるほど、彼の司会には定評がある。それだけに自らの披露宴にも隅々まで目配りが利いていた。当然、準備の段階でも余興提供者への配慮が行き届いていた。職場結婚ということもあり、竹富町から三つの

No.	プログラム	分野	備考
1	新郎新婦入場		
2	来賓祝辞		竹富町長
3	二人の紹介		司会
4	乾杯の音頭	舞踊	沖縄ポッカコーポレーション取締役会長、 ブルーシール株式会社代表取締役社長
5	かぎやで風	舞踊	新郎兄妹、叔母
6	鷲ぬ鳥節	舞踊	新婦兄夫婦、姉夫婦、母
7	お色直し		新郎新婦
8	妖怪体操第一	舞踊	新郎姪、いとこ、叔父叔母
9	マミドーマ	舞踊	新婦甥姪、叔父叔母
10	思い出のアルバム	スライド	
11	お色直し		新郎新婦
12	ケーキ入刀		新郎新婦
13	花束・記念品贈呈		
14	新郎新婦職場代表祝辞		竹富町教育委員会教育長
15	You Raise Me Up	歌	竹富町役場野球部
16	愛と心を込めて。	舞踊	新郎職場仲間
17	愛・羅・武・勇	舞踊	新婦職場仲間
18	お色直し		新郎新婦
19	キャンドルサービス、 メモリアルキャンドル	舞踊	新郎新婦
20	祝辞		新郎友人代表
21	祝辞		新婦友人代表
22	ハイサイ！ あんこうさん	舞踊	平得青年会 OB・OG
23	お楽しみ。	舞踊	新婦同級生
24	チーヤー	舞踊	全員
25	両親への花束贈呈		新郎新婦
26	謝辞		新郎新婦

表⑨ 大嵩家・石仲家結婚披露宴（2014年10月4日、石垣全日空ホテル＆リゾート、司会：次呂久成崇）

余興が提供されたが（No.15、16、17）、どの稽古場にも足を運び、テンプラや飲み物の差し入れも忘れていない。

祝宴は儀式的に、職場の代表という意味で竹富町長が「来賓祝辞」（No.2）を行い、司会による「二人の紹介」（No.3）と続く。乾杯の音頭（No.4）から饗宴に入るが、座開きとして新郎の兄弟夫婦・叔母による舞踊「かぎやで風」（No.5）、新婦兄夫婦・姉夫婦・母による舞踊「鷲ぬ鳥節」（No.6）が続いた。このように座開きを新郎新婦の両家から持ちよるのも一つの形式である。

図⑩　新郎の職場仲間が《恋するフォーチュンクッキー》を踊る

その後、農作業を舞踊化した「マミドーマ」（No.9）など地域性を反映した演目もみられるが、《妖怪体操第一》[*29]（No.8）、《恋するフォーチュンクッキー》[*30]（No.16）、《喧嘩上等》[*31]（No.17）などは、どれも当時の流行歌を振り付けとセットにして採り入れた演目である。このようにマスメディアの影響が余興に表われるのも今日的・全国的な傾向といえる。

三　考察

以上の事例を歴史のなかに置いたとき、現在に繋がる背景には、どのような社会・文化の蓄積があったのだろうか。ここでは八重山の祝宴がどのように形成され、展開してきたのか、その記憶をたどってみたい。また諸事例から、祝宴の始まりと終わりに注目し、八重山の祝宴の様式について考察したい。

1　祝宴の形成と展開

村落祭祀の祝宴

祝宴の形成を考えるとき、祝意の起因となる契機が必要条件となる。祝宴の多くはその前提となる主題というべき目的が想定されるのである。また祝宴は時間・空間にも制約を受けるものだろう。特に村落祭祀における芸能は、多くの場合、御嶽の神庭で演じられる。祝宴といっても、御嶽信仰の制約のなかで、神に芸能が捧げられるのである。イビ[*32]に向かって構えた舞台は、舞踊・狂言が神への奉納芸能であることを端的に表し、饗宴は舞踊《ブドゥリィ》・狂言《キョンギン》を仕組んで奉納する形式がとられることが多い。それゆえ祝宴は神との饗宴を意味し、八重山芸能は厳粛性のなかで演じられるのである。

農業を基盤とした社会が機能した時代、つつがない作物の生長や牛馬の繁昌などに対する祈願は、生命の死活に直結するものである。石垣市字平得の草葉願いで唱えられる願口からもその主題が読みとれる（「一　はじめに」参照）。このように主題と祭儀の密接な関係が指摘できるが、それは祝宴形成の初期段階が祭儀にあることを物語っている。

多くの事例で、伝統的な村落祭祀が始まるにあたって、厳粛な祭儀があり、その後饗宴となる。

図⑪　庭の芸能の後、神前に向かって舞台を仮設する（小浜島の結願祭、嘉保根御嶽、2018年）

また厳かな祈願から始まり、時間の経過とともに打ち解けて饗宴となり、そこから多様な余興芸能が演じられる基本的な流れが認められる。なかには事例⑤「竹富島種子取祭」のように、「戊子」の日（第五日目）の播種儀礼を終え、第七・八日目に来る年を予祝した饗宴が大きく展開した祝宴もある。ここでは祭儀と饗宴の中間的な性格の芸能、即ち儀礼性の濃い芸能を仕組んで、祝宴を祭儀から饗宴へスムーズに橋渡しして進行させる〈長者の大主〉の様式に注目したい。饗宴の冒頭に〈長者の大主〉系芸能の例狂言を設定し、「長者」に相当する役が祭祀の主題をもどくのである。[*33] これによって村人は祝宴の主題を再確認した後、芸能づくしへと展開するのである。

事例③「新城上地島結願祭」では「一番狂言」、事例④「黒島東筋村結願祭」では「初番」、事例⑤「竹富島種子取祭」では「ホンジャー」などが例狂言である。例えば、事例③の「一番狂言」には、願解きという結願祭の主題を表現した、筑登之の次の台詞がある。

おー、豊《ゆた》かなる御世《みゆ》や　願《にげ》ぐとぅん叶《かな》てぃ　（おぉ、豊かなる御世は願ごとも叶えられ）

役人衆《やくにんしゅー》はじみ　村中《むらじゅーう》老いてぃ若《わか》さ　（役人衆をはじめ村中の老若男女が集い）

いづいきづい経《た》ってぃ　（月日の経つのも早いもので）
立《た》てぃてーる御立願《ぐりゅーがん》　解《ふど》ちあぎらんでぃち　（祈願しました御立願を解きあげるため）
村《むら》ぬ子《くわ》ぬ達《ちゃー》にん　踊《うどぅ》い・狂言仕込《ちょーじんしく》まちぇーあくとぅ　（村の若者たちに踊り・狂言を仕込ませてあるので）
今日《ちゅー》ぬ良《ゆ》かる日《ひー》に　立《た》てぃてーる御立願《ぐりゅーがん》　（今日の吉日に祈願しました御立願を）
解《ふど》ちあぎゆるぐとぅしゅん。　（解きあげることにしたい）

筑登之をはじめ眷族者が各々舞踊を奉納し終えた後、《弥勒節》にのって、弥勒神、旗持、椅子持、大主の順で行列をなして登場する。待機する筑登之が弥勒神の前に恭《うやうや》しく額《ぬか》ずいて、大主の名乗り台詞がある。次いで村人の心が豊かゆえに豊穣がもたらされ、弥勒神がおいでになられたのだと語り、農業の仕方が伝授される。ここで五穀物種子が大主から筑登之へ授けられ、筑登之はこれに対し感謝の言葉を述べる。筑登之が「今日は物種子も戴いたので、弥勒神にお供し、踊って戻りましょう」の意を述べると、一行は弥勒神を先頭に《弥勒節》《ヤーラーヨ》の歌曲で退場する。その後、改めて舞踊「鷲ぬ鳥節」が踊られ、芸能づくしとなる。

八重山各地の祭事・祝宴において、例狂言を饗宴の冒頭に設定することは多く、それぞれ主題に応じた口上が述べられる。これにより祭儀の主題（祈願の内容）を村人に確認させる働きがある。つまり、例狂言は祭儀と饗宴の双方に属する芸能と位置づけられるのである。

ところで、上地島の舞踊師匠だった安里恒子は、「島がどんなに過疎の波に曝《さら》されても、結願祭で「一番狂言」だけは何があっても奉納しなければならない」と語っておられた。逆説的にいうと、「一番狂言」さえ終えれば、饗宴の奉納芸能は伸縮自在であって、その後の展開には融通性が認められるということである。

図⑫　「一番狂言」（新城上地島結願祭、2012年、撮影：大森一也）

饗宴部分の展開について加治工真市は鳩間島に伝わる《鳩間口説》から考察している。古文書「新本家文書」[*34]（一八五九年）に収録の《鳩間口説》をみると、第9節は「夜や昼やと酒盛りに　歌や三味せん　とんち立手　道之能座々　立阿春ぶ」とある。これを読みやすく整理すると「夜や昼やと酒盛りに　歌や三味線飛んち立て　道の能座能座　立ち遊しぶ」となる。ここに表われる「能座」は沖縄方言「ヌジャ」[*35]に相当し、「芸能」を意味するに他ならない。そうすると歌詞は「夜も昼も酒盛りをして、歌や三味線が道に飛び出し、歌舞芸能を仕立てて遊ぶ」と解釈できる。

そこで加治工は、歌詞の内容と鳩間島の豊年祭の芸態とを重ね合わせるのである。それは第9節が豊年祭の酒宴の風景のみならず、「道の芸能を仕立てる」様子をも表し、さらには〈長者の大主〉系芸能の「道ズネー」（行列）をも彷彿させるからである。

また、加治工は鳩間島の豊年祭で西村から東村へ芸能の演技が移行するとき、高らかに吹かれる笛の音を「イリクヌティィー」と称することに注目し、これを〈入子《イリク》ヌ笛《ティー》〉と解し、入子構造の芸態を浮かび上がらせるのである。即ち西村のミルク踊り、東村のカムラーマ踊りをはじめ、諸々の芸能は入子構造を呈するが、それが笛の音によって演技の終了を知らせながら、次々と芸能を展開させるというのである。*36

次に波照間島の旧盆行事・ムシャーマから奉納芸能の展開について考えてみよう。ムシャーマは午前中、東組・前組・西組の三組が弥勒《ミルク》神を先頭に行列をつくり、公民館敷地の祭場に練り入る。その後、念仏踊《ニンブチャー》が行われ、午後から舞台で舞踊《ぶどぅりぃ》・狂言《こんぎー》が披露される芸態である。

図⑬　道ズネー（鳩間島豊年祭、2013年）

西組の「一番狂言」には「祝儀《しゅーぎん》や　なー芸々《ぎーぎー》のあそーね、狂言、踊り、行列ん仕込みしかいとし、うにぎりよう」（祝儀はそれぞれの芸への思いがあるように、狂言、踊り、行列を仕込んでしっかり成功させなさいよ）という台詞がある。換言すると、行列は各々の特技を活かして面白く表現し、持ち前を活かした創意工夫が肝心だということである。

その行列をなすことを、島人は「尻尾《ぶすぷー》ぬ生《もー》すん」（尻尾が生える）と表現する。だから旧盆七夕を迎えると、「尻尾ぬ生すん」

図⑭　前組の道サネー（波照間島の旧盆行事ムシャーマ、2010年、撮影：石垣佳彦）

といってムシャーマで演じる芸能の稽古を始めるのである。「尻尾ぬ生すん」という言葉は、さらに「わくわくすること」「芸能を演じること」「滑稽なこと」という意味にまで拡大して用いられるようになる。石垣市字宮良では「尾《ずー》ぬ生《む》いくー」（尻尾が生えてくる）というと、想像力がおのずと湧いてくることを意味する。[*37] 想像力は創造力の基盤である。このような精神がムシャーマの行列をはじめ、島々村々の祭祀にも反映しているにちがいない。[*38]

　これまで事例を中心にみてきたが、時間の経過にしたがって、面白可笑しく滑稽な余興が演じられる祝宴のあり方も古今東西にみる饗宴に共通するところだ。祭祀から分離し、自ら演じて楽しみ、観客の求めに応じて変化しやすいのも芸能である。しかし、これも饗宴の重要な要素であり、集う人々と楽しみを共有するためには不可欠なのである。

　波照間永吉は、石垣市字白保の豊年祭をモデルとし、祭祀空間と歌謡の対応を論じている。「祭祀空間の核点を御嶽のイビ（ウブ）におくと、時間の推移に従って祭祀空間が移動・拡大する」が、これに対応して「祭祀歌謡のジャンルが変化してくる」と述べている。時空間の推移にしたがって、謡われる歌謡が、呪禱↓叙事↓叙情歌謡と変化していくのである。つまり、祈願を中心としたアヨーから、ユンタ・ジラバ、節歌といったジャンルの展開が時空の拡大と相関するというのである。芸能は祭祀の制約を離れたとき、娯楽化する傾向があるのである。[*39]

　伝統的な祭祀に伴った祝宴は、農業を基盤とした時間サイクルの論理をもって循環的に反復し、先例に従いながら祝宴の様式を整えてきた。そんななかで事例④「竹富島種子取祭」のように、饗宴にも複数の例狂言を意図的に配置し、神との緊張関係を維持しながら、選ばれた言葉や所作による芸能を演じ、抜き差しならない祭祀世界を築く場合もある。竹富島種子取祭の番組について、狩俣恵一が「農耕儀礼としての呪狂言《じーきょんぎん》と、竹富島という共同体の歴史を確認する踊りを核としている」[*40]というように、それは神話・歴史の再現ともいえるだろう。

　また竹富島種子取祭では、玻座間村と仲筋村の競演により、芸能のレパートリーが増加し、饗宴の部分が肥大化していったことも指摘できる。そのとき両村の対抗意識のみならず、例えば狂言「畑屋の願い」が狂言「天人」をパロディー化したように、演目同士の交渉による演目数の増加も考えられる。

　伝統的な祭祀に伴う祝宴もこのような新しい発想も採り入れながら、毎年繰り返されるうちに、意味も多元化していく側面がある。また、このようにして饗宴部分は肥大化していくのだろう。しかし、祭祀の時空には限界があり、その制約のなかで適正な規模に落ち着いたものが、現行の祝宴の形といえるのではないだろうか。

人生儀礼の祝宴

生年祝いは年齢を問わず感謝と健康祈願が主題となる。つまり、神の加護により無事生年を迎えられた感謝と今後の健康祈願が行われるのが本来である。また婚姻については、第二次世界大戦後、両家の本神、祖霊、火の神を拝み、酒を取り交わし、共食する祭儀の部分が簡略化・縮小化されていく一方で、現在はホテルで神前式を挙げ、その後歌舞音曲で賑やかな披露宴が繰り広げられてきた傾向がある。[*41] 内原節子は「今後、八重山の婚礼の特徴は、儀式の部分ではなく、披露宴の余興の中で、その変遷をたどることになろう[*42]」と推察している。

ところで、琉球芸能の基盤となる、冠船芸能も祝宴に由来するものであった。[*43] 八重山に伝わる「躍番組」（喜舎場家本）には「冊封御礼式被為済、且上様佐敷按司加那志様就御生年御祝上之時当島滞在本部里親雲上ら稽古いたし、奉御祝上候事」とあるように、「寅の冠船」と称する尚泰王の冊封儀礼のお祝い上げと王妃・佐敷按司加那志様の卯年の生年祝を兼ねて、当時八重山に滞在中の本部里之子親雲上の指導で稽古して上演しお祝いしたとのことである。それが一八六七年のことである。

矢野輝雄は「躍番組」の重要性を二つ指摘している。一つは「当時の踊りがまことに多彩で、この中から精選されたものが現在われわれの目にすることのできる古典舞踊であること」、もう一つは「古典舞踊の形式を借りて指導者が自由に新しい踊りを作っていたこと」である。[*44]

このように八重山士族層は公私を問わず人生儀礼という機会に熱心に芸能を嗜んだ。『八重山生活誌』に、米寿祝いについても「祝宴及び余興等は七十三、八十五の祝いと同じ[*45]」とあるように、近現代を通じて人生儀礼に芸能はつきものだった。また、矢野の二つ目の指摘に注目すると、歴史的にも饗宴は新しい芸能のお披露目の場ということもできる。

昭和三〇年代まで、人生儀礼や結婚披露宴には個人の屋敷が祝家《ヨイヤー》として用いられた。そのとき、一番座、二番座の庭先にまで桟敷を張りだして祝座を設けることも行われたが、それはとりもなおさず踊り・狂言を披露するためのものであった。経済的に余裕のある家は、島人を時間帯に分けて招待・案内したという。例えば、竹富島では一番客《シン》は一般のお婆さんたちで午前八時の招待、二番客は一般のお爺さんたちで午前一一時の招待、三番客は有志[*46]で午後二時の招待、四番客はダイクシャ（先生、駐在、島役員）などで午後八時の招待という具合である[*47]。

竹富島の六一歳のお祝いの詳細を、辻弘が描写している。各係の役割分担は、さながら古謡《アンパルヌミダガーマユンタ[*48]》のようである。甚だ長くなるが引用したい。

案内予定時刻前に招待客は見える。それまでに各持場係員の腕の見せどころ、一気に活気がみなぎる。

包丁係は手際よく「定規」に合わせたように大小差別のないよう切り、包丁捌きの見せ所（今日の包丁係は誰か？と批判に上る）。

配膳係は洗い清めたお膳、かんびん、盃等は三番座の方へ、大皿はしゅ皿盛る所へ、中、小皿、吸物椀等はクーバン（調理場）へ、酢の物皿は酢の物係へそれぞれ配布し準備して待機する。

時刻にはほぼ満席状態になる。（中略）主催者代表挨拶に先んじてお願いをする。「本来なら私の方で盃にお酒を注いでご挨拶申し上げるべきですが、時間の都合もありますので甚だ恐縮に存じますが各自盃にお酒を注いで下さる様」にとお願いして挨拶を始める。

挨拶が終ると吸物が冷めないうちにどうぞ「召し上って下さい」とすすめ、楽屋から御前風さんみんが流れ終る。当時は司会者も居らず、出演に先だち拍子木をカチカチと叩いて予告し、かぎやで風から生年祝の「ハイライト」である掃除カチ[*49]（決って踊った）等子・孫の多彩な舞踊や劇の出演にお客も手拍子を合せ顔をほころばせながら喜び興じ、舞う人、観る人、渾然一体となって雰囲気を盛り上げる。余興の間隙を縫うように、給仕は二番、三番（三番はない所もある）と吸物が運ばれ、男の客には（午後二時、七時）お酒の補給を忘れない。

主催者は上座より一人一人順次一献捧げ、日頃の御世話を謝し挨拶して回る。三時間〜四時間が経過した頃、赤馬節のイラサニサーの音曲が流れ出る。これでこの時間は「おわりです」の合図となり、婆様達は持参した重箱にシュ皿の御馳走を移し身も心も軽やかに家路につく。受付係は、宴中に案内客全員の出欠を各時間毎に確認し、欠席者には送り膳をするように膳組係に要請し整理をなす。[*50]

このように生年祝いは個々の家で催されたが、竹富島では一九六〇年から合同で行われるようになった。竹富島だけでなく、現代は各地域で合同祝賀形式の開催が多い。人生儀礼の主体は個人であるが、個人が共同体との関わりのなかで、社会的な地位と役割を確認し認め合う場として、合同祝賀会は現代において有効に機能している。

農耕儀礼の時間軸が循環的であることに対して、人生儀礼や個人に関わる祝宴は基本的に一生に一度の機会であり、直進的な時間軸で捉えることができる。[*51] しかし、人生儀礼の合同化は、それが地域共同体の年中行事に組み込まれ、[*52] 直進的な時間軸と循環的な時間軸が並存することを意味する。つまり、生年祝は個人的な祝儀に、公共的な性格が加わることになったのである。

昭和三〇年代、祝宴の場も個人宅から、公民館やホテルの宴会場、ホールといった大きな会場へと移っていく。結婚披露宴に関しては、花婿・花嫁の学友や職場同僚など、地域を越えた個々の交際範囲の拡大などが要因となり、この頃から祝宴の規模が拡大していった。

それに応じて音響・照明を兼ね備えた専用の会場が増加し、当然そこで演じられる芸能にも変化をもたらしたことが考えられる。さすがに八重山の祝宴で、カラオケによる歌唱が余興に組まれることは少ないが、最近はプログラムに写真のスライドショーやプロジェクションマッピング、動画映像なども採りいれた演出もみられる。これらは進行の時間調整や舞台裏の準備などには都合のよい演出でもある。このように最近はブライダル業者が主導する演出プランもままみられる。

また、個人のお祝いでは入場曲やBGMなど、当人の選曲による演出が尊重される傾向が強い。人生儀礼における祝宴は、村落祭祀の祝宴に比べて自由度が高く、新たな芸能創造の場でもあるといえよう。本来個人を対象とする人生儀礼も、現代は共同体が主催したり、さらには地域を越えた開催により、その規模も次第に拡大して今日に至っている。

2 祝宴の始まりと終わり

祝宴の始まり

八重山の祝宴の座開きの歌謡は概ね《鷲之鳥節》《赤馬節》が定番とされるが、事例をみると、実際は琉球古典音楽《かぎやで風》の演唱も多い。事例④「黒島東筋村結願祭」のように、例狂言を終え（No.4）、改めて饗宴を始めるにあたって、舞踊「かぎやで風」（No.5）、舞踊「赤馬節」（No.6）、舞踊「わしの鳥節」（No.7）と立て続けに配される例もある。

ここでは八重山の座開き定番曲《鷲之鳥節》《赤馬節》《かぎやで風》について、プログラムにおける位置付けと、それぞれの持つ世界を確かめておきたい。

図⑮　舞踊「鷲之鳥節」（小浜島結願祭、2016年）

《鷲之鳥節》　八重山の饗宴の座開きといえば《鷲之鳥節》が知られる。本章の事例では七例が確認できる［表⑩］。そのうち、座開きで舞踊「かぎやで風」が出るとき、これより先に《鷲之鳥節》が演じられることはない。これも一つの形式なのだろう。

また、座開きに限らず、小浜島の結願祭の番組の後半で南村の演目として踊られたり、その他番組の中盤に演じられることもある（事例⑧・№７）。

次に《鷲之鳥節》の歌詞をみてみよう（『南島歌謡Ⅳ』節歌13）。

1 大ほあこふの根さしに　なり、あこふの本はいに（大アコウの根差しに　実りアコウの本延えに）
2 壱のいたほみ上り　七の枝ほみ登り（五つの枝を踏み登り　七つの枝を踏み登り）
3 壱ひらい巣ばかけ、　七ひらい巣ばかけ（五個の巣を架け　七個の巣を架け）
4 壱ひらいくがなし　七ひらいくがなし（五個の卵を生み　七個の卵を生み）
5 壱ひらいくがから、　七ひらいくがから（五個の卵から　七個の卵から）
6 綾羽は産らしやうれ、　びる羽は産らしやうれ（子鷲を生まれなさり　若鷲を生まれなさり）
7 正月のすてむて、　元日の朝ぱな（正月の早朝　元日の朝まだき）
8 東るかい飛ひつき　てたばかめ舞いつき（東方に飛んで行き　太陽を戴いて舞って行き）
9 いらさねさけふの日　どけさねさ金日（ああ嬉しい今日の日　たいそう嬉しい黄金の日）
10 わんすてるけふたら、　羽もいるたきたら（私の孵でる今日だよ　羽が生えるほどだよ）
11 けふ祝ひしゆらは　明日ふくいしよらば（今日祝いをするから　明日祝いをするから）

事例	祝宴名	No.	備考
①	飯田家・石垣家結婚披露宴	No.4	座開き。新婦兄弟・叔母による舞踊。
②	字新川牛馬祭祈願式典並びに祝賀会	No.8	座開き。役員婦人による舞踊。
③	新城上地島結願祭	No.3	例狂言後の舞踊。
④	黒島東筋村結願祭	No.7	舞踊「かぎやで風」「赤馬節」に続く舞踊。
⑦	平成30年度戌年・亥歳生年合同祝賀会	No.10	座開き。大川婦人会による舞踊。
⑧	仲山文さん85歳生年祝	No.7	番組中盤、孫・曾孫による舞踊。
⑨	大嵩家・石仲家結婚披露宴	No.6	新婦兄夫婦、姉夫婦、母による舞踊。

表⑩　《鷲之鳥節》の用例

《鷲之鳥節》は、古謡《ばしぬ鳥ゆんた》《鷲ゆんた》を節歌に改作した歌曲である。綾なる羽の若鷲が元日の朝ぼらけ、太陽の光を浴びて飛び立ってゆく光景が謡われている。現在、《鷲之鳥節》は一般に、第6、7、8節が謡われる。「綾羽は産らしやうれ、びる羽は産らしやうれ」（第6節）は、若鷲誕生を表現し、「孵《す》でる」（生まれ変わる）民俗文化と深く関わっている。それは生命力の更新を意味するものである。

歌詞に「正月のすてむて、元日の朝ぱな」（第7節）と正月の早朝の風景が謡われることから、正月には新年を寿ぐ歌として好んで謡われる。祝宴では特にそのめでたさ、喜ばしさに注目し、座開きの歌謡として用いられるようになったのだろう。雄大な歌詞、荘重な音楽は八重山を代表する節歌として知られ、数多い振り付けがある。[*53]

《赤馬節》　宮良村の赤毛の名馬は琉球国王に召されたが、首里では誰も調教できず、結局元の馬主に返されたという由来がある。

人頭税時代、琉球国王に召された赤馬の誉れにあやかり祝儀舞踊になったのだという。歌詞は次のとおり（『南島歌謡Ⅳ』節歌1）。

1　赤馬のいら、そざ　（赤毛馬の　ああ羨ましいことよ）
足よちやの、どきや、にやぐ　（足四つ〔馬〕のたいそうの嬉しさよ）
2　生るかい赤馬、　（生まれ甲斐ある赤毛の馬よ）
すてる甲斐、あしよちや。　（生まれ甲斐ある足四つよ）
3　浮名主に望れ、　（沖縄主〔国王様〕に望まれ）
主の前に見のふされ、　（主の前〔国王様〕に見なおされ）
4　いらさねさ、けふの日。　（たいそう嬉しい　今日の日）
どけさねさ、金日。　（たいそう嬉しい　黄金の日）
5　ばんすてる、けふたら。　（私の生まれる今日だよ）
羽もいる、たき、だら。　（羽根が生えるほどだよ）
6　けふも祝ひしよらは、　（今日祝いをするから）
明日ふくいしゆらば。　（明日祝いをするから）

近年は第4節以降が謡われることが多い。内容は「今日の嬉しさ、それはまるで生まれかわって、

図⑯　舞踊「赤馬節」（竹富島種子取祭、2013年）

新しい生命を得たようで、羽が生えて天に飛ぶようなもの、今日も明日もお祝いをしよう」というもの。

また、「旅行の時」「諸祝儀之時」には、それぞれ相応しい歌詞で謡われたようである。[*54] 前者は首里への上り下りの情景が謡われている。後者は国王讃歌、国王謁見の喜びを謡ったもので、それが祝儀に謡われるようになったと思われる。

《赤馬節》も座開きの歌謡として知られ、芸能公演では幕開けに若衆踊りとしてよく踊られている。事例⑤「竹富島種子取祭」［表⑤—1］の「赤馬節」（No.11）は玻座間村の舞台芸能において、儀礼的な演目を終えてからの座開きを意味している。

また、事例③「新城上地島結願祭」や、小浜島の結願祭などのように、《赤馬節》は饗宴のトゥジイミ（留め、最後の演目）にも演唱されることがある。喜舎場永珣は「八重山ではこの赤馬節を「座開き《ザビラ》」と称して祝宴のはじめに荘厳に歌い、また「止締《トゥジイミ》」（終り、閉幕）にもこれを歌って閉会を告げている」[*55] と述べている。辻弘が竹富島における六一歳の生年祝を描写したなかにも、「赤馬節のイラサニサーの音曲が流れ出る。これでこの時間は「おわりです」の合図となり、婆様達は持参した重箱にシュ皿の御馳走を移し身も心も軽やかに家路につく」[*56] とのくだりがある。

事例	祝　宴　名	No.	備　考
③	新城上地島結願祭	No.1	饗宴の座開き。若衆踊り。
③	新城上地島結願祭	No.2	「一番狂言」の冒頭。演者は筑登之役。
④	黒島東筋村結願祭	No.5	例狂言後の舞踊。
⑤	竹富島種子取祭	No.10	表⑤−2　仲筋村奉納芸能。
⑥	与那国島比川村・嵩西ミイタさん97歳カジマヤー祝賀披露宴	No.10	棒、舞踊「ミティ唄」、乾杯に続く舞踊。
⑧	仲山文さん85歳生年祝	No.4	座開き。
⑨	大嵩家・石仲家結婚披露宴	No.5	座開き。新郎兄妹、叔母による舞踊。

表⑪　《かぎやで風》の用例

《かぎやで風》事例から《かぎやで風》を七例数えることができる［表⑪］。これより八重山でも様々な場面で演唱されていることがわかる。

《かぎやで風》に続いて《鷲之鳥節》を配した番組もままみられるが、先にも述べたようにこの順番が入れ替わることはない。また、事例④「黒島東筋村結願祭」では、舞踊「かぎやで風」（No.5）、「赤馬節」（No.6）、「わしの鳥節」（No.7）と、座開きにふさわしい演目が並ぶが、やはり《かぎやで風》から始まっている。

事例③「新城上地島結願祭」では、《かぎやで風》の歌曲が、饗宴の座開きと「一番狂言」の冒頭で用いられるが、現代の感覚ではプログラムのなかで、このような重複は避けたくなるところである。しかし座開き・例狂言ともに、冒頭はやはり儀式性の高い《かぎやで風》でなければならないということであろう。

《かぎやで風》の用例の多さは、前近代における国王讃歌の名残や、八重山における沖縄本島首里の士族文化の受容を意味するが、それは「今日《きゆ》ぬ誇《ふく》らしゃや　何《なう》にじゃな譬《たてぃ》る　莟《ちぃぶ》でぃうる花《はな》の露行《ちぃゆちゃ》逢た如《ぐとう》」（今日の喜びは何にたとえられようか、蕾んでいる

図⑰　舞踊「かぎやで風」（大嵩家・石仲家結婚披露宴）

花に露が行き逢う（今にも花が咲く）ようである）の歌詞がよく知られ、この祝儀性がいかなる祝宴にも適応するからこそ、無理なく受け入れられたのではなかろうか。*57

歌詞は花の咲き誇った美しさよりも、これから咲かんとするところに美意識を見いだしている。八重山には「荒さどう美しゃ」（荒さこそ美しい）という言葉や、*58子守歌《月ぬ美しゃ》には「月の美しゃ十日三日　女童美しゃ十七つ　ホーイチョーガ」（月の美しいのは十三夜　乙女の美しいのは十七歳　ホーイチヨーガ）というフレーズがあるが、そこには発展の余地を讃美するという価値観が認められる。

《かぎやで風》で謡われる「露」は、日本文学にみるような、儚《はかな》さを象徴するものではない。それはむしろ、花を咲かせる呪的な「露」として現れるのである。琉歌「朝ごとに見れば　露うけて花の　うち笑ひ笑ひ　咲きやるきよらさ」（毎朝見ていると露を受けて花がうち笑うように咲いている美しさよ）というように、花は露を受けて咲くのである。ここにみる「露」は生命力を漲らせ煌《きら》めいている。*59

《かぎやで風》の常套句に対して、竹富島では祝宴の冒頭に祝宴の性格に相応しい歌詞を《かぎやで風》の旋律に乗せて謡い、その主題をあえて明らめる必要があったのだろう。正月元日を祝した歌謡《御前風》は「年《とぅし》ん新《あらた》まる　炭《たん》とぅ昆布《くぶ》飾《かざ》てぃ　心《くくる》から姿《しがた》　若《わか》くなたん」（年もあらたまり炭と昆布を飾って心から姿も若くなりました）と謡う。これは新年に生命力を更新させることを謡っている。また、竹富島の「年頭願《にんとうにが》い」（元旦の願い）で、「御五水《みぐし》　大花米《ふばなぐみ》　年玉《とぅしだま》ゆ　鏡餅《かがんむち》　御飾《うかざ》し　新年《みーとぅし》ぬ嘉例願《かるいにが》い　うんぬくば　炭《たん》とぅ　昆布《くぶ》のようし　体頑丈《どぅがんじゅう》さ　身頑丈《みがんじゅ》さ　あらし給《たぼ》うり」と、床の間の飾りを表現したフレーズが出てくるが、供物の意味をもどく役割も果たしている。その他、家屋の棟上げには「削《ひじゃ》ぬ木《き》ぬ揃《する》てぃ　寄《ゆ》しぬ木《き》ん寄《ゆ》してぃ　御建《うた》てぃ棟上《むねあ》ぎてぃ　御祝《うゆべ》さびら」（削った木が揃って寄木を寄せてお建てになられた家屋の棟上げ祝いをしましょう）と謡う。還暦祝いには「六十一歳《るくじゅうひとぅとぅし》や　寿《くとぅぶき》ぬぶなか　願《にが》てぃ百二十歳《ひゃくはたち》　御祝《うゆべ》さびら」（六十一歳は寿の半ばである。願って百二十歳のお祝いをしよう）と謡う。*60

また与那国島では、旧暦一〇月の「神ヌ月」には、島挙げての祭祀「マチリ」が二五日間にわたり行われるが、第二日目のウラマチリは「牛馬繁殖」が祭祀の主題である。そこで《かぎやで風》は、「今日原出《きゆはるん》でぃてぃ　牛《うし》ゆかにみりば　綾牛《あやうし》ぬ生《ま》りび　今日《きゆ》ぬ祝《うゆえ》」（今日の良き日に牧場に出て牛を集めるとたくさんの立派な牛が生まれたので今日はお祝いだ）という歌詞で、《牛願節》*61として謡われる。

このように《かぎやで風》は、同旋律で幾つもの歌詞が謡われるが、そこから祝宴の諸相がうかがえるのである。*62また饗宴の参会者は、冒頭の《かぎやで風》によって、その主題を再確認することができるのである。

祝宴の終わり

祝宴の終わりに独自の形式をみるのは与那国島である。与那国島では、村を挙げた祭事で祝宴の最後を飾るのはドゥンタである。陽が暮れて焚火を囲んで手をつなぎ、円陣を歩みながら、《今日が日ドゥンタ》が謡われる。

1　今日《きゆ》が日《ひ》ぬ　願《にが》いや　ハーエーソーダーエーヘー
　　（今日の日の願いは　ハーエーソーダーエーヘー〔囃子詞、以下略〕）

2　何《な》なゆ願《にが》い　願《にが》ゆんが　（何の願いを願いますか）

3　命果報《いぬてぃがふ》　願《にんが》いどぅす　（命果報の願いをします）

4　衆人数《すうにんどぅ》ぬ　願《にが》いどぅす　（衆人数の願いをします）

5　何《な》ゆてぃでぃどぅ　願《にが》ゆんが　（なんと言って願いますか）

6　如何《いか》てぃでぃどぅ　飾《かだ》ゆんが　（なんといって口かざりしますか）

7　産《な》し繁昌《はんどぅ》ぬ　願《にんが》いどぅす　（産《な》し繁昌の願いをします）

8　産《な》し繁昌《はんどぅ》ぬ　後《あとぅ》なぎ　（産《な》し繁昌の次には）

9　何《な》ゆ願《にが》い　願《にが》ゆんが　（何の願いをしますか）

10　富貴世《うやぎどぅ》どぅ　願《にが》ゆる　（豊かな世を願います）

11　旅果報《たびがふ》どぅ　願《にが》ゆる　（旅果報を願います）

12　神酒《んさぐ》てぃば　ばたち盛《む》い　（嚙酒《かみさけ》〔ミティ〕をバタチ〔きゆす〕に盛り）
13　御酒《うさぎ》てぃば　茶碗《さばん》びぃてぃ　（御酒を茶碗《ちゃわん》に満たし）
14　其《う》ぬ果報《かぶ》どぅ　願《にが》ゆる　（其の果報を願います＊63）

音頭取りが「エーヘー」と声を張り上げドゥンタは始まる。参加者は「エーヘー」と応じて互いに手をとり輪になる。音頭取りは今日の願いの意味を問うように謡いだす。その後、力強いリズムと囃子詞とともにドゥンタは展開する。冒頭の問いに対して「命果報の願い」「衆人数の願い」「産《な》し繁昌の願い」「豊かな世の願い」「旅果報の願い」などと祈願の内容を列挙する歌詞は、まるで参加者の自問自答のようである。

また、伝統的な村落祭祀の祝宴では、毎年繰返されるからであろうか、あえて司会者を立てないことが多い（事例③⑤）。それゆえ鳩間島結願祭では舞踊「しちょう節」が始まると、祝宴の終わりを意味し、帰り支度を始める人もいるという。祝宴によってトゥジィミ（留め）が《赤馬節》であるように、祝宴のエンディング曲が決まっているということである。

また、祝宴の終盤に《六調節》でモーヤー（乱舞）へと展開する事例は多い（事例①③⑥⑦⑧⑨）。参会者は思い思いに踊り、《弥勒節》《ヤーラーヨ》の歌曲とともに祝宴を閉じる一連の流れは八重山スタンダードともいうべき様式である。しかし、事例③以外が個人のお祝いであることは注目してもよい。また近年の結婚披露宴で、新郎の友人グループがプログラム終盤に元気よくテンポの早

図⑱　ハイサイ！　あんこうさん（事例⑨・№22）

図⑲　モーヤー（事例⑨・№24）

図⑳　モーヤー（事例⑦・№16）

い余興を演じて、続く賑やかな《六調節》を促す効果を期待した演出は定番といってもよいだろう。

ここで《六調節》の歌詞をみておくと、七・七・七・五調の本土系のもので、次の歌詞がよく用いられる。

様は幾つか　二十二か三か　やがて二十五の　生まれ年
嬉し嬉しや[*64]　若松様よ　枝も栄えて　葉も繁る
踊れ踊れよ　品よく踊れ　品のよい娘は　嫁に取る

君は百歳　私九十九まで　共に白髪の　生えるまで
今日の座敷は　祝いの座敷　亀が歌えば　鶴が舞う

いずれの歌詞も全国各地の民謡の類型歌に求めることができる。内容は概ね「めでたいづくし」で、その内容はさほど問われないが、むしろ賑やかな曲想が重要だといえよう。踊りについては沖縄本島のカチャーシー（手踊りの乱舞）との共通性を指摘することができる。[*65]

《弥勒節》（『南島歌謡大成Ⅳ』節歌85）の歌詞も琉歌形式であるが、『八重山民謡誌』には九首が収録されている。代表的な歌詞は「大国のみろく、八重山にいもふち、御かけぼしめしやれ　島のあるじ」（大国の弥勒様が、八重山に来られ、お掛け（御統合）ください、島の主）で、豊穣をもたらす来訪神の到来を意味するものである。

続く《ヤーラーヨ節》（『南島歌謡Ⅳ』節歌86）は、次の如く喜びを謡っている。この意味において祝宴のフィナーレを飾るに相応しい歌謡である。

1　けふよの日のさねさや　金日のさねさや　（今日の日の嬉しさは　黄金の日の嬉しさは）
2　はんすてるけふたら　羽もいるたけたら　（私が生まれる今日だよ　羽の生えるほどだよ）

四　結び

一般に祝宴は、威儀をもって始まり、時間とともに打ち解け、楽しい歌や踊りに興じて終了するという流れが共通する。また、農耕儀礼に伴う祝宴で神に奉納される芸能と、生年祝いや結婚披露宴といった祝意の対象が人である芸能とでは、おのずと性格が異なってくる。

上野誠は『万葉びとの宴』のなかで、一般的な宴の構成を「型」という概念で、①型を守る部分（不変性）、②型のなかにある変更可能な部分（可変性）、③型そのものを破る部分（逸脱性）と分類して考察している。[*66] ③は八重山ではモーヤー（乱舞）の場面に相当しようか。賑やかなモーヤーから、《弥勒節》《ヤーラーヨ》で落ち着きを取り戻すのは、型から「逸脱」して型に戻ることに合致するように思う。

ちなみに、真鍋昌弘は日本史を通観しながら酒宴歌謡に注目し、典型的な酒宴は「始め歌」で始まり、やがて「座興歌謡」で座が盛り上がり、時が流れて「終り歌」によって終了することを、全国の民謡から引いて証明している。ここでは「土地の俗謡」「流行歌謡」「思い出の歌謡」「ナンセンス歌謡」などを座興歌謡としている。[*67]

先述したように、波照間永吉は文学的な立場から、八重山の伝統的な祭祀において、時間・空間の拡大に伴って、謡われる歌謡のジャンルが変化することを指摘し、モデル化している。

	祭儀		饗宴			閉会
芸能的要素	祈願（願口）（儀礼・口上・乾杯）	開会挨拶 例狂言 座開き 乾杯	奉納芸能 祝儀の芸能	余興的芸能 娯楽的芸能	モーヤー・カチャーシー	閉会挨拶
	〈形式的〉	〈形式的〉		〈無礼講〉	〈無礼講〉	〈形式的〉
	祭祀歌謡、神歌	座開きの歌謡（始め歌） 《鷲之鳥節》 《赤馬節》 《かぎやで風》	祝儀の歌謡	座興歌謡 土地の俗謡 流行歌謡 思い出歌謡 ナンセンス歌謡	《六調節》	終わり歌 《弥勒節》 《ヤーラーヨ》
型	型を守る部分	型を守る部分	型における変更可能部分	型を破る —個々の工夫—		型を守る部分
	〈不変〉	〈不変〉	〈可変〉	〈逸脱〉		〈不変〉

表⑫　八重山の祝宴の構成モデル

これらを総合して、八重山の祝宴を整理したのが、表⑫「八重山の祝宴の構成モデル」である。

八重山の祝宴も古今東西同様の流れにあてはまるが、それだけにかえってその独自性が際立ってくる。八重山の祝宴は、①座開きの歌曲に《鷲之鳥節》《赤馬節》《かぎやで風》があり、《かぎやで風》を尊重しながら、時と場に応じてプログラムできる融通性が認められること、②祭祀に伴う祝宴では、例狂言により主題や由来が明確化されると、後は芸能づくしに展開すること、③個人的な祝宴のフィナーレは《六調節》で賑やかに踊り、《弥勒節》《ヤーラーヨ》で終える傾向があること、といった特色が見いだせる（「三　考察」）。

座開きについて考察するにあたっては、八重山の祝宴における具体例が提示できたと思う。沖縄本島なら、《かぎやで風》を座開きとする傾向が強いが、八重山では様式を踏まえながら、《鷲之鳥節》《赤馬節》《かぎやで風》を、祝宴のなかで柔軟に配置しているといえよう。

事例⑥でみたように、与那国島の饗宴の座開きには棒踊りを演じるが（No.7）、これにはダーナラシ（座均し）といって場を浄める意味がある。そして、舞踊「ミティ唄」（No.8）で客人をもてなし、「乾杯の音頭」（No.9）があり、改めて座開きの舞踊「かぎやで風」（No.10）が踊られる。このような与那国島での祝宴の座開きにみる一連の流れや、村を挙げた祭祀の祝宴の終わりをドゥンタで飾るあり方は、八重山地域のなかでも特異な芸脈を思わせるものである。これらから与那国島が一つの文化圏として独自性が高いことを指摘できる。また、本来、村の芸能である棒踊りや舞踊「ミティ唄」が、個人の祝儀に転用されていることも注目できる。

その他、八重山地域にあって、「住吉入植五〇周年祝賀会」（一九九八年）で、宮古民謡《トーガニあやぐ》[*68]が座開きとして謡われるのは、住吉集落が宮古島を母村とする開拓地域だからである。このように八重山の祝宴の座開きといっても一様でなく、所変われば座開きのあり方も変わると思ったほうがよい。細部に注意を払うと、同じ名称の祭祀や祝宴でも、地域により謡われる曲、そのリズムや所作に差異を見いだすことができる。八重山の祝宴の表現は豊富にして多彩である。

特に、祝宴のなかで〈長者の大主〉という様式が芸能の再生装置として有効に機能し、八重山芸能を豊かにしているのではないだろうか。歴史的な背景を思うと、首里王府の外交政策として仕組まれた冠船芸能の様式が、地方の村踊りに影響を与え、さらには庶民の私的な祝儀の中にもとりいれられていったと推察できる。例えば、事例⑧の「祝儀番」（No.1）は、「一番狂言」（事例③・No.

2）や「初番」（事例④・№5）に類する、〈長者の大主〉系芸能のバリエーションであるが、ここでも公的な儀礼のかたちが、私的な祝宴の番組にうまくとりいれられているのがわかるのである。このようなダイナミズムが現代八重山の暮らしのなかに息づいているのである。

ここで改めて祝宴が祭儀と饗宴で構成されていることを確認するが、祭儀では祈願を捧げて主題を明確にし、饗宴の冒頭では例狂言といった〈長者の大主〉系芸能を配して、饗宴に祝儀性を流し込んでいる。長者に相当する役が主題を述べ、その後芸能をお目掛けする形をとり、饗宴の芸能づくしへと展開する。

つまり、祝宴に〈長者の大主〉という様式を借用して枠組みを設定し、それが芸能の再生装置として機能しているのである。この様式には、上野のいう「型を守る部分」「型のなかにある変更可能な部分」「型そのものを破る部分」がみられ、そこには流行する芸能や新たな芸能の受け皿になりえる余地がある。それは流行り廃りも飲み込みながら、新たな文化伝承のエネルギーを生み出していく装置でもある。だから、それに適わない芸能は淘汰されていくのである。

八重山の先人たちが、多様な島嶼社会のなかで、それぞれの祝宴に〈長者の大主〉という装置を置いて、伝統文化継承のシステムを創りあげた意味は重要である。それは主題を明確にして枠組みを設定するが、その後の展開は伸縮自在の融通性を備えた、柔らかく開かれた仕組みになっている。だから八重山の祝宴は、伝統的な文化を継承しながら、新たな芸能を生み出し続けるのである。

また祝宴のあり方が、さまざまな舞台芸能や公演に影響していることも指摘できそうだ。とりあげるべき祝宴はまだまだある。今後、飲みすぎに注意しながら、今回立てた仮説の信憑性を高めるべく、悉皆・量的調査に邁進したい。

1――古謡を謡う仲間というのは、石垣市文化協会古謡部会のこと。

2――八重山の子守歌。大宜味信智（一七九〇〜一八五〇年）が、石垣島登野城村に伝わる子守歌になぞらえて作ったという（喜舎場永珣「アガロウザ節」『八重山民謡誌』沖縄タイムス社、一九六七年、四九〜五五頁）。

3――一九二一年、石垣島新川村生まれ（〜二〇一七年）。映画『ナミィと唄えば』（監督：本橋成一、二〇〇六年）は、新城浪さんの歌とともにある暮らしを追ったドキュメント。

4――節歌《赤馬節》の冒頭の詞章。「いら」は感嘆詞で「ああ」、「嬉《さに》しや」は「嬉しい」。《赤馬節》を俗に《イラサニシャー》というのはこのためである。

5――石垣島にある臨済宗妙心寺派の寺院。山号は南海山。創建について、「八重山島年来記」に「為検地大和座当所御下着、琉球江帰帆ニ而国王江御噺ニ、八重山島之儀邪術有之候、何宗旨ニ而候哉御不審有之ニ付、御国元江奉訟被寺召立、桃林寺与号、鑑翁西堂江住持被仰付改参之由御旧記ニ相見得候也」とある。仁王像は沖縄県指定の文化財。

6――事例①の場合でも、桃林寺で仏式による婚礼の儀（祭儀）を午前中に済ませて、午後七時から披露宴（饗宴）が開かれた。

7――歌謡の引用は断りのない限り、『南島歌謡大成Ⅳ　八重山篇』（角川書店、一九七九年）からとする。そのとき『南島歌謡Ⅳ』と略記し、歌謡のジャンルと歌番号を記すことにする。なお、ニガイフチィ45はすべてひらがな表記であるが、語源が明らかな語については、漢字を当てた。

8――入嵩西清佐『八寿を迎えて　新川村と共に』（私家本、二〇〇一年）一一一～一一二頁、「平成二六年度字新川牛馬祭祈願式典並びに祝賀会――一三〇周年記念」（パンフレット）参照。

9――新川村の馬場は、大正初期に村人総動員で密林を切り拓いてつくられた。かつては豊年祭の大綱造りにも使用され、村にとっては重要な場所であった（入嵩西清佐『八寿を迎えて　新川村と共に』一一一～一一二頁）。碑文には「この景勝地フックニムルは　南に真喜良　北に阿香花　ここに新川字の永遠の発展と畜産の振興の根源たる牛馬の魂を祭り　永遠に畜産の守護神として見守り給えと祈る　昭和四十六年六月　若夏　嵩本正宜」とある。

10――当日、第8節まで歌われた。第9～17節は省略。

11――富崎沖は船舶が往来する海上交通の要所。干瀬が長く沖に突き出しており、海の難所として知られる。《小浜節》では「富崎渡ぬねぬならば　マムサ渡ぬねぬならば　今日や行き遊び　明日やきそんが」（富崎渡がなければ、マムサ渡がないならば、今日は行って遊び、明日には戻ってくるのだが）と謡われている。そこで海上安全を祈願し、一七三九年に経塚、一九四二年に観音堂が建立される。

12――ここに登場するカニビラは「バンビギリャー」（私の愛しい人）、すなわち乙女の愛しい人である。彼は牛と船の所有者でもあるが、乙女との関係について、喜舎場永珣は「兄妹」説、宮良当壮は「夫婦」説、當山善堂は「恋人」説をそれぞれ唱えている。

13――新城島上地村結願祭については、拙稿「結願祭の奉納芸能」（『竹富町史』第五巻、竹富町、二〇一三年、六三八～六四一頁）参照。

14――饗宴を終えると、神女・神役は拝殿に集い、神酒を一同に廻した後、古謡《結願祭の立てぃぶとん》を謡いおさめた。玻座真武「結願祭の立てぃぶとん」（『竹富町古謡集』第四集、竹富町、二〇〇二年）五四〜五六頁。

15――《口説》は沖縄一円に伝承される歌謡の一形式で、五・七音の歌詞を連ねるが、八重山の《口説》はその後に口説囃子を付加することが多い。

16――『沖縄古語大辞典』(角川書店、一九九五年)二八四頁。

17――喜舎場永珣『八重山民俗誌』上巻(沖縄タイムス社、一九七七年)五〇一頁。

18――阿佐伊孫良「「竹富島の種子取」を考える」(『八重山文化』第七号、東京・八重山文化研究会、一九七九年)四九頁。

19――狂言「畑屋の願い」については、拙稿「狂言「畑屋の願い」に関する考察」(『沖縄文化』第九八号、沖縄文化協会、二〇〇四年、四一〜八八頁)参照。

20――小浜勝義によると、二五歳の生年を俗に「サマワー」と称すのは、《六調節》の歌詞「様は幾つか 二十二か三か やがて二十五の生まり年 ヨイヤナ」の謡いだしが典拠となっている(『宮良村の民俗と文化 覚書』私家本、二〇一四年、一九八頁)。

21――八重山では四九歳を「ククヌトゥグンジュー」、「ユーマーリヌマリドゥシィ」(四回りの生年)という。四九歳は生年であるが、四十九日忌を連想させるとし、最悪の厄年とみなされている。また、「始終苦」と語呂合わせで解釈されることもある。小浜勝義は以下のように述べる。「49歳の生まり年の厄年にあたっている者は実際の年齢をいわず、49歳のことを「貰い年」という。一方、人頭税時代は札人(生産人)の責務最終の年で、「グンジューフダヌガーリ」(五十札逃れ)、「グンジューフダユリ」(五十札許され)と称し、自由が保障される意義深い歳でもあったようである。厄払いの祝いに、札人免れのお祝いも重ねられたのだろう」(『宮良村の民俗と文化 覚書』一九八頁)。

22――《あやかり節》の歌詞・訳については、宮城信勇監修・當山善堂編著『精選 八重山古典民謡集――C

D・歌詞（歌意・解説・語意）附』四（丸正印刷、二〇一三年）三四～四一頁を参照したが、一部改めたところがある。當山善堂によると、第1句と第5句は喜舎場孫知（一八六〇～一九三三年）、第2～4句は大濱安伴（一九一二～二〇〇一年）による作詞である。

23　ちなみに、「米」は「ヨネ」と訓読するが、沖縄方言の音韻変化により転訛して「ユニ」と読ませる。

24　拙稿「与那国島の芸能覚書」（『沖縄芸術の科学』第一六号、沖縄県立芸術大学附属研究所、二〇〇四年）一八六～一八七頁。

25　本竹祐助は与那国出身。

26　大工哲弘のCDアルバム「ウチナージンタ」（オフノート、一九九四年）に収録のものを再生した。

27　ここではティッシュペーパーに金銭を包んで、舞台に投げ入れる祝儀金のこと。

28　「祝儀番」については、玉城享子氏・仲山一人氏よりご教示いただいた。

29　作詞：ラッキィ池田&高木貴司、作曲：菊谷知樹、編曲：日比野裕史、歌：Dream 5、振付：ラッキィ池田、二〇一三年。

30　作詞：秋元康、作曲：伊藤心太朗、歌：AKB48、振付：パパイヤ鈴木、二〇一三年。

31　作詞：綾小路翔、作曲：西園寺瞳・星グランマニエ、歌：氣志團、二〇一四年。

32　御嶽の奥の方に石垣で囲われ、神霊の宿る霊石が安置される聖域。男性禁制。

33　折口信夫は「もどき芸」が日本の芸能の始源であると説き、「もどく」という動詞には「演芸史の上では、物まねする・説明する・代つて再説する・説き和げる」などの意味があるとも指摘している（折口信夫「翁の発生」『折口信夫全集』第二巻、中央公論社、一九八四年、四〇九頁）。

34　石垣市立図書館所蔵の「新本家文書」のうち、杣山仮筆者・新本仁屋の写本による「組踊集・忠孝婦人八重瀬、家訓歌語並び萬口説集」のこと。

35――国立国語研究所編『沖縄語辞典』第八刷（大蔵省印刷局、一九九八年）四二八頁。
36――加治工真市「《鳩間口説》の変遷」（『竹富町史だより』第三九号、竹富町教育委員会、二〇一七年）一一～二一頁。「イリクヌティー」というとき、八重山では一般に「入子の手」と解し、祭りのなかで行列をなし、太鼓を打つ形式をいう。
37――小浜勝義氏（石垣市字宮良、一九三四年生まれ）よりご教示いただいた。
38――拙稿「尻尾を生やす」（『竹富町史』第七巻、竹富町、二〇一七年）七六二頁。
39――波照間永吉「八重山歌謡の形態――「場」と歌唱法を中心に」（『南島祭祀歌謡の研究』砂子屋書房、一九九九年）五二九～五五一頁、「沖縄八重山の祭祀歌謡」（同）六〇八～六三八頁。拙稿「《鳩間節》の展開とその背景」（『沖縄芸術の科学』第二九号、沖縄県立芸術大学附属研究所、二〇一七年）一七～三四頁。
40――狩俣恵一「竹富島の種子取祭」（『南島歌謡の研究』瑞木書房、一九九九頁）一四一頁。
41――八重山において王府時代の婚礼の儀式が大きく変化するのは、明治時代以降の教育者先導による大和化である。進取の気性に富む八重山人は、旧式の儀礼を重んじながら、大和文化を採り入れ、八重山にふさわしい婚礼をあみだした。戦後はアメリカ文化も加わり変容を繰り返し、どんどん華やかになっている（内原節子「婚姻」『石垣市史』石垣市、二〇〇七年、二九九～三六〇頁）。
42――内原節子「婚姻」（『石垣市史』）三六〇頁。
43――伊波普猷編著の『琉球戯曲集』には、一九三八年に行われた尚育王の冊封（通称「戌の御冠船」）に供された「仲秋宴」「重陽宴」のプログラムが収録されている。
44――矢野輝雄「八重山の芸能を考える」（『組踊を聴く』瑞木書房、二〇〇三年）五二四頁。
45――宮城文『八重山生活誌』第四刷（沖縄タイムス社、一九八二年）四二七頁。

46――島で総代役を務めたことのある人のことで、標準語でいう「有志」とは意味が異なる。
47――大山正夫「生年祝」（『昭和の竹富』私家本、一九八五年）三九・四〇頁。
48――石垣島名蔵川三角州南域に生息するカニの生態を擬人化して、ミダガーマ（目高蟹、ツノメガニ）の生年祝いの様子が謡われている。ここで一四種のカニがその職能に応じて配役されている。第七節に「蟹数《かんかじ》ぬ　芸能《ぎのう》ぬあんど」（蟹ごとの芸能があるよ）とあるように、生年祝いと芸能の強い結びつきがうかがえる。
49――竹富島の舞踊「掃除かち」のこと。一人が箒で庭を掃き、もう一人は桶を持って水打ちの所作を舞踊化した二人一組の踊り。
50――辻弘「よい（祝宴）」（『竹富島　いまむかし』私家本、一九八五年）二四八〜二四九頁。
51――このように考えると、新築祝いは男子の人生における三大事業の一つといわれるように、一生に一度あるかないかの祝儀であるから、人生儀礼の一つと捉えることもできる（長野隆之「民謡における時間と空間」『語られる民謡――歌の「場」の民俗学』瑞木書房、二〇〇七年）一一一頁。
52――生年祝いを例にとれば、波照間島では五月四日（ゴールデンウィーク）、西表島祖納村では旧正月が明けて初めて当たる干支の日が選ばれる。
53――宮良賢貞は昭和三〇年代、異なった一六の振り付けを確認している。一八六七年に大浜用能が記した「躍番組」には「若衆おどりのハシノ鳥節」と記録されている。それは近世末期、すでに振り付けがなされていたことを物語っている。
54――喜舎場永珣「赤馬節（石垣）」（『八重山民謡誌』沖縄タイムス出版部、一九六七年）一一頁。
55――喜舎場永珣「赤馬節（石垣）」（『八重山民謡誌』）一七頁。
56――辻弘「よい（祝宴）」（『竹富島　いまむかし』）二四九頁。

57――歌詞は八・八・八・六音の音数律を持つ琉歌形式である。
58――宮城信勇『八重山ことわざ事典』新編増補版（沖縄タイムス社、二〇〇八年）五三頁、№55。
59――嘉手苅千鶴子「琉球文学にみる「露」の呪力」（『交響する琉球文学』森話社、二〇〇三年）六一〜八三頁。福寛美「月の雫、花の露、若水」（『うたの神話学――万葉・おもろ・琉歌』森話社、二〇一〇年）六二〜八三頁。
60――他にも、うたわれる場に応じて《船御前風》《鍛冶御前風》《酒屋御前風》《産御前風》《新墓御前風》《竈御前風》《正月御前風》《六十一祝御前風》などがある（上勢頭亨『竹富島誌』法政大学出版局、一九七九年、二一五〜二一八頁）。
61――別名《牛願《うちにが》いぬ御前風《ぐでぃんふー》》ともいう。
62――島袋盛敏・翁長俊郎『標音評釈　琉歌全集』第五版（武蔵野書院、一九九五年）には、《かぎやで風》として三〇首の琉歌が収録されているが、そのほとんどに祝意を読みとることができる。
63――福里武市・宮良保全・冨里康子「今日が日節」（『改訂版　声楽譜付　与那国民謡工工四全巻』与那国民俗芸能伝承保存会、一九八二年）一〇〜一一頁。
64――「嬉し嬉しや」は「めでためでたの」で謡われることもある。「めでためでた」は『山家鳥虫歌』の冒頭歌として知られ、伝承は全国の民謡に及んでいる。
65――《六調節》のルーツをめぐって、《球磨六調子》《薩摩六調子》といった《六調子》や、熊本県牛深の《ハイヤ節》との関連性も注目されている（山下欣一・小川学夫・松原武実編著『奄美六調をめぐって――徳之島から』南島叢書、一九九〇年）。
66――上野誠『万葉びとの宴』（講談社、二〇一四年）二二七頁。
67――真鍋昌弘「酒宴と歌謡」（『口頭伝承〈トナエ・ウタ・コトワザ〉の世界』（「講座　日本の伝承文学」第

九巻』三弥井書店、二〇〇三年）一七〇～一七一頁。

68　宮古諸島では、一般に《トーガニ》という。《トーガニ》には、祝宴の席で献盃の挨拶に祝意をこめて謡われるものと、野外で即興で謡われるものがあり、両者の旋律の違いが指摘されている（新里幸昭・杉本信夫「トーガニアーグ」『沖縄大百科事典』中巻、沖縄タイムス社、一九八三年、九一三頁）。なお、奄美諸島では《朝花節》が座を浄める祝歌、挨拶歌として、座開きの歌謡と位置付けられている（児玉永伯「朝花節」『沖縄大百科事典』上巻、沖縄タイムス社、一九八三年、四七～四八頁）。

コラム① 鳩間の港の物語　加治工勇の音楽活動　◉飯田泰彦

加治工勇《かじくいさむ》（一九五三年生）は周囲三・八キロの小さな鳩間島《はとまじま》の出身で、一九九七年より本格的な活動をはじめる。暮しの拠点を鳩間島に置き、年に何度か全国を巡るライブ活動も精力的にこなしている。

デビュー曲《鳩間の港》は加治工の代表作だが、多くのオリジナル作品は「ウチナーポップ」のジャンルに位置付けられるだろう。ラジオ沖縄主催の「新唄《ミーウタ》大賞」では、《十六夜の月》が第八回審査委員特別賞、《イダ舟》が第九回作曲賞、《世果報島《ユガフジマ》》が第一〇回歌唱賞、《南風祖父《パイカジアブゼ》》が第一二回作曲賞、《神ぬ島》が第一四回歌唱賞、《島心》が第一九回歌唱賞を受賞している。アルバムは二〇〇二年に「イダ舟」、二〇〇四年に「神ぬ島」を加治工商店からリリースし、島の内外より好評を得ている。

作品の多くは小さな鳩間島の豊かな世界を表現している。《イダ舟》《鳩離》は稲作のため対岸の西《いり》表島《おもてじま》を往来した島人の記憶が歌われている。《島まつり》《世果報島》《神ぬ島》では伝統的な祭祀の光景を歌い、《胡麻の花》《青鳩》《南風祖父》からは暮しに根ざした島人ならではの観察眼がうかがえる。これらは鳩間島独自の風景といえよう。

一方、誰もが「船は行く行く鳩間の港」と歌いあげることができる《鳩間の港》は、地域を越えた広がりをみせる。ＢＥＧＩＮや鳩間加奈子もカバーし、自らのアルバムに収録している。これに振付けた舞踊も多くの人が踊ることができ、二〇〇七年の大阪ドームで行われた公演「琉球フェスティバル」では、《鳩間の港》にあわせて、大勢の観客が一斉に手巾を持って踊りだしたというエピソードがある。

しかし、《鳩間の港》は「新唄大賞」に選ばれていない。その理由を、「歌詞は方言を基本とする」という「応募規定」によるものだとする風説もある。

くしくも標準語の歌詞のおかげで、《鳩間の港》は全国的な展開につながったともいえよう。歌詞の「手をふり涙ほろりおち」「きっと又来る来年も」「未練の港別れ行く」「別れの港の切なさよ」といったフレーズは、昭和時代に流行した、港が舞台の潮風薫る歌謡群に通じる世界だ。それゆえ、セカンドアルバムでもそうなっているように、曲想の似た《さよなら港》(作詞・作曲:豊田一雄、歌:藤島恒夫、一九五六年)とのメドレーも違和感なく聞けるのだろう。しかし、加治工勇にとって、《さよなら港》

2013年の鳩間島豊年祭で歌う加治工勇さん

は過去の流行歌であるのに対し、《鳩間の港》は切実な現実問題につながっており、一線を画すものだ。

二一世紀を迎えても、鳩間港では潮の干満や天候によっては、船の乗降に危険を伴うことがあった。一九九七年と二〇〇六〜二〇一〇年に鳩間公民館長を務めていた加治工は、音楽活動と併行して、島をとりまく状況に懸命に対処しようとしていた。沖縄県による港の改修が完了したのは二〇〇九年のことである。これにより浮桟橋が完成し、鳩間港の安全性・利便性が高まった。

一九九八年に加治工家の庭先ではじまった音楽会は、翌年から「鳩間島音楽祭」と改称し、多くの音楽家や観光客が口コミをたよりに全国から集まるようになった。音楽祭終了後、桟橋で島人が来島者を見送る風景は当初から変わらないが、ここでも《鳩間の港》が繰り返される。「祭りも終わり港の広場/堅い握手に約束を/きっと又来る来年も」。呪文にかかったように、来島者の多くは手巾を懐にしのばせ、音楽祭のリピーターとなっていく。

第2章

近世における組踊をめぐって

上演作品・舞台・小道具、そして近代への伝承

◉鈴木耕太

一　はじめに

組踊は一七一九年、尚敬王冊封《さくほう》の宴席で初演された。その後、冊封の舞台に欠かせない芸能として冊封の宴席に供された。そして琉球処分後の近代において首里・那覇の芝居小屋で上演されるが、時代を経るにしたがってその他の娯楽の人気に押され、上演機会が少なくなっていく。その過程で組踊は近代の知識人たちに「琉球の国劇」と認知され、「古劇保存運動」も興るが長続きせず、上演機会を失っていく。

現在組踊は、国の重要無形文化財に指定され、二〇一〇年にはユネスコの無形文化遺産保護条約「人類の無形文化遺産の代表的な一覧表」に記載された。日本のみならず、世界でも重要な無形文化財として認知されている。そして「国立劇場おきなわ」などの劇場で定期的にその作品が上演されているが、それらは近世琉球の上演をそのまま踏襲しているのではない。近世から近代へと組踊が受け継がれていく際に、どのようなことが伝わらず、変容していったのか。このことを明らかにするには、まず近世における組踊がどのような芸能であったのかを明らかにせねばならない。

本章は、近世における組踊の上演を再検討し、供される場による上演形式や舞台構造の違い、衣裳や小道具、楽器など、現在の上演との違いを明らかにすることを目的とする。そしてそれが後の時代にどのように受け継がれていくのか、少ないながらも資料を駆使して論じたい。

二　近世における組踊の上演作品

組踊は一七一九年に行われた尚敬王冊封の重陽宴にて初めて舞台に供された。徐葆光の『中山伝信録』からは「鶴亀二児復父仇古事」[*1]「鐘魔事」[*2]という二作品が上演に供されたことがうかがえる。一七五六年に行われた尚穆王の冊封では、冊封使として正使全魁・副使周煌が来琉している。この時の周煌の著した『琉球国志略』には、徐葆光の『中山伝信録』と同じく各宴の内容が記されている。しかしながら、組踊が上演されたことが詳細には記されておらず、一七九九年の『冠船躍方日記』の記録[*3]から、田里朝直の創作した「万歳敵討」「義臣物語」「大城崩」「北山崩」の四作品と朝薫の五番を中心に上演されたと考えられる。

一八〇〇年、一八〇八年、一八三八年の三回の冊封諸宴においては、冊封使の記録ではなく一八三八年に行われた冊封の『冠船躍方日記』（以下、一八三八年の『冠船躍方日記』は『躍方日記』と略記する）に上演作品が記されている［表①］。

表①から、一八〇〇年～一八三八年までの三回の冊封諸宴では共通して一三演目上演されていることがわかる。一八三八年の演目は、まず組踊の漢訳が小書きされた後に、演目名が書かれているところが特徴である。漢訳されたタイトルは、冊封使らに組踊の内容を伝えるためにまとめられた『戊戌冊封諸宴演技故事』にも同じものが見られることから、組踊を上演する際に、舞台に掛ける

一八〇〇年諸宴	一八〇八年諸宴	一八三八年諸宴
銘苅子	銘苅子	天縁奇遇児女承慶　銘苅子
忠孝婦人	執心鐘入	婦人設計救君討敵　忠孝婦人
執心鐘入	忠士身替之巻	淫女為魔義士全身　執心鐘入
北山崩	護佐丸敵討	夫婦約別得財再合　花売之縁
巡見官	花売之縁	児子至孝双親免罪　巡見官
万歳敵討	孝行之巻	設計戯芸為父報仇　万歳敵討
義臣物語	大川敵討	児被賊却狂婦苦尋　女物狂
女物狂	巡見官	兄弟報仇忠孝並全　護佐丸敵討
護佐丸敵討	万歳敵討	孝感除蛟姉弟興家　孝行之巻
孝行之巻	女物狂	母子義情感動敵人　大城崩
大城崩	大城崩	君爾忘身救難雪仇　忠士身替之巻
忠士身替之巻	久志之若按司敵討	幼君得救報仇継業　天願若按司敵討
東辺名夜討	義臣物語	一人忠義再興基業　義臣物語

表①　1800年・1808年・1838年の冊封諸宴における組踊の上演作品（『冠船躍方日記』より）

「組踊札」の演目名であることがわかる。したがって組踊は琉球側のタイトル（例：護佐丸敵討）と冊封使向けのタイトル（例：兄弟報仇忠孝並全）があったということがわかる。この冊封使向けのタイトルは、組踊が創作された時から準備されていた可能性が高い。

演目数は一三演目で同じであるが、時代によって上演演目を変えている。例えば、一八〇〇年の演目中にある「北山崩」の演目名の右肩に「辰年者花売之縁ニ繰替」と小書きがあり、「東辺名夜討」には、演目名の右肩に「辰年ハ天願若按司ニ繰替」と小書きがある。辰年とは一八〇八年のことで、この年は戊辰年にあたるためこのように表記されている。実際、一八〇八年には「花売之縁」「久志之若按司敵討」が上演されている。

この表でもう一つわかることは、組踊の演目名が統一されていない、ということである。例えば「大川敵討」は一八〇〇年と一八三八年では「忠孝婦人」と表記され、「久志之若按司敵討」は一八三八年では「天願若按司敵討」と記されている。琉球王国時代においては演目名は必ずしも決まったものを用いず、別名も混同して用いていたということがわかる。このような組踊の「別名」は近代以降、現代でも問題にされることは多くない。表にある「護佐丸敵討」は現在「二童敵討」として上演されており、「護佐丸敵討」の名で上演されることは少ない。[*4] また「天願若按司敵討」は現在では「久志の若按司」という演目名で上演されることが多く、[*5] 演目名の統一化が暗黙の内に行われているように筆者は感じる。しかし、近世や明治の上演演目の事例からみると、組踊の演目は、当初から二つ以上存在している場合が多いと感じざるを得ない。したがって、現在の上演においては統一するよりも「護佐丸敵討（二童敵討）」のように、異表題を併記することが望ましいと考える。また、別の例であるが、「雪払」という作品は、同じ表題で内容の違う作品が複数ある。この作品の場合、組踊本や資料から異表題を見いだすことができないため、別につける必要があると思われる。[*6] ともあれ、冊封の諸宴における組踊の上演作品は一三演目、そして、その演目は冊封ごとに若干の違いがあることがわかる。

つぎに、冊封使が帰帆の途についてから行われる儀礼について見ていこう。『躍方日記』には「御膳進上」と出てくる儀礼がある。「御膳進上」は目下の者から目上の者へ御膳を差し上げるという意で、薩摩に対しても行われていた儀礼である。[*7] 本稿でいう「御膳進上」は琉球国内において、士族から国王達へ行われた儀礼を指す。「御膳進上」では芸能も供されたことが『躍方日記』にみえる。一八〇〇年から一八三八年の演目を列挙すると表②の通りである。

一八〇〇年	一八〇八年	一八三八年
辺土之大主	辺土之大主	辺土之大主
銘苅子	姉妹敵討	執心鐘入
我数之子	本部大主	姉妹敵討
孝女布晒	孝女布晒	銘苅子
護佐丸敵討	義臣物語	本部大主
孝行之巻	執心鐘入	孝行之巻
姉妹敵討	大川敵討	東辺名夜討

表② 「御膳進上」における組踊の上演作品（『躍方日記』より）

表②からわかることは、「辺戸之大主」「姉妹敵討」が共通して演じられていること、またこの二作品に「孝女布晒」を加えた三作品は表①にはみられないため、冊封諸宴で演じられていない、ということである。「本部大主」は「北山若按司敵討」「北山崩」の別称であるため、一八〇〇年には冊封諸宴で演じられている。

「辺戸之大主」が冊封諸宴で演じられず、「御膳進上」における舞台芸能として上演されたのは拙論「辺戸之大主小考」[*8]でも述べたが、その理由には「辺戸之大主」が重陽宴に行われる「老人老女」という演目や、地方の豊年祭で行われる「長者の大主」とその内容が似ている演目であることが挙げられる。どちらも百歳以上の長者が出てきて長寿や繁栄を言祝ぐのである。「辺戸之大主」と「長者の大主」「老人老女」の類似点を個別に挙げると「主人公が百歳を超える長寿者である」ということと、「子や孫が芸能を見せる（もしくは長寿者自身も踊る）」ということになる。したがって、ここで挙げた「辺戸之大主」「長者の大主」「老人老女」という三つの作品は、組踊・歌舞劇・舞踊と作品ジャンルは異なるが、お互いに影響関係にあると考えられる。そして、「辺戸之大主」は、表②でもわかるように、冊封諸宴ではなく、冊封が終わってから行われる「御膳進上」の舞台芸能に供されている。ここでの上演順番は判然としないが、『躍方日記』では、一八〇〇年から三回の「御膳進上之時」における組踊演目の一番はじめに記載があることから考えると、舞台芸能作品の最初の演目として上演されたと考えるのが自然であろう。村踊りだけでなく、冊封においてもその上演順は重要な要素であると筆者は考える。

したがって、村踊りでは「長者の大主」、冊封の重陽宴では「老人老女」、そして同じ内容の作品として「御膳進上」の舞台芸能では「辺戸之大主」が最初に上演されたと言えるのではないだろうか。演目名の「辺戸」は『琉球国由来記』に辺戸の大川の「御水取り」が五月と一二月に行われることが記されており[*9]、『中山世鑑』からは辺土の安須森が琉球開闢の際に一番はじめに作られた御嶽だということがうかがえる[*10]。王府とのつながりが強い「聖地」の名前を冠しているのである。

「姉妹敵討」は仇討の場面に桟敷が準備され、果し合いの場ではこの演目のみにおいて仇討に観客が呼ばれるという演出がある。組踊における仇討の場は、若按司と家臣団によるもので、きわめて限られた世界における仇討である。「姉妹敵討」における仇討の演出は、それと比較すると非常に大和的であるといえる。また、矢野輝雄が指摘するように浄瑠璃の「碁太平記白石噺」の宮城野・信夫姉妹の仇討の影響を強く受けていることも挙げられる[*11]。さらには、上演が琉球国内に限っ

弁ヶ嶽遊覧	末吉社壇遊覧
菊見おどり	扇子躍
経掛おどり	貫花おどり
女笠おどり	**義臣物語**
花売之縁	大兼久おどり
しゆどんおどり	しゆどんおどり
万歳敵討	**女物狂**

表③「弁ヶ嶽遊覧」と「末吉社壇遊覧」における上演演目（『躍方日記』より）

ていること、薩摩在番向けの宴に供されていることから、大和風の内容がうかがえる組踊であり、薩摩在番にも内容が理解しやすかったと推測できる。

それから、「姉妹敵討」が冊封諸宴で上演されない理由の一つに、薩摩（大和）との関係性を少しでも匂わせないため、ということも考えられる。組踊は「本国の故事」（中国向けに漢訳したものを「故事集」といっていることからもうかがえる）を基に創作されたという前提があるため、冊封諸宴で上演することによって、昔の琉球に大和的な仇討があったことを認めることになる可能性も考えられる。

また『躍方日記』からは、冊封諸宴以外に「弁ヶ嶽遊覧」と「末吉社壇遊覧」として冊封使を伴って名所を見物し、その前後に士族の邸宅に立ち寄って食事および芸能を提供していることがわかる。「弁ヶ嶽遊覧」の時は朝は与那原殿内、晩は浦添御殿、「末吉社壇遊覧」では朝は東風平殿内、晩は大里御殿[*12]において接待が行われている。いずれも芸能が供されるのは晩のみであり、躍方は「弁ヶ嶽遊覧」の時に踊人数三四人、地謡一四人、事務方一七人が参加、「末吉社壇遊覧」でもほぼ同数の人員が参加している。かなりの人数が参加しているが、上演演目は表③の通りである。組踊演目名については太字で示した。

いずれも組踊が二作品、端踊が四作品上演されている。「弁ヶ嶽遊覧」の記事からは、「四間幕片間」を借用していることがうかがえ、上演されるときには「浦添御殿二番御座江舞台仕座構之儀御座当方幷御楽屋座構は御座当方借入に而躍方より仕合候」とあるので、浦添御殿の二番座を舞台にしていることがわかる。幕は二番座とその奥の三番座当を仕切るために用いたと思われる。したがって冊封使らは一番座から芸能を見たということになろう。

一八六六年に行われた尚泰の冊封は、『躍方日記』が現存しておらず、その他の資料から上演作品を見なければならない。『丙寅冊封諸宴席前演戯故事』（以下、『寅年諸宴演戯故事』とする）や、池宮正治の論[*13]などから演目がうかがえる。池宮は寅年の演目を、「孝行の巻・義臣物語・二童敵討・大城崩・忠孝婦人・奸臣叛主終逢裁刑（瀬長按司）・銘苅子・忠臣身替の巻・万歳敵討・花売之縁・執心鐘入・天願若按司敵討・伊祖の子・女物狂」の一四演目としている。ここでの「奸臣叛主終逢裁刑」という演目は、現存する組踊に同じ内容のものがみられないため、池宮は「瀬長按司」と訳題を括弧で補っている。池宮は『寅年諸宴演戯故事』をもとに寅年の演目を挙げているが、漢文の表題を戊年（一八三八年）の組踊演目と照合すると、番組の数は同じである。ただし「伊祖の子」としている演目を確認してみると、その内容は「巡見官」であり、「昔、宜野湾に伊佐の大主という者がいて、前妻との間に亀寿という子があり、後妻との間に一男一女を生んだ。弟の名前は松金という」[*14]（原漢文）という書き出しである。伊祖と伊佐という類似した地名と、両作品とも孝行物であり筋が似ている部分もあることから、「伊祖の子」と「巡見官」とを誤ったと思われる。

また、この年の冊封諸宴の芸能に関わる尚家資料に、『丙寅冊封那覇演戯故事』（以下、『寅年那覇演戯故事』とする）というものがある。これは尚家資料では『寅年諸宴演戯故事』の次に収録されていることから、寅年冊封の資料であることはいうまでもない。だが、具体的な宴の内容を記してはいないので冊封七宴[15]のどの宴に関係がある資料なのか断定できないが、その資料名にみられるように「那覇」の「冊封」ということから、おそらく那覇の天使館で演じられる芸能の内容であると推測できる。そこには二三演目という多くの舞踊と、組踊の演目が三番、漢文で確認できる。池宮は前述の論でいち早くこの資料を紹介しているが、その内容については細かく触れていない。池宮はこの資料に対して「冊封使が滞在する那覇では、これ（首里躍のこと――筆者注）とは別に古くから那覇躍があって、躍奉行を別途任命し、天使館内に設置された舞台で組踊や舞踊を提供していた。ここでも首里躍とほぼ同規模の出し物が用意されていたようである」[16]という見解を示しているが、「那覇躍」の資料が見つからないため、池宮の指摘するような首里城などで行われた芸能と同規模の芸能が、「那覇躍奉行」を中心にどのように行われていたかは不明である。

那覇で用意された組踊は、「継母妬忌女児払雪」「手水佳偶契如日月」「伏山報讐忠孝両全」であり、それぞれ「伊祖の子（雪払）」「手水の縁」「伏山敵討」に対応する。この「継母妬忌女児払雪」の内容は「昔、首里の伊祖という者に前妻の子で思鶴という娘と亀寿という子がいた」[17]（原漢文）という書き出しから始まっており、「伊祖の子（雪払）」であることは相違ない。また、「手水の縁」が冊封の舞台に供されたことは、池宮以外は示唆しておらず[18]、また、それについての資料もいままで提示されてこなかった。他の年に編纂された「那覇演戯故事」と記される資料は見つかっていないが、『躍方日記』の記事にみえるように、一八〇〇年代の冊封が、ある程度、前回の冊封の内容を踏襲することから、この『寅年那覇演戯故事』という資料の存在で、寅年以前の冊封でも、那覇で上演する組踊の漢訳である「演戯故事」が別に編集されていたことも推測できよう。

『寅年諸宴演戯故事』『寅年那覇演戯故事』によると、寅年の諸宴と冊封に関わる舞台に供された演目は次の一七作品である。

孝行之巻　義臣物語　護佐丸敵討　大城崩　忠孝婦人　銘苅子
忠士身替之巻　万歳敵討　花売之縁　執心鐘入　天願若按司敵討
巡見官　女物狂　瀬長按司　伊祖の子　手水の縁　伏山敵討

一八〇〇年代は仲秋宴から最後の望舟宴まで組踊が演じられ、一八三八年の御膳進上には合計すると諸宴と同等数の作品が上演されていたことがうかがえる。表④にまとめると、冊封諸宴の舞台に供される組踊の数は、合計すると一八〇〇年・一八〇八年・一八三八年が一三、一八六六年が一七、御膳進上の舞台に供するために準備する演目は一八〇〇年から一八六六年まで共通して七である。だが、一八三八年の『躍方日記』からは、御膳進上では諸宴で演じた作品も演じられることがうかがえ、その実数は諸宴とほぼ同等になるようである。他の年の『躍方日記』が現存していないので詳しくはわからないが、一八三八年以外も同様に、御膳進上の舞台では御膳進上のみに演ずる演目以外に、諸宴で演じた組踊作品もあわせて上演していたという推測ができよう。

		1800年（申）		1808年（辰）		1838年（戌）		1866年（寅）	
		諸宴	御膳進上	諸宴	御膳進上	諸宴	御膳進上	諸宴	御膳進上
1	執心鐘入	●		●	●	●	●	●	●
2	護佐丸敵討	●	●	●		●	○	●	
3	銘苅子	●	●	●		●	●	●	●
4	女物狂	●		●		●		●	
5	孝行之巻	●	●	●		●	●	●	
6	万歳敵討	●		●		●	○	●	
7	義臣物語	●		●	●	●	○	●	●
8	大城崩	●		●		●		●	
9	北山崩	●							
10	忠孝婦人	●		●	●	●	○	●	●
11	巡見官	●		●		●	○	●	
12	忠士身替之巻	●		●		●		●	
13	東辺名夜討	●					●		
14	辺土之大主		●		●		●		●
15	我数之子		●						
16	孝女布晒		●		●				
17	姉妹敵討		●		●		●		
18	花売之縁			●		●		●	
19	天願若按司敵討			●		●	○	●	●
20	本部大主				●		●		
21	瀬長按司							●	
22	伊祖之子							●	
23	手水之縁							●	
24	伏山敵討							●	
25	二山和睦								●
合計		13	7	13	7	13	13	17	7
		17		17		17		19	

表④　冊封の諸宴と「御膳進上」の舞台に供された組踊演目
※1838年の御膳進上の●は上演練習をする演目、○は実際に上演された演目を表す

第一節で述べたように、組踊が上演された場は、仲秋宴、重陽宴などの首里城正殿での宴、『冊封那覇演技故事』にみられる天使館での上演、「弁ヶ嶽遊覧」「末吉社壇遊覧」においての浦添御殿・大里御殿での上演、という三つに大別されると考えられる。ではその舞台空間はどのようなものであろうか。

一八六六年に最後となる尚泰の冊封が行われた。その時の資料に『冠船之時御座構之図』[*19]というものがある。これを見ると、冠船の入津の際の通堂の迎恩亭から、冊封諸宴、そして冊封使帰帆後に行われる御膳進上の舞台までの座構が図式されている。一番最後の冊封の記録であるが、『躍方日記』における演目などの「前例主義」から考えるに、一八〇〇年代はほぼ同じような座構であったことが想像される。では首里城正殿前、天使館、御殿・殿内の順にその座構を見ていこう。

首里城正殿前での上演――仲秋宴・重陽宴

まずは首里城正殿前で芸能の供される「仲秋宴之図」を見てみよう〔図①〕。図では左側下に正殿、その右側が北殿となっている。冊封使と国王は北殿から鑑賞するので、舞台図は正面から描かれているということになる。図①aに舞台と北殿の観覧席を抽出した。図によると丸い記号が柱であり、柱と柱の間は一間であることがうかがえる。舞台と楽屋は同じ三間四方で長さ二間の橋掛りでつながっている。舞台の後ろには地謡が控える空間があり、楽屋とつながっていて観客に見られることなく楽屋に出入りすることができる構造となっている。また、橋掛り以外で出演者の出入り（『校

註 琉球戯曲集』にある「北表」と「南表」という出入りの表記）があった際にも同様に、楽屋へ向かうことができる。舞台の右側は「日覆」とあるので国王や勅使の他にも観客がいたと思われる。

「重陽宴之図」［図②］は上側が北殿、その右側が正殿で描かれている。舞台図は仲秋宴と同様であることがわかる。「日覆」の記載がないが、おそらく同様であるため省略されたか、もしくは設置されなかったと推察される。仲秋宴之図［図①・図①a］と重陽宴之図［図②・図②a］を比較してみると、舞台の大きさや形に大きな違いは見られないが、柱の形が仲秋宴ではすべて丸形であるのに対し、重陽宴では地謡が控える右手後方の三本を除くすべてが方形である。仲秋宴の後、一度舞台を取り壊して重陽宴の舞台を組み立てる、

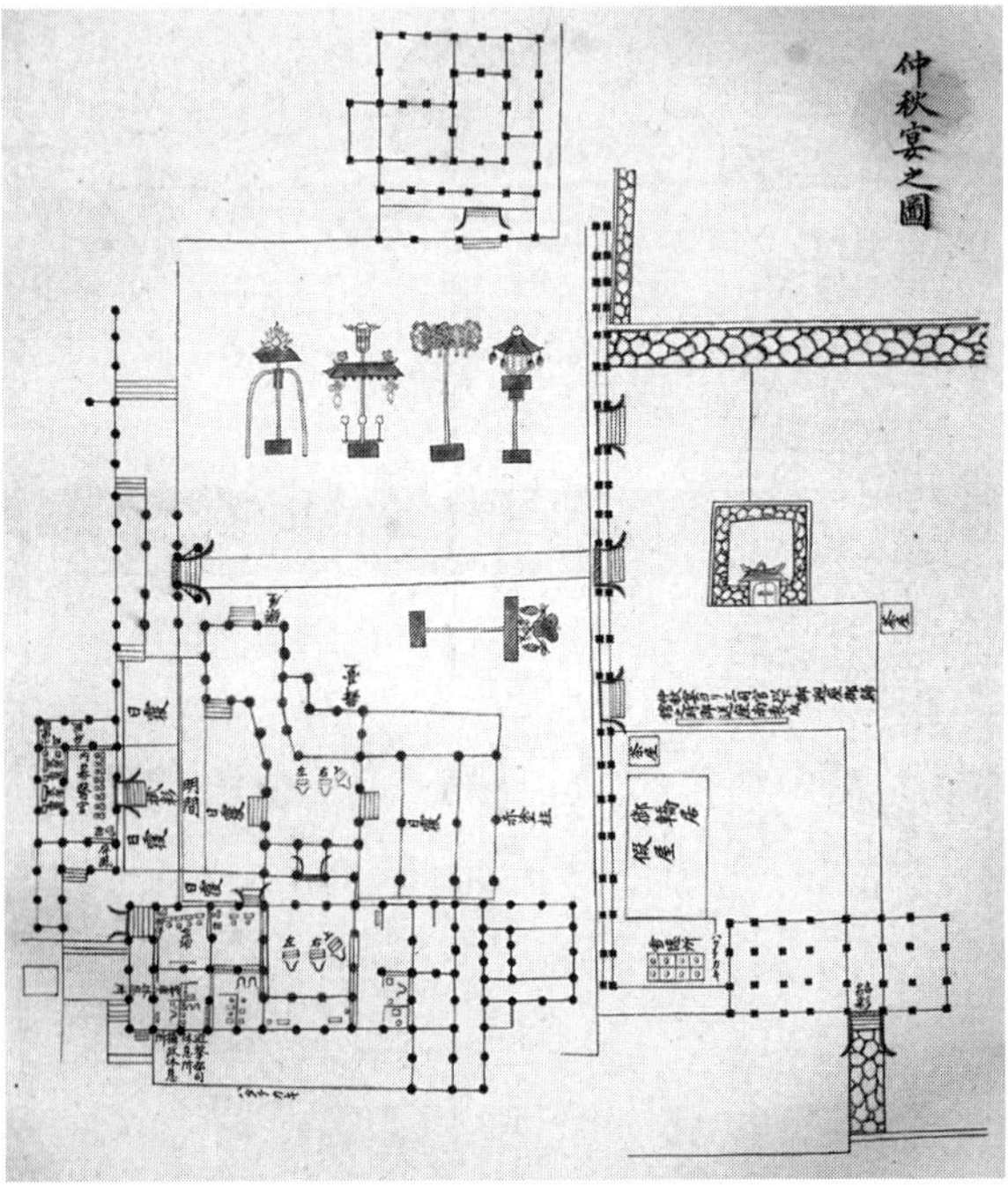

図①「仲秋宴之図」（『冠船之時御座構之図』）

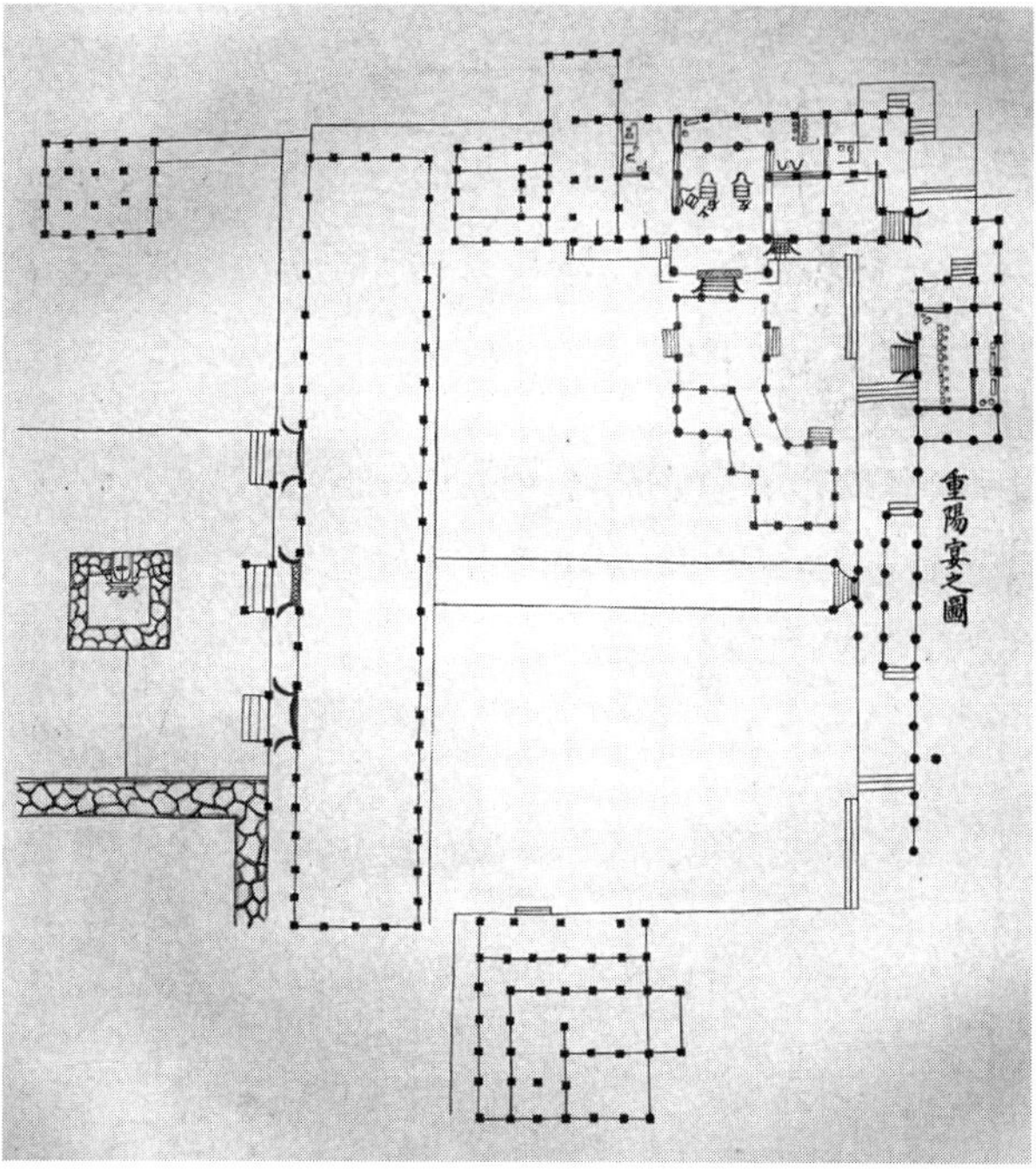

図②　「重陽宴之図」（同右）

という記述は『躍方日記』にはないため、単なる不統一なのか、丸形と方形で柱の材質の違いを表しているかなどは不明である。

　舞台と北殿の観覧席を抽出した図［図①a・図②a］を見ると、仲秋宴では北殿と舞台の間がつながっており、重陽宴では北殿と舞台の間に階段が設置されているのがわかる。また、仲秋宴では北殿にある国王と両勅使の座席（「上」「右」「左」とある箇所）が、舞台にも記載されている。これは、『躍方日記』に「一躍相仕廻火花御拝見之時勅使様御座構之儀舞台江被仰付候付舞台幷楽屋座構幕屏風類躍相仕廻早速取除候」[*20]とあり、仲秋宴の最後に花火を鑑賞するため、国王達が移動した後の座席図である。仲秋宴は国王達が北殿から御庭に降

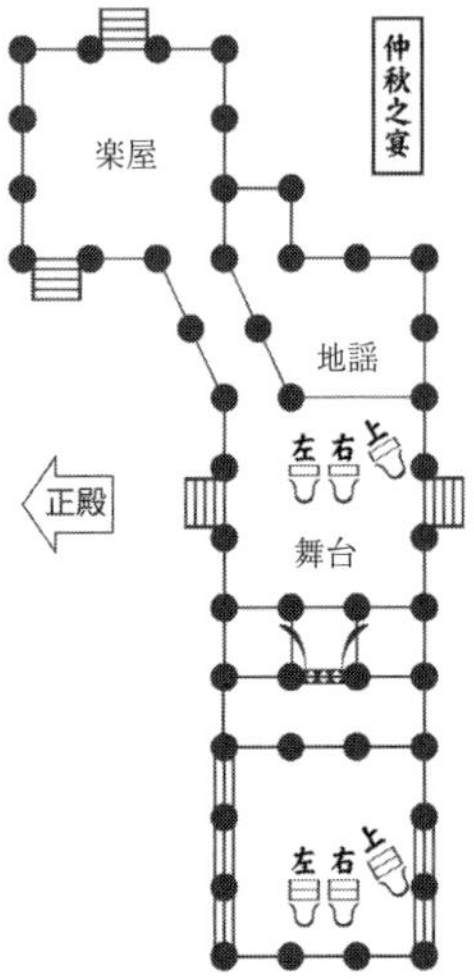

図①a　「仲秋宴之図」の左下部分の拡大図

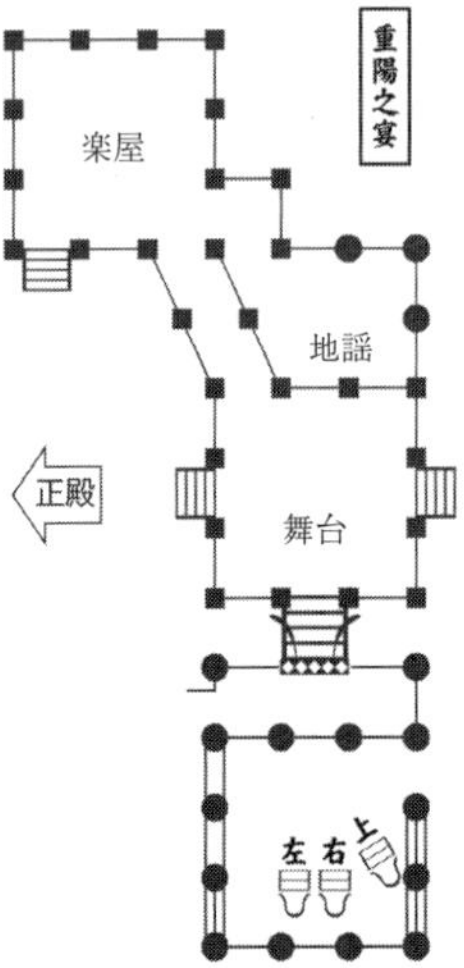

図②a　「重陽宴之図」の右上部分の拡大図（180度回転）

りずに、そのまま舞台へ平行移動できるような設計になっていたのである。また、舞台の楽屋は柱以外に幕を張り巡らせた仕様になっていたこともこの一文から読み取れよう。また一八三八年の仲秋宴では花火を見るために舞台中央に飾る「銘苅子松」（能で言うところの「老松」のようなもの）の設置を取りやめ、組踊の演目を「銘苅子」から「護佐丸敵討」に変更している。[*21] これらの資料から、宴において供される余興の内容で舞台の構造に変化が見られることがわかる。しかし、組踊や琉球舞踊を演じる際の舞台構造はどちらも三間四方の方形である。後方の楽屋とをつなぐ橋掛りがついていることも共通している。

天使館での上演

「御旅送宴」と呼ばれる「望舟宴」は、那覇にある天使館で上演されることとなっている。『躍方日記』にはこの天使館の舞台を建てるにあたり「天使館舞台作り候場所御見分ニ御構之表御方御差越被成候間躍奉行も罷下候様兼而申口方より問合有之候付今日喜舎場里之子親雲上躍師匠嵩本里之子親雲上并筆写召列罷下見分いたし候事　附本文舞台一件仕立物方惣構候也」[*22]と記されている。この文書からは舞台を建築する前に、躍奉行と躍師匠、そして担当事務員が確認し、その後、舞台は

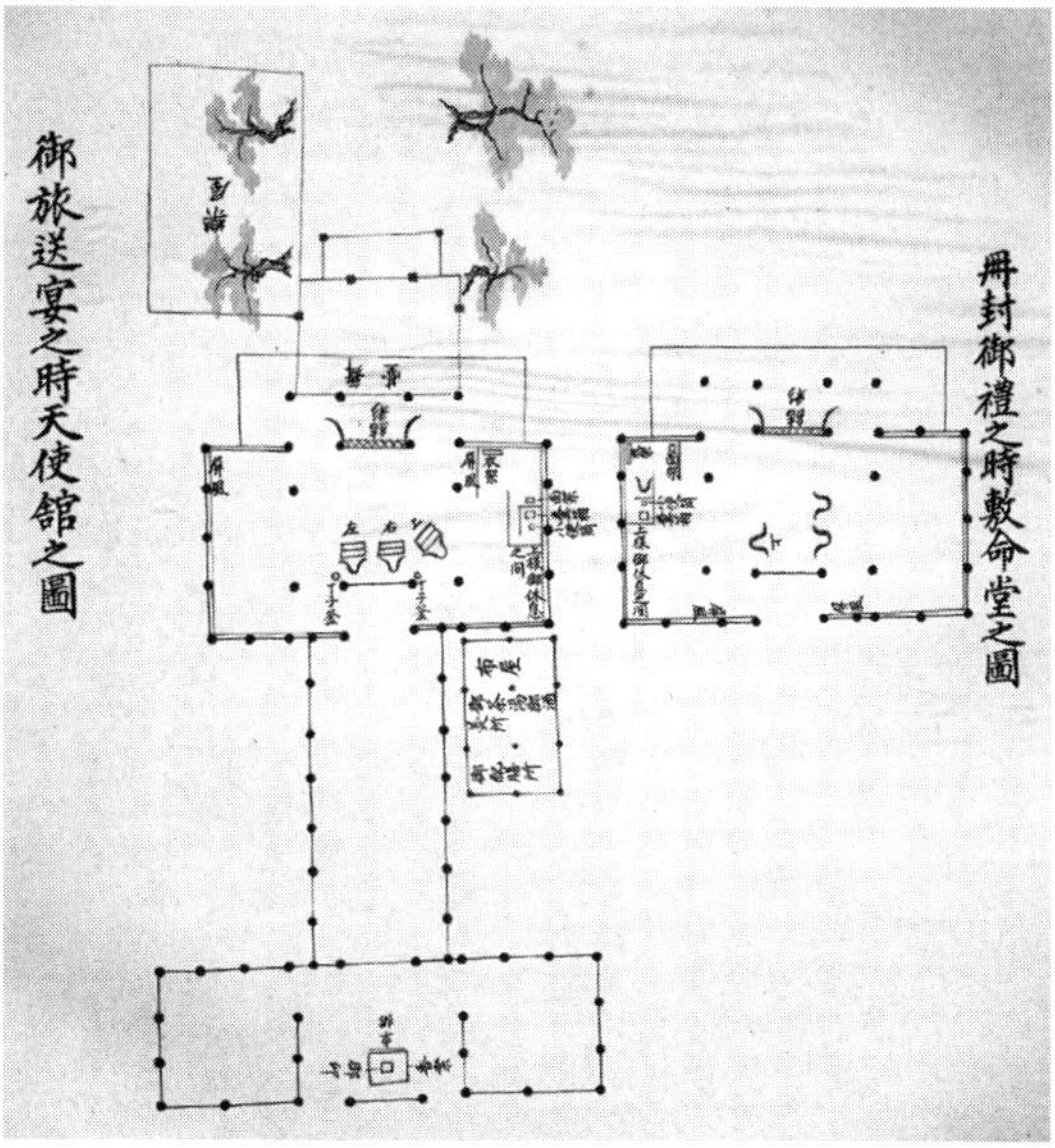

図③　「御旅送宴之時天使館之図」（『冊封之時御座構之図』）

仕立物方によって建築されたであろうことが読み取れる。この時の座構の資料が残っていないため、同治五（一八六六）年の『冊封之時御座構之図』を参考にその座構を考えてみよう。「御旅送宴之時天使館之図」［図③・左側］には松が四本描かれた場所に舞台が仕立てられている。柱の間を一間と考えると、舞台は横が三間で奥行きが二間のように見える。長方形の舞台である。舞台左手後方に楽屋があり、橋掛りは見られない。舞台の後ろに横約二間、奥行き約一間と思しき空間が併設されている。これは地謡が入り、

演奏する場所であると思われる。『躍方日記』をみると戌（一八三八年）八月二十七日に「一　来月二日於　天使館御旅送宴之時／躍被仰付候付人数八拾八人差越申候間／先例之通此方様子次第炬五拾結無／遅滞差出候様親見せ江被仰付可被下候」とあるので、望舟宴では那覇の天使館に踊奉行が出向いていったと思われる。ということであれば踊り手はすべて首里の人間である。仲秋宴、重陽宴と同じように組踊や舞踊などの芸能が供されたことが想像できる。しかし、座構を見てみると宴によって舞台の形が異なるため、同じ演出で組踊を上演したのかという疑問点がある。

御殿・殿内での上演――弁ヶ嶽遊覧・末吉社壇遊覧

「弁ヶ嶽遊覧」は一八三八年の八月一六日に行われた。『躍方日記』に「今日両勅使様八ツ時分与那原殿内江御差越夫より弁之御嶽御遊覧済而浦添御殿江酉頭時分被成御光駕おどり番組之通上覧夜五ツ時分被遊御帰館候事」[*23]とあるので、午後三時ごろ冊封使らは与那原殿内に行き、弁ヶ嶽を見学した後、午後五時頃浦添御殿で踊りを見始め、天使館へ帰ったのは午後八時～九時頃であることがわかる。そして「末吉社壇遊覧」はその二日後、八月一八日に行われた。「今日九ツ時分両勅使様東風平殿内江御差越夫より末吉社壇遊覧済而七ツ頭時分大里御殿江御光駕踊備上覧入時分被遊御帰館候事」[*24]とあるので、正午頃冊封使らは東風平殿内に行き、末吉宮を見学し、午後三時頃から大里御殿で芸能を見て日の入り頃に天使館へ帰ったことがわかる。ここで芸能が上演されたのは浦添御殿と大里御殿である。残念ながら八月一八日は座構についての記事がない。浦添御殿の座構に準じ

たため記事を省略したと考えたい。八月一六日の記事には、

一　浦添御殿二番座江舞台仕座構之儀御座当方幷御殿構楽屋座構は御座当方借入に而躍方より仕合候

一　舞台蠟燭長警御座当方構楽屋蠟燭長警は躍方構に而候

（中略）

一　組踊番札舞台柱江相懸候

とある。この記事からは浦添御殿の二番座が舞台として使われていることがわかる。そうであれば冊封使らは一番座から芸能を見た、ということになろう。気になるのは楽屋の位置である。一般的な民家は屋敷の右から一番座・二番座・土間（台所）という間取りで構成されているが、御殿ともなると建物の規模は二〇〇坪内外、総敷地面積は一〇〇〇坪ほどであるという。[*25]したがって、二番座以外にもさらに奥に部屋があったと考えてよいだろう。そして、芸能が供される時間は夏の午後であるが、室内で行うため、照明用に蠟燭と長檠《ちょうけい》（台の高い灯火）が用意されている。これは舞台と楽屋に用意されていることがわかる。さらに、組踊の番組名を掛けるための番札を「舞台柱」へ掛ける、とある。「舞台柱」は具体的にどの柱か比定されていないが、おそらく二番座と一番座の間の柱であろう。

上演された浦添御殿がどこであるか、そして部屋の広さが何畳くらいだったのかを知ることはできない。「首里古地図」（一九一〇年筆。一七〇〇年初期の首里の城下地図）によると、綾門大道の守礼門と中山門の間、現在の県立首里高等学校の敷地の一部に「浦添按司」とみえる。もしかするとそこが浦添御殿であろうか。地図上では屋敷が比較的広いように描かれている。いずれにせよ間取りが不詳なため、楽屋の広さ、舞台の広さは不明である。しかし、屋敷の一部屋を舞台にしているとすれば橋掛りが設置されていないと思われるため、先に述べた諸宴の舞台とは舞台空間が異なるはずである。さらに、屋敷内を舞台とすることで、首里城正殿の御庭や天使館の舞台のように舞台に向かって左後方に楽屋を作ることはむずかしいと思われる。したがって二番座の後方が楽屋であると考えられよう。地謡は楽屋で演奏したと考えてよいか。座構などの絵画資料が残っていないため、「弁ヶ嶽遊覧」「末吉社壇遊覧」の舞台の詳細は不明だが、首里城正殿前で行われた舞台、天使館に設置された舞台とは異なる舞台空間であることが想像できる。

四　御冠船に必要な衣装・楽器・小道具とその調達について

『躍方日記』は冠船躍奉行の事務記録である。その中には当然ながら、舞台で使う小道具や衣装についても詳細な記録が書かれている。記録は一八三八年の前年にあたる一八三七年から記されている。その中でも一番早く見られる小道具や衣装の記録は、二月朔日（一日）の衣裳と陣羽織を仕立てるために必要な「緋羽二重」と「白羅」である。[26] これは先例に基づき御内原から下賜するように手配したが、二月一五日に「緋羽二重幷白羅は御在合無御座候間唐大和江御注文被仰付候様御用意方江可申出」とあり、御内原に生地がないので唐・大和へ発注するように、と通達が来ていることがわかる。また、二月九日には陣羽織・入道頭巾・くわら用の「金入錦之御切」が先例に則って御内原より下賜されている。[27] それ以外に若衆の衣裳や躍童子の衣裳が御用物座から躍人数へ支給されている。[28] この記事はすべて「買本代部無」で支給して欲しい、と記している。「買本代部無」とは御用物座が所有している布から躍方へ追加費用無し、つまり布を仕入れたときの原価のまま支給する、ということであろう。躍方で扱える予算内で備品を購入するため、王府内の機関からは原価のまま購入する、という方法が取られていたようである。このように躍方は多くの衣裳用の生地を御内原から下賜、もしくは御用物座から支給されており、唐・大和へ発注するのは一部であった。

楽器や小道具の発注は、同じ二月の記事に「注文」とあり、「能大鼓皮　壱丁分　しらべ共」「小鼓しらべ　弐丁分」を薩摩へ発注している記事がある。[29] これは御茶屋御殿に保存されていた大鼓・小鼓が大破していたためにその皮としらべを発注している。しかも発注の際には「輪がね」がついているものであることを躍方は念押しして「琉蔵役」へ伝えている。冊封が行われるまでの期間に薩摩へ何度も往復はできないため、注文した品物が確実に購入されるように、ということであろう。現在、琉球芸能では「締太鼓」と「平太鼓」という二種類の太鼓を用いて演奏している。しかし、『躍方日記』の記述からは、大鼓・小鼓を用いていたことが指摘される。当時の大鼓や小鼓、そして太鼓の演奏がどのようなものであったか、今後は実演の面から考察する必要がある。

またこの時期に小道具の「女団羽三ツ」を薩摩へ発注している。[*30] この団扇は重陽宴の女踊り（作田）で使用される小道具である。どのような柄が描かれているのかは不明であるが、注文には「但上位大形之等」とあるため、団扇の中でも良い物で、大形のものを注文したようである。現在の古典女踊「作田」は布張りの大団扇を用いて踊られる。薩摩に発注した団扇も同じようなものであったのだろうか。『和漢三才図会』の「団扇」の項目を見ると、[*31]「軍配団扇」と「涼風を招く団扇」の二つがあり、「軍配団扇」は「薄鉄や皮でこれを作って、黒漆を塗る」とあり、戦の際に大将が用いる団扇である。「涼風を招く団扇」は「和州（大和）の春日の社人は仕事の暇なときにこれを作るが、大へん美しいものである。奈良団扇という」とある。奈良団扇は現在も作られており、その材料は色引きした伊予紙、土佐紙に奈良風物や正倉院文様を突き彫りした透かし彫り文様の紙を、竹骨に貼り合わせて仕上げたものである。『躍方日記』には「奈良団扇」と指示されていないが、江戸時代の大和で作られる団扇の多くが紙の団扇である。奈良団扇でないにしても、現在の舞台で用いられるような団扇が使用されていたかは考えねばならない問題である。

『躍方日記』には小道具の修理の記事も見られる。記事には御茶屋御殿に保管していた太刀の鞘と刀身が古くなっているので、鞘は塗り直しと補修をし、刀身は鍛冶奉行が磨き直すことが記されている。[*32] この太刀は練習でも使用していたが、鞘の塗り直しと刀身の磨き直しが行われるのは本番一ヶ月前の七月であった。

そして同じく鍛治奉行が担当して修理する物がある。「護佐丸敵討」に使用される酒具である。一八三七年の八月に次のような「覚」が出る。

一　五合入錫瓶　壱ツ　四ツ瓶形樋取手付共

一　四合入同　壱ツ　たわ形樋取手ふた共金磨

一　錫盃　五ツ

　内壱ツ金磨耳弐所有ル

一　真ぬり仕組盃台　壱通

一　右入杉白木家　壱ツ

　右先例御茶屋御物に而躍稽古用幷仕組躍上覧之時相用置申候処此節は右御物失脚之由に而渡方無之差支申候間仕立相用候様被仰付可被下候以上[*33]

保管していた酒具一式が紛失したため、躍奉行から御茶屋御殿に新たに仕立ててくれるようにお願いしている文書である。この酒具はその後仕立てられ、稽古に使用された後、戌（一八三八年）七月に「ぬり替磨替」を施して本番に使用している。注目すべきは、現在の酒瓶・盃は木製および陶製[*34]でその上から色が塗られた物が多いが、文書からわかるように御冠船では錫を使用しているので、阿摩和利が使う盃は銀色で耳の部分が金色であったこと、供の盃も銀色であることである。図

図④　供の盃
「由康藝の相傳」実行委員会主催「真境名正憲叙勲・傘寿祝賀記念公演『由康藝の相傳』『護佐丸敵討（抜粋）』」（2017年11月26日）

上：図⑤　二童による酌
下：図⑥　泥酔する阿摩和利たち
国立劇場おきなわ主催「普及公演 Discover KUMIODORI 組踊鑑賞教室『二童敵討』」（2017年11月18日）

④の酒瓶は陶器製で表に鶴が描かれている。図⑤⑥の酒瓶は木製で銀色の塗が施されている。また、写真の酒瓶は二つとも同じ大きさであるが、『躍方日記』では錫瓶は「五合入」と「四合入」の二つである。このことから、阿摩和利と供で用いた酒瓶が異なることが想像できる。恐らく身分の高い阿摩和利が「五合入」を用いたか。

また、御冠船では盃の合計が「五ツ」となっている。そのうち一つは耳のついた阿摩和利用の物で、普通の盃は四つということになる。現在は、図④のように、供の盃は木製で朱漆塗りの盃を三つ用いている。盃の数と供の人数を考えると、現在は盃が配られない「きやうちやこ持」役〔図⑤

⑥右端」も、御冠船では他の供と同様に酒を飲む、という演出になっていた可能性が高い。図⑤⑥のように現在ではきやうちやこ持は作品中、ずっと座ったままであり、仇討の場面になると、三人の供は泥酔の体で踊りながら舞台下手の方へ向かうが、きやうちやこ持は、きやうちやこ（阿摩和利の座っていた腰掛）を持って酔った三人の後方を足早に下手へ退場している。『躍方日記』の小道具の記録から、当時の演出方法を推測することができるのである。

五　まとめと問題提起

見てきたように、近世の組踊の上演は冊封という儀礼における上演を嚆矢とする。したがって、冊封の舞台において上演する形式が「本式」または「本流」といってよいと思われる。現存する資料からは、琉球王国時代に創作されたと思われる約七〇の組踊作品すべてが王府で上演されたのではなく、表④にまとめたように、上演された作品数は二五作品であることがわかった。その他の四〇作品以上は、どのように創作され、どこで上演されたのか。あるいは上演されず、戯曲の「読み物」として伝わってきたのか。組踊本について、今後も上演されたことが確認できる資料や、テキストそのものの研究を深化させていく必要がある。

そして一八三八年の資料を紐解くと、「仲秋宴」「重陽宴」といった首里城正殿での宴、「望舟宴」という那覇の天使館での宴だけでなく、「弁ヶ嶽遊覧」「末吉社壇参詣」など首里城・天使館以外の場所でも組踊を上演していることがわかる。一八六六年の『冠船之時御座構之図』からは、「仲秋宴」「重陽宴」は三間四方の舞台に橋掛りがついた舞台であることがうかがえ、「望舟宴」では横長の長方形の舞台の後方に小さなスペースがあり、橋掛りはない。恐らく舞台後方のスペースでは地謡が演奏したと考えられる。また、舞台に一部隣接した形で左後方に楽屋が描かれている。このことから、「望舟宴」は首里城正殿で行われた宴の舞台と基本的な構造が異なるため、役者の登退場や舞台表現（演出）が「仲秋宴」などとは異なった可能性がうかがえる。

また、『躍方日記』からは「望舟宴」の舞台を制作する際に躍奉行や躍師匠が出向いて確認する、ということがうかがえるのだが、「弁ヶ嶽遊覧」「末吉社壇参詣」では芸能が行われる場所（浦添御殿・大里御殿）の舞台に相当する二番座の場所を見分したという情報が記載されていない。そして一八六六年の『冠船之時御座構之図』にも「弁ヶ嶽遊覧」「末吉社壇参詣」の座構の項目がない。そもそも、「弁ヶ嶽遊覧」「末吉社壇参詣」が一八六六年の冊封で行われたのかどうか、ということも問題であるが、『躍方日記』の記述からは、この二つの行事が、七宴に比べて公的な冠船行事という性格ではないことがうかがえる。『躍方日記』の「浦添御殿二番座江舞台仕」からは室内で組踊と端踊が上演されたことがわかり、舞台を新たに設けるかそうでないかということは、冠船における公式な宴か否かということを表しているといえよう。

以上のことから近世における組踊は、「三間四方」の舞台に「橋掛り」が付いた「仲秋宴」や「重陽宴」の舞台がすべてではなく、横長の長方形であったり、士族の邸宅の二番座であったりと、場所に応じて臨機応変に上演している、ということが言えるだろう。つまり、近世の組踊や端踊といった琉球芸能は、舞台の形に左右されることなく上演が可能な芸能であったと言えるのである。一八六六年の『冠船之時座構之図』からは「仲秋宴」「重陽宴」「望舟宴」の舞台図が明らかに違うことが指摘できる。「仲秋宴」と「望舟宴」で舞台の形が異なっても、組踊の同じ演目を上演し得たということが想像できるのである。これは同じ演目でも舞台の形が変わることで演出が変わっている、という可能性を孕んでいることを意味しよう。

小道具や衣裳についても現在の上演と異なる部分があることが指摘できよう。小道具や衣裳の仕入れは日本本土へ発注するもの、琉球王国内で調達するものの二つに大別され、小道具では、新規購入だけではなく、保管していたものを修復して使用する場合もあった。楽器では大和に大鼓と小鼓の皮を発注していることから、現在の琉球古典音楽における太鼓の演奏そのものが近世では異なっていたことが指摘できる。また、女踊の団扇も現在は布張りの団扇を使用しているが、近世においては紙張りだった可能性も考えられる。さらには「護佐丸敵討」における酒具の発注記事から、現在は阿摩和利と酒を飲むのは三人の供であるが、近世では「きやうちやこ持」を含めた供四人が酒を飲む、という演出だった可能性が考えられる。

このように、近世の記録から組踊を考えると、宴ごとの演出や、上演される場において異なる演出が存在したことを想定しなければならない。また、仮に現在と同じ演出だったとしても、使用される小道具や楽器、そして衣裳は現在と異なっていたことが指摘できる箇所が見られる。記録からは舞台によって臨機応変に演出を変えている琉球芸能の柔軟さがうかがえるとともに、現在の演出について多くの問いが生まれるのである。

＊――組踊の写真［図④〜⑥］は写真家の大城洋平氏からご提供いただいた。記して感謝申し上げる。

1――徐葆光『中山傳信録』上（沖縄県立図書館編、一九七六年）「重陽宴」の項より。

2――注1に同じ。

3――真境名安宜「『忠孝婦人』の作者は久手堅親雲上」（『琉球新報』一九三四年一一月一七日）。ここには冊封使来琉の一年前である未（嘉慶四年／一七九九年）の九月二八日のこととして、この年の「躍方日記」が参照され、「新古組踊番数御用ニ付書調先達而評定所江差出置候処今日左之通拾参番仕組方被仰付候事」として作者名・作品名の順で作品が列挙されている。このことから、一七五六年は四作品の組踊が新作として上演され、その前の冊封で上演された朝薫五番も上演されたと考えられる。

4――「国立劇場おきなわ上演資料集〈一二〉『二童敵討』」における「上演年表（抄）」の近代以降の上演一二八回のうち「護佐丸敵討」という表題での上演は四一回であり、上演回数は「護佐丸敵討」が三二・〇三％、「二童敵討」が六七・九七％であって、圧倒的に「二童敵討」演目名での上演が多い。

5――「国立劇場おきなわ上演資料集〈一四〉『久志の若按司』」の「上演年表（抄）」には近代以降に上演が五回確認できるが、すべて演目名は「久志の若按司」である。

6――「雪払」は『今帰仁御殿本組踊集』や『恩河本小禄御殿本組踊集』という組踊本に演目が見えるが、『今帰仁御殿本組踊集』には二作品が収録されている。内容が異なるため、筆者は試みとして「雪払（伊祖の子）」「雪払（冨盛大主）」という作品に登場する男性名で別名をつけた。これは両作品とも孝行娘が主人公になるが、その名前が「思鶴」と共通しているからである。詳細は拙論「組踊における「役名」をめぐって」（『沖縄芸術の科学』第二九号、沖縄県立芸術大学附属研究所、二〇一八年）参照。

7――薩摩への「御膳進上」については、板谷徹『近世琉球の王府芸能と唐・大和』（岩田書院、二〇一六年）収録の「御冠船踊りの行われる場」に詳しい。

8――鈴木耕太「「辺土の大主」小考」（『国立劇場おきなわ上演資料集〈三四〉『辺土の大主』』二〇一五年）。

9――『定本　琉球国由来記』（角川書店、一九九七年、二〇頁）に「辺土之御水且吉方御水献上」という項目があり、そこには「年内十二月廿日、御水取ニ時之大屋子一人罷越シ、辺土之巫、御崇有テ、御水取リ来テ、同二十八日、当・勢頭御取次、御案内有テ、御水ヲ封ジテ御照堂へ召置、元日之朝、吉方ニ川之御水、倶ニウチユクイノ阿武志良礼、御取次献上也」とある。また、四〇六頁には「毎年五月・十二月、辺戸ノ大川ヨリ御水取ノ時、仙香一結宛。御花米九合宛・御五水三合宛・今焼マカリ二宛・下布一端宛、之を供し、御崇有也」と、辺戸での御水取りの事例がわかる。

10――『中山世鑑』（『琉球史料叢書』五巻、名取書店、一九四二年、一三頁）に「先ズ一番ニ、国頭ニ、辺土ノ安須森、次ニ今鬼神ノ、カナヒヤブ、次ニ知念森、斉場嶽、藪薩ノ浦原、次ニ玉城アマツヾ、次ニ久高コバウ森、次ニ首里森、真玉森、次ニ嶋々国々ノ、嶽々森森ヲバ、作リテケリ」とある。

11――矢野輝雄『組踊を聴く』（瑞木書房、二〇〇三年）五六・一六三頁。

12――『躍方日記』一八三八年（戌）八月一三日の項。

13――池宮正治「首里城の舞台に供された組踊と知られざる組踊」（『日本東洋文化論集　琉球大学法文学部紀要』第七号、二〇〇一年）。

14――『丙寅冊封諸宴席前演戯故事』より。

15――冊封は琉球国にとって最も重要な行事の一つであった。中国皇帝が琉球国中山王を封ずることを第一の目的とし、冊封には七つの大宴が催される。これを「七宴」という。七宴はまず先王を悼む諭祭宴が那覇の崇元寺で行われ、その後は首里城の正殿に特設の舞台を設け国王を封ずる冊封宴、仲秋宴、重陽宴、拝辞宴、餞別宴が行われる。そして最後に冊封使一行の宿泊していた那覇の天使館での望舟宴を終えて、冊封使一行は帰途に就く準備をする。

16――注13に同じ。

17――『丙寅冊封那覇演戯故事』より。

18――池宮正治「組踊とは」(首里城普及書『御冠船舞踊――組踊と舞踊』財団法人海洋博覧会記念公園管理財団編、二〇〇二年)。

19――沖縄県立博物館・美術館所蔵。表紙に「同治五丙寅年/冠船之時御座構之図/共二冊御座当」、巻末に「同治六年丁卯/御座当/新垣筑登之親雲上/渡慶次里之子親雲上/仲吉里之子親雲上/嘉味田親方」とある。

20――『躍方日記』一八三八年(戌)八月一二日の項。この日は仲秋宴が行われている。

21――『躍方日記』一八三八年(戌)七月二三日の項に「仲秋宴之時銘苅子組おどり組入差出候処同時火花御見物被成候付松立合候而者御座構差障候故護佐丸敵討に繰替仰付候也」とある。

22――『躍方日記』一八三七年(酉)九月九日の項。

23――『躍方日記』一八三八年(戌)八月一六日の項。

24――『躍方日記』一八三八年(戌)八月一八日の項。

25――『沖縄大百科事典』上(沖縄タイムス社、一九八三年)「御殿」の項。

26――『躍方日記』一八三七年(酉)二月朔日の項。

27――『躍方日記』一八三七年（酉）二月九日の項。
28――『躍方日記』一八三七年（酉）一〇月五日、酉一二月の項など。
29――『躍方日記』一八三七年（酉）二月の項。
30――『躍方日記』一八三七年（酉）二月一六日の項。
31――『和漢三才図会』巻第二六、服玩具「団扇」（島田勇雄・竹島淳夫・樋口元巳訳『和漢三才図会』五、東洋文庫四六二、平凡社、一九八六年）。
32――『躍方日記』一八三八年（戌）七月の項。
33――『躍方日記』一八三七年（酉）八月の項。
34――組踊小道具・衣装製作技術者である金城裕幸氏からご指導いただいた。金城氏によると、酒具の瓶は島袋光史氏から「昔は錫瓶を使っていた」と伝えられているが、現在は陶製もしくは木製の物を使用しているということである。

コラム② 新作組踊の作者　大城立裕と進化する組踊　◉鈴木耕太

近世琉球において、組踊の作者は謎に包まれている点が多い。古典の組踊が約七〇作品ある中で作者がわかっているのはほんの十数作品だけなのである。作者が不明である理由は、組踊が創作された環境にある。組踊は琉球王国の重要な「儀礼」である冊封《さくほう》の宴席のために創作され、上演された。組踊を創作したのも、そして演じたのも琉球の士族であり、それらは「御用」（今で言うならば大切な業務）として行われたのである。したがって、組踊を創作しても、上演しても俸禄がもらえるわけではなく、むしろそれは「当たり前」であり、名誉であった。したがって、最初に組踊を創作した玉城朝薫《たまぐすくちょうくん》は歴史書やその家譜に組踊を創作したことが記されたが、それ以降の作者は特に記載されることはなかったのである。このことは同時代の日本で戯曲を生み出した井原西鶴・近松門左衛門・鶴屋南北らを取り巻く状況とかなり異なっているだろう。

現代においてなお、組踊は新作が発表され続けている。このような新しい組踊は「古典組踊」（筆者は琉球王国時代の組踊をこのように呼ぶが、まだ一般的ではない）と区別するために「新作組踊」や「創作組踊」と呼ばれている。作者の多くは真境名正憲（「饒辺真山戸」）、勝連繁雄（「平敷屋朝敏〜哀・愛しゃ〜」）、嘉数道彦（「十六夜朝顔」）など、琉球芸能の実演家が名を連ね、また、沖縄県立芸術大学の琉球芸能専攻に在籍している学生も、学部や大学院の卒業・修了作品として新作組踊を創作している。

そのような中、作家として新作組踊を創作し続けている人物がいる。大城立裕《おおしろたつひろ》である。大城は一九六七年に『カクテル・パーティー』で沖縄県出身者としてはじめて芥川賞を受賞した作家である。彼は二〇〇一年に『真珠道　琉球楽劇集』（琉球新報社）で新作組踊を五作品発表すると、二〇〇四年に『花の幻　琉球組踊十番』（カモミール社。『真珠道　琉球楽劇集』の五作品を含む一〇作品を収録）を発表した。それまで、組踊の最多創作者は玉城朝薫で五作品であったが、大城はその記録を軽々と抜いたのである。さらに、二〇一一年には『真北風《まにし》が吹けば　琉球組踊続十番』（K&Kプレス）を発表し、自身の創作した組踊は二〇作品を超えた。

大城の作品はその数もさることながら、内容も古典組踊を超えたものであると言える。古典組踊のテーマは儒教道徳の「忠孝節義」という徳目である。近世からみた時代劇であり、古琉球から近世がその時代背景になっている。しかし、大城の設定する時代は、古琉球から現代までと幅広く、作品のテーマも戦争や日本復帰など多彩である。なかでも、大城はハッピーエンドで終わる古典組踊に対して、悲劇で幕を下ろす作品を書くだけでなく、琉球古典語で唱えられる古典組踊に対して、現代日本語を琉歌の韻律（八・八・八・六音）に乗せて唱えさせるなど、工夫が随所に見られる。

そして何よりも筆者が素晴らしいと感じるのは、大城の作品はほとんどが舞台上演されている、ということである。戯曲はその台本が発表されることも大切であるが、やはり舞台とともにあるものである。上演されて初めてその魂と体が一つになるといえよう。今後も舞台に大城作品が掛かることで、若い組踊作者の登場を促すはずである。しかし、組踊の新作は創作されても、その台本が出版されることは稀である。大城の著書以外で多くの新作組踊が未だ出版されていない、ということが今後の課題と言えるであろう。組踊研究の領域では、これからは古典だけでなく、新作もその研究対象となってくる。新たな作家の登場と、その作品の出版が楽しみである。

第3章

伝統芸能の〈担い手〉とは誰か

現代から問い直す組踊の継承

◉呉屋淳子

一　はじめに

夜が更けると山肌を覆うように建ち並ぶコンクリートの建物群が闇に沈み、ライトアップされた城郭が首里の丘陵に浮かび上がる。夜空に照らし出される朱色の首里城は、那覇市首里地区で最も美しい風景のひとつだ。

しかし、私たちはこの風景が創り出されたものであることを知っている。かつての王府の住人はそこにはいない。一八七九年の「琉球処分」によって日本の中央政府へと明け渡された首里城は、太平洋戦争時には陸軍第三二軍総司令部が置かれ、一九四五年の沖縄戦によって破壊された。その場所の現在の行政上の正式名称は「首里城跡」であり、一九七二年五月一五日、沖縄の「祖国復帰」と同じ日に、国の「史跡名勝天然記念物」に登録される。一九八六年には「沖縄復帰記念事業」として「国営沖縄記念公園首里城地区」を整備することが決定され、[*1]公園の整備にともなって復元された朱色の首里城正殿は、一九九二年（復帰二〇周年）に「供用開始」された。現在、公園の管理を担うのは内閣府沖縄総合事務局であり、この場所を年間約二〇〇〜二五〇万人の観光客が訪れる。[*2]

夜に美しく照らし出される首里城も、昼間の賑わいも、すべてはそうした経緯の結果として「いま」現出している出来事である。文化人類学者、渡邊欣雄は、「沖縄」をめぐる文化的・歴史的表象が、「いま」の沖縄文化の実体を創り上げているという「仮構」のメカニズムについて論じている。渡邊は、「仮構」とは「「ないもの」なのに「ある」かのような意味」を指す「虚構」とは異なり、「考案された時点では脳裏にしかないもの」だが、「「仮につくったもの」として存在するもの」であると述べている〔渡邊 二〇一八：九三〕。つまり、渡邊の「仮構論」とは、すでに特定の「沖縄」の歴史的・文化的イメージが「仮構」として「存在」し、そのあとで実際にモノや文化そのものがそのイメージに沿って「出来上がる」ということを示す理論的枠組みである。

そこで、右に述べた首里城という現象を「仮構論」の枠組みで考えてみるとどうなるだろうか。確かに、歴史的建築物としての首里城正殿は一九四五年までは実在した。しかし、いま首里城を見上げる私たちのほとんどは、かつて存在した首里城を見たことはない。その意味では、首里城は、その復元にたずさわった専門家たちにとっても、さらにはかつての首里城を見たことがある古老にとってさえも（記憶にしか存在しないという意味で）、「脳裏にしかないもの」＝「仮構」だったと言える。そして、いま「首里城跡」に建っている建物は、さまざまな学術的な調査によって復元されたものであるとはいえ、あくまでも、かつてこのようなものであったに違いないという「レプリカ」に過ぎない。しかし、それはかつて存在した首里城に代わって、現実に種々の文化的、経済的な活動が営まれる場を形づくっている。さらには、かつてとは異なる文化的・政治的な文脈の中で、象徴的な意味を有するものにさえなっていると言えるだろう。*3 とすれば、問うべきは、どのようにして「首里城」という仮構が形成されていったのか、そこにどのような力学が働いていたのか、さらに、そうした諸力の関係性の中で仮構がどのような実体を、どのように形づくっていった（あるいは形づくっている）のかということではないだろうか。

このように、「仮構論」とは、文化的な力学の中で、あるイメージが現実を形づくっていくダイナミズムを描き出すための有効な道具であると考えられる。本章は、こうした「仮構論」の枠組みを「琉球芸能」に援用し、現在にいたるその「継承」が文化的・政治的な文脈の中で「創り出されたもの」であることを、現代における組踊の継承の問題に焦点を当てて論じようとするものである。特に、組踊の「重要無形文化財」の指定をめぐる経緯については、当時の時代的な文脈を踏まえた検証は、いまだ十分になされているとは言いがたい。そこで、本章では組踊の「重要無形文化財」の指定がどのように行われていったのか、またその指定が組踊の継承のあり方にどのような変化を及ぼしたのかを、当時の資料や当事者たちの言説をもとに検証する。

また、本章では、こうした検証を通じて、いかにして伝統の担い手という存在が構築されていくかにも着目する。本章のタイトルの「伝統芸能の〈担い手〉とは誰か」には、正統的な担い手を決定したり、何かを暴き出したりするという意図はない。むしろ、文化人類学的な観点と方法論をもりこみながら、伝統芸能の継承の問題を〈担い手〉という視点から考えてみることが、本章の意図である。〈担い手〉とは、抽象的な存在ではない。〈担い手〉自身が、ある特定の歴史的・文化的状況の中を生きる、個人である。そのことを過去（琉球芸能の現代史の再検証）と現在（文化人類学的考察）を行き来しながら問い直してみたい。問い直すことで、未来をつくる現在進行形の「いま」

を推し量る座標軸をさぐるというのが、本章の目的である。

そこでまず、目を向けるのは一九七二年という、歴史的な重みを持った一つの通過点である。そこから、筆者にとっての「琉球芸能」への問いかけは始まる。

二 「重要無形文化財」としての組踊

一般に、組踊、琉球舞踊、琉球古典音楽からなる「琉球芸能」は、沖縄を代表する伝統芸能として理解されている。例えば、それは国および県による様々な文化財指定からもうかがえる。組踊は、首里城と同じく一九七二年五月一五日に、国の「重要無形文化財」に指定された。「重要無形文化財」とは、文化財保護法において「演劇、音楽、工芸技術その他の無形の文化的所産で我が国にとって歴史上又は芸術上価値の高いもの」（第二条第二項）とされる「無形文化財」の中でも、「特に重要とされるもの」（第七一条）である。さらに、文化財保護委員会告示第五五号「重要無形文化財の指定並びに保持者及び保持団体の認定の基準」（一九五四年）によれば、「音楽、舞踊、演劇その他の芸能のうち（中略）（一）芸術上特に価値の高いもの、（二）芸能史上特に重要な地位を占めるもの、（三）芸術上価値が高く、又は芸能史上重要な地位を占め、かつ、地方的又は流派的特色が顕著なもの」が「重要無形文化財」に認定される。

ただし、沖縄県レベルで言えば、組踊は、国の指定を受ける以前の一九六七年六月五日に、すで

指定年度	分野	指定者
1967年6月5日	組踊	琉球政府
1972年5月15日	組踊	日本国
1972年12月28日	沖縄伝統音楽 沖縄伝統舞踊	沖縄県
2000年6月6日	琉球古典音楽	日本国
2009年9月2日	琉球舞踊	日本国

表①　国および県による「琉球芸能」への「重要無形文化財」の指定

に琉球政府によって「重要無形文化財」に指定されている。さらに、組踊が国の「重要無形文化財」に指定された一九七二年には、「沖縄伝統舞踊」「沖縄伝統音楽」（安冨祖流、野村流、湛水流、琉球箏曲）が沖縄県の「重要無形文化財」に指定された（一二月二八日）。国レベルでは、二〇〇〇年六月六日に「琉球古典音楽」が、二〇〇九年九月二日には「琉球舞踊」が、国の「重要無形文化財」の指定を受けている。さらに、個人認定の形で、「組踊音楽歌三線」「組踊音楽太鼓」「組踊立方」の「重要無形文化財」への指定もなされている。

「琉球芸能」に対する数々の「重要無形文化財」の指定は、それらの保存継承を担う「保存会」の組織化を前提とするものであると同時に、さらには沖縄県立芸術大学（一九九〇年に音楽学部開設）や国立劇場おきなわ（二〇〇四年に開場）など、若い後継者の育成を担う教育機関や国立の専門劇場開設をうながした。現在の「琉球芸能」は、こうした文化財保護行政上の基盤の上に成り立っているものとも言える［Gillan 2012: 225］。

「重要無形文化財」の指定が、多くの芸能関係者にとって待ち望まれた喜ぶべき出来事であることは確かだ。また、そこにその実現に向けて尽力した人びとの熱意や努力があったということは言うまでもない。しかし、同時にその「指定」が、様々な文化的・政治的な条件下において実現したものであることも確認しておかなくてはならないだろう。「熱意」もまた、そうした条件のもとにおいて初めて生まれうるものであるとも言える。

沖縄は終戦後、一九七二年の「祖国復帰」まで、米軍の占領下で日本本土と「行政分離」状態に置かれた。そして沖縄における文化財保護行政は、まず戦後の沖縄と日本本土との、こうした特殊な歴史的・政治的な関係を前提に歩んできた。終戦直後の文化財の破壊や国外流出への危機感を背景に、琉球政府の文化財保護法が制定されたのは、一九五四年のことである。同年六月に立法院で可決され、米国民政府（ＵＳＣＡＲ）の承認を経て公布された。琉球政府の文化財保護法（以下、琉球法）は、琉球政府における他の多くの立法と同様に、日本法に準拠する形で制定された。その条文は、一九五〇年に施行された日本政府の文化財保護法（以下、日本法）を骨子においてほぼそのまま踏襲したものとなっている。琉球法制定の機運そのものが、一九五〇年の日本法の成立に呼応する形で高まったものでもあり、その意味でも、日本本土の文化政策は「行政分離」状態にあった沖縄に大きな影響を与えたといってもよい［沖縄県教育委員会 一九七七：八二七〜八三〇］。

その後、琉球政府における文化財保護行政は、この琉球法にもとづき進められていくが、一方、組踊の「重要無形文化財」への指定は、前述の通り、一九六七年まで待たなければならなかった。琉球法の成立とは一三年もの時間差がある。では、なぜこうした時間差が生じたのだろうか。これは法整備そのものに起因している。琉球法がもとにした一九五〇年の日本法には、当初、「重要無形文化財」の指定がなく、一九五四年の改正によって新たに「重要無形文化財」の指定制度が加えられた。しかし、琉球政府が同年に文化財保護法を制定した際には、この改正は反映されなかった。

そのため、しばらく改正前の日本法とほぼ同じ内容が準用されることになったのである。

琉球政府による文化財の指定は、行政主席所轄の下に置かれた文化財保護委員会によって行われた。委員は「立法院の同意を経て、行政主席が任命」するもので、五名からなる。この文化財保護委員会によって、組踊への文化財保護行政上の措置が初めて決定されたのは、一九五九年のことである。一九六七年の「重要無形文化財」の指定以前に、文化財保護委員会は四回にわたり「組踊保存会」[*4]に助成金を交付している。これは、「無形文化財のうち特に価値の高いもので政府が保護しなければ衰亡するおそれのあるもの」（琉球法第三七条）に対する助成で、一九五九年と一九六〇年には「組踊　執心鐘入」、一九六四年には「組踊　花売りの縁」、一九六五年には「組踊　手水の縁」と、個別の演目に対して助成措置が取られた。

組踊へのこうした助成事業の理由として、文化財保護委員会は、「組踊が（中略）今次の大戦後は次第に忘れられ、一部の特殊の人々が覚えているのみであってこの人々の存命中に伝授継承させなければ衰亡するおそれがある」［伝統組踊保存会三十周年記念誌刊行委員会 二〇〇五：四〇七］ことを挙げている。ここで言う「一部の特殊の人々」とは、戦前からの芸能家のことであり、「存命中」とは言うまでもなく「高齢化」を意味すると考えられる。無形文化財への助成事業の中で、同一団体に四回もの助成が行われたのは「組踊保存会」以外に例がなく、このことからも文化財保護委員会が組踊の継承に特別に大きな関心を示していたことがわかる。

琉球法は、その成立の一一年後の一九六五年に、日本法にほぼ準じる形で改正され、そこで初め

演技者	玉城盛義、真境名由康、島袋光裕、親泊興照、金武良章、宮城能造、上間朝久
演奏方	三味線（ママ）：池宮喜輝、幸地亀千代、勝連盛重、平良雄一、宮里春行／琴（ママ）：仲嶺盛竹／笛：大浜長栄

表②　琉球政府指定重要無形文化財「組踊　玉城朝薫作五番（執心鐘入、二童敵討、銘苅子、孝行の巻、女物狂）」認定保持者一覧（文化財保護審議委員会1967年6月5日付議事録による［伝統組踊保存会三十周年記念誌刊行委員会2005: 408～409］）

て「重要無形文化財」の指定制度が加えられることとなった。琉球政府による組踊の「重要無形文化財」の指定は、この琉球法改正後、一九六七年六月五日の文化財保護審議委員会において決定された。[5] 指定の名称は「組踊　玉城朝薫作五番（執心鐘入、二童敵討、銘苅子、孝行の巻、女物狂）」である。ここでも「玉城朝薫作五番」という特定の演目にのみ指定が与えられていることが特徴であるが、議事要旨には「歴史上、芸術上価値の高い他の組踊についても順次指定範囲を広げて保護策を講じてもらいたいとの専門審議会からの要望」があった旨が記されている［伝統組踊保存会三十周年記念誌刊行委員会 二〇〇五：四〇八～四〇九］。

一方、琉球法により「重要無形文化財」としての指定を受けたことで、組踊の継承にはさらに手厚い文化財保護行政上の措置が取られるようになった。一つ目は、技能保持者の認定と、それにともなう伝承者養成事業の展開である。保持者の認定にあたっては、「原則として芸歴年数が三〇年以上の者であること」などの基準が設けられ、「伝統組踊保存会」[6] の会員一四名が「演技者」および「演奏方」の保持者に認定された。翌六八年には、五四名の「伝承者」（地方二〇名、箏二名、笛三名、「舞台人関係」七名、「舞踊研究所関係」二二名）を決定し、伝承者養成事業が行われることとなった。

二つ目に、文化財保護委員会は伝承者育成事業と並行し、組踊記録映画作成委員会を設けて、一九六七年度、一九六八年度、一九七二年度に組踊の記録映画の製作を行った。「重要無形文化財」に指定された「玉城朝薫五番」のほかに「花売りの縁」を加えた六作が、東京の国立劇場小劇場にてカラーの一六ミリフィルムで収録されている。

三 「琉球の国劇」としての組踊

こうした手厚い補助事業が行われたのは、琉球政府の文化財保護委員会に強力な権限が与えられていたことと無関係ではないだろう。本土の他府県の文化財保護審議会とは異なり、琉球政府の文化財保護委員会は独自の権限をもつ行政主席直属の行政委員会として位置づけられていた。[*7] また、琉球法が、日本国内の地方自治体単位の条例としてではなく、あくまでも一国の形態をとる琉球政府の立法として制定されたことも、こうした琉球政府文化財保護委員会の権限の背景にあったと考えられる［沖縄県教育委員会 一九七七：八二九〜八三二］。

一方で、前述の通り、「琉球芸能」の中でも、組踊以外の琉球舞踊や琉球古典音楽に対する「重要無形文化財」の指定は、琉球政府時代には行われなかった（「無形文化財」としての助成も、一九五七年に「古典音楽（湛水流）」に交付されているのみである）。また、そもそも、伝統工芸技術や民俗芸能なども含め、「祖国復帰」以前に、琉球政府によって「重要無形文化財」の指定を受けた「無形文化財」は、組踊たった一件のみであったことも確認しておきたい。

園原謙は、当時の文化財保護委員会の無形文化財への助成事業が、工芸技術よりも芸能を重視する傾向にあったことを指摘している。例えば、文化財保護委員会は一九五七年に「首里の織物」への助成を決定している。「保持者上里オトは首里の古代からの織物技術を身につけた第一人者で、その技術は他の追随を許さぬものであるので助成して保護し、子弟に伝授せしめることにした」というのがその理由であったが、「保持者上里オトは子弟に技術伝授中、一九五八年九月二四日死亡」してしまう。園原が指摘するように、「一回性の助成によって子弟にどれほどの技術が伝授されたかは甚だ疑問が残るところ」であり、そもそも「伝承者の養成が単年度でできるほど工芸技術の手わざの世界は底が浅いものではない」のは明らかである。しかし、少なくとも琉球政府時代には、文化財保護委員会の工芸技術への評価がそこまでにいたることはなかった［園原 二〇〇〇：一四八〜一四九］。

琉球政府時代における無形文化財の助成事業を概観すると、工芸技術に対する助成が一一件なのに対して、芸能関係は一五件であり、件数で言えばそれほど大きなひらきがあるわけではない。しかし、芸能に関しては一九五七年の助成事業の開始から、ほぼ毎年いずれかの団体に助成が行われているのに対し、工芸技術は一一件中九件が一九六五年の単年度に行われており、その前年の一九六四年に助成を受けた一件を合わせれば、一一件中一〇件が一九六四年と一九六五年の二年間に集中していることがわかる。つまり、それ以前における工芸技術への助成は、先にも挙げた一九五七年の「首里の織物」たった一件だったということになる。[*8] そうした助成事業全体の中で、単一団体に四回にもわたって行われた組踊への助成は、やはり突出していたと言わざるを得ない。

そこまでの組踊への「厚遇」には、「衰亡のおそれ」以外にも、特別な理由があったと考えるのが自然だろう。ここで注目したいのは、組踊をめぐる琉球政府時代の文化財保護委員会の文書に繰り返しあらわれる「琉球の国劇」という表現である。例えば、琉球政府による無形文化財への助成事業においても、また一九六七年の「重要無形文化財」の指定においても、助成理由あるいは指定理由の中に、組踊が「琉球の国劇」であったとの歴史的評価が明記されている。[*9] また同様に、組踊を含む「冠船踊」を「国劇」とする捉え方も、琉球政府文化財保護委員会の『文化財要覧』に掲載された解説文に確認することができ〔池宮 一九六〇：二九～三〇〕、当時、一定程度共有された見方であったと思われる。

さらに、組踊を「琉球の国劇」とする言説は、実はすでに戦前のいくつかの文献にも見られる。例えば、伊波普猷の『校註 琉球戯曲集』〔伊波 一九九二〕に収められた真境名安興の「組躍と能楽との考察」（初出一九二八年）には、「沖縄の組躍なるものは、昔時国劇として政府の役人が中心となり、その他彼等の好尚に任せ貴族の子弟などによって演ぜられたもの」〔真境名 一九九二：六八〇〕とあり、末吉安恭もまた、同書に再録された「組踊小言」（初出一九二四年）の中で、「国劇組踊」について、真境名と同様に能と比較しながら論じている〔末吉 一九九二〕。一方、伊波普猷の論文

「琉球作戯の鼻祖玉城朝薫年譜――組踊の発生」(初出一九二八年)では、「所謂冠船踊即ち国劇」、また「中秋宴と重陽宴とに国劇が演ぜられて、冊封使の一行に観せられた(中略)爾来この国劇は冠船渡来毎に演ぜられて、近代に至った。俗に之を冠船踊と言っている」[伊波 一九九二:二八〜三〇]と、冊封使のための歓待芸能全体を指す「冠船踊」について、「国劇」という語を使用している。もちろん、「冠船踊」には組踊も含まれるため、これも間接的にではあるにせよ、組踊を「琉球の国劇」と見なすものと捉えることができる。

このように組踊の「重要無形文化財」への指定理由は、組踊を「琉球の国劇」と価値づける戦前からのレトリックを受け継いだものだと言える。「琉球の国劇」の「国」とは、一義的には、かつての琉球王朝を示すものであることは言うまでもない。その意味で、冊封使を歓待するために王府で演じられた「国劇」である組踊とは、琉球史の「正統」なイメージ、すなわち琉球の王朝文化そのものを表象するものであったとも言える。首里王府時代からの「琉球の国劇」という組踊に与えられた「格式」や「由緒」、言い換えれば「正統性」が、琉球政府が他の無形文化財と比較しても特に手厚い保護を行なった理由のひとつとなっていたと考えて間違いないだろう。[*10]

しかし、琉球王朝そのものはもはや存在しない。琉球は「琉球処分」によって帝国日本に編入され、太平洋戦争と沖縄戦の惨禍を経て、米国統治下にあった。一般に、そうした社会の変化や断絶によって継承の危機にさらされるのが、無形文化財の宿命であると言ってもいいだろう。したがって、それを保護・継承することが、文化財保護行政の使命であることは言うまでもない。しかし、同時に、消滅の「危機」にあった無形文化財が復活したり、あるいは再創造されたりするのは、その無形文化財が象徴する過去の伝統や文化への特別な意味づけや価値づけが生じたときでもある。それは断絶にさらされた社会の中で、それを克服するための意識的な営みであると言える。

同様のことは、戦後の沖縄社会における琉球芸能の価値づけをめぐっても生じていた。一九五九年、『芸術新潮』に掲載された「沖縄の芸術地図」というエッセイの中で、その前年、三四年ぶりに故郷の沖縄へ里帰りした詩人の山之口貘は、「坪あたり一八発の砲弾をぶち込まれたと言われて、あらゆる文化財を失ってしまった島であるが、沖縄舞踊というこの無形文化財だけが、たった一つ生き残ったものであると繰り返し聞かされたりした」〔山之口 二〇〇四：一一二〕と語っている。沖縄タイムス社の設立者であり、戦後沖縄を代表する言論人・知識人のひとりであった豊平良顕も、次のように述べる。

玉城盛重の戦没は、正統な古典の継承を危くする「型」の戦没かとも思われた。幸いにも、かつて玉城盛重、新垣松含、渡嘉敷守良、その他かくれた舞踊師匠から教えを受けた方々が、戦後の舞踊復興に立ち上がった。娯楽に飢えた捕虜地区で慰安公演が盛んに催された。虚脱と混迷の終戦直後から、歌と踊りの好きな民族性を遺憾なく発揮して、それが郷土文化復興のさきがけとなった。

〔豊平 一九六三a：巻頭頁〕

こうした言説から読みとれるのは、文化人や言論人、あるいは政府の文化行政担当者といった人びとにとって、「たった一つ生き残った」無形文化財である琉球芸能が、戦後の復興という文脈の中で、沖縄社会の「社会的結合ないし帰属意識を確立するか、象徴するもの」〔ホブズボウム 一九九二：二〇〕として捉えられていたということである。

そして、戦前からの「無関心」や「軽視の風潮」[*11]と、戦争による「「型」の戦没」を乗り越えるため、豊平を中心に進められていったのが、「組織的な芸能復興運動の活発な推進」〔豊平 一九六三b：四二二〕だった。例えば、沖縄タイムス社は、一九五四年より「新人芸能祭」（第六回より「芸術祭」と改称）を主催している。これは「コンクール」の開催によって、琉球芸能の技能の継承と継承者の育成を図ろうとしたものだった。また、一九五七年からは「新人芸能祭舞踊研究会」を発足させ、「型の統一」に関する議論を本格化させるなど、豊平は戦後の琉球舞踊界に大きな影響を与えていく。それはただ伝えられたものを受け継ぐだけでなく、積極的に「伝統」を創り出そうとする「組織的な芸能復興運動」でもあった。

組踊への手厚い助成や「重要無形文化財」の指定もまた、こうした戦後の「芸能復興」の中で、意識的に推し進められてきたものであると考えることができるだろう。

四　組踊の継承と「流派」

このように組踊に対する手厚い助成事業や、「重要無形文化財」への指定の背景には、継承の危機にさらされていた芸能を単に保護するというよりも、むしろ積極的にその「伝統」を創出しようとした当事者たちの意識があったと考えられる。そうした中で、政府のバックアップによる伝承者育成事業が始まったこと、また記録映画の製作が行われたことは、組踊の継承を確かなものにする足がかりとなるはずだった。

ここで、一九六七年の「重要無形文化財」の指定要件を確認しておきたい。

1　演者　原則として組踊保存会員であること。

2　演技、演出　伝統的な演技演出を基調とすること。

イ　様式的な演技、せりふによること。

ロ　扮装（衣裳、髪、化粧）は定式によること。

ハ　原則として女形によること。

ニ　大道具、小道具は定式によること。

ホ　原則として定式的舞台機構によること。

先に琉球政府の文化財保護法が日本法にほぼ準拠するものであることを述べたが、組踊の「重要無形文化財」の指定要件を定める際にも、文化財保護委員会は、日本の他の「重要無形文化財」の指定要件の文言をほぼそのまま準用した。例えば、「伝統的な演技演出を基調とすること」は、能楽および歌舞伎と同じ文言である。「様式的な演技、せりふによること」「扮装（衣裳、髪、化粧）は定式によること」「大道具、小道具は定式によること」「原則として定式的舞台機構によること」も、歌舞伎の指定要件がそのまま準用されている。「原則として女形によること」という指定要件は、一九七二年に国の指定となる際に「原則として」が削除され、さらに漢字の表記も変更され、「女方によること」という歌舞伎の指定要件と統一された。[*12]

これらの指定要件をもとに伝承者育成事業が開始される中で、改めて浮き彫りになった問題がある。この指定要件にも記された「様式的な演技」に関わる問題、すなわち「型」の問題である。というのも、伝承者育成事業を実施するにあたって、「型の統一」が大きな課題とされたことが、当時の各種議事録からは読み取れるからだ。例えば、一九六八年三月六日の合同協議会では「組踊の伝承者養成について」が議題となり、「記録するからには公認する確かな型を残すべきで、まず各型を統一し、稽古すべきである」という意見に対して、保持者の島袋光裕から「理想としては（中略）型の統一を計り《ママ》、記録を残すべきであるが、演出の根本問題もまだ解決されていないので、一応それぞれの型を記録しておき、ある程度の型を決め、稽古をやったほうがよい。今の状態では型の統一はむずかしい」との反論が出されている〔伝統組踊保存会三十周年記念誌刊行委員会 二〇〇五：四一三〕。

「型の統一」の問題は、戦後の琉球舞踊界における「流派」の問題とつながっていると見ることもできる。組踊の継承者は、同時に、琉球舞踊の継承者でもあったからだ。例えば、組踊の技能保持者に認定され、「伝統組踊保存会」の代表者ともなった真境名由康は、一九五二年に「真境名由康舞踊研究所」を設立している。戦前より、琉球芸能を修練する稽古場は存在していたが、ここでいう「研究所」とは、沖縄独特の教授・継承形態であり、師匠と弟子の関係性と「流派」に基づく芸能の修練の場を意味する〔呉屋 二〇一七：七三〕。戦後間もなくして、こうした「研究所」が様々な舞踊家によって開かれていくようになる。

一九六〇年、真境名由康は、自らの研究所を発展させる形で、「真境名本流真薫会」を創立した。従来、琉球芸能には、日本の伝統芸能のような「流派」や「家元制度」は存在しなかった〔呉屋 二〇一七：一一三〕。しかし、真境名が、琉球舞踊において初めて「流派」を名乗り、弟子に「研究所」を設立するための免状を与える師範免許制度を確立する。これは「自身の創作作品の著作権的意味を明示するために便宜上名付けられたもの」〔波照間ほか 二〇一二：一〇〕であったが、真境名本人の意図を離れて、大きな反響を呼ぶこととなった。例えば、同年三月の『琉球新報』には、「琉球古典舞踊を正統にもどせ」との見出しのもとに、「その会名の中に琉球舞踊の創始者玉城朝薫の薫の一字を加えており、古典舞踊の真髄を伝える会としての方向にもっていく意図を示している（中略）今回の真境名氏の家元制度は時流におしながされる舞踊界を、正統の防波堤で防ぎとめようということになろう」（『琉球新報』一九六〇年三月三日）との社説が掲載されている。

その後、一九六三年には、同じく組踊の技能保持者に認定されることとなる玉城盛義が「玉城流玉扇会」を旗揚げする。こうして琉球舞踊界にも、弟子たちが流派に属し、師匠から師範の免状を与えられることによって、技の継承者としての資格を得るという、日本の伝統芸能に似た継承の仕組みが成立することになった。また、戦後間もなく生まれたシステムであるにもかかわらず、「〇〇流」というような呼称は、その「流派」の技の継承の「正統性」を暗示するものにもなっていった。

こうした「流派」の成立とともに、「コンクール」の登場も、琉球芸能の継承を大きく変えた〔呉屋 二〇一七：七三〕。先にも言及したように、「組織的な芸能復興運動」を目指して、一九五四年から沖縄タイムス社が「新人芸能祭」を開催する。一九六六年には、琉球新報社も「琉球古典芸能コンクール」を開始し、両新聞社によるコンクールが若手芸能家の登竜門となった。また、二社の新聞社によるコンクールの開催は、芸能家たちの研究所開設および研究所の活動とその組織化に深く影響を与えていく。

例えば、研究所を開設するには、前述のコンクールで新人賞・優秀賞・最高賞を得て研鑽を積んだあと、師匠から「教師」あるいは「師範」の称号（免状）を授与されることが条件となる。特に、「師範」の称号は、沖縄全域において最も高い技芸レベルを有する芸能家として認識されている。[*13]

加えて、研究所は月謝制で運営されていることから、芸能家たちの重要な収入源にもなった。その後、多くの舞踊家たちが、次々と自分の「流派」を名乗るようになり、「流派の乱立」〔三隅 二〇一一：二七五〕と言われるような状況も見られるようになる。また、両新聞社のコンクールの隆盛によって、こうした「流派」のほとんどが「タイムス系流派会」「新報系流派会」のいずれかの「傘下」におかれるようになった〔波照間ほか 二〇一二：一一〕。

以上のような琉球舞踊界における「流派」の問題は、組踊の継承にも影響を与えていった。例えば、当時、文化財保護委員会で、組踊の伝承者養成事業にかかわっていた宜保榮次郎は、「その頃は例のタイムス系、新報系の舞踊家間の反目が激しい頃だったので合同で演目を公演することができず、各保持者の申請の通りで発表会が行われた」〔宜保 二〇〇五：一三七〕と回想している。

一九七〇年の『組踊研究』に掲載された当間一郎の記事も、宜保の回想を裏づけるものだ。当間は、同年一一月の那覇市市民会館落成記念公演における組踊の上演に触れ、「その熱演ぶりに拍手を送りはしたものの、なにかこれらの演技に満足感をおぼえるほどではなかった」として、その要因に「ここ数年は一堂に集まっての読み合わせ会や小道具や衣裳、その他の点検などの研究会がぜんぜんもたれていない」という状況を挙げる。その上で、「両マスコミに長老の先生方をはじめ、そのお弟子さん方がわかれていったことでますます困難な状態になり、そのために組踊の継承が小グループにわかれていき、そのまま続くと近年中にいろいろな型が出てきて収拾がつかなくなっていくのではなかろうか」と懸念を示している〔当間 一九七〇：一・一三～一四〕。

少なくとも、文化財保護委員会は、伝承者養成事業を通じて、将来はひとつの「統一した型」による組踊が継承されることを意図していたと考えられる。この考え方は、組踊以外にも、例えば、一九五七年から豊平良顕の提唱で始まった「新人芸能祭舞踊研究会」における「型の統一」に関する議論にも共通するものだ。これは一義的には「新人芸能祭」における「審査基準を確立するため」［豊平 一九六三b：四二三］に開催されたものだったが、豊平はさらにその意図について、次のように語っている。

おもうに、御冠船時代のひとつの型が、その後の師匠らによって自らの創作が加えられ、それが流派と称されて、型の混迷をまねいたことが考えられる。このところ舞踊家が各自の型の主張《(ママ)》を固執しているので、型の統一はおそらく困難であろう。しかし、琉球舞踊の基本の型が現状のような混迷状態では、琉球芸能の正しい継承はむろんのこと、保存という点からも到底みのがすことはできない。［豊平 一九六三b：四二二］

一方で、組踊の技能保持者たちは、技の継承そのものが「流派」に細分化する中で、「型の統一」には消極的な姿勢を示した。技能保持者たちにとっては、それぞれが教え伝えられてきた（あるいは自らが弟子たちに教え伝えている）技こそが「正統」なものであり、「型の統一」は、そうした自らの「正統性」の否定にもつながりかねないからである。伝承者養成事業が図らずも浮き彫りにしたのは、組踊における型の「正統」とはなにかをめぐり、当事者の間に大きな認識のずれが生じつつあったということであった。

五　組踊の継承とジェンダー

組踊の「正統」とはなにかをめぐる問題は、「型」という演技の問題だけでなく、担い手自身の属性の「正統性」をめぐる問題も浮き彫りにした。つまり、組踊の正統な継承者は誰か、という問題である。山之口貘は先にも引用した一九五九年のエッセイの中で、「舞踊が、盛んであるにもかかわらず、専門家の間では、沖縄舞踊の危機が言われている」と述べ、次のように語っている。

むろん、盛んであることが危機というのではないのである。というのは、先に挙げた人達に継ぐ男の舞踊家がいないということなのである。ぼくなどの記憶でも、従来、沖縄の舞踊は男のものなのであって、女性の間にはなかったのである。（中略）ところが、敗戦後は、一般女性の間から舞踊家が簇出しているのである。むかしは、「伊野波節」にしても「かしかき」にしても、「浜千鳥節」にしても、女形が踊ったものであるが、いまでは彼女達自らが踊るのである。まったく、沖縄の舞踊界は男と女が入れ替わったおもむきを呈して賑やかなのだ。

〔山之口 二〇〇四：一一三〕

山之口は戦後の現象として述べているが、しかし、すでに戦前の一九三〇年代半ばには、稽古場で師匠たちから舞踊を学んだ女性の舞踊家たちの舞台上での活躍が、日本本土、また沖縄の双方において見られるようになっていた。例えば、折口信夫の尽力により日本民俗協会が主催し、琉球芸能の実演家たちを東京に呼び寄せて、一九三六年に日本青年館で開催された「琉球古典芸能大会」には、名護愛子、根路銘たま子、新垣芳子、山口千恵子、田代たか子、真境名澄子、真境名苗子の七名の女性が出演している。彼女たちは、琉球舞踊を演じただけでなく、組踊にも出演した。例えば、新垣松含の娘である新垣芳子は、本公演で「鳩間節」を踊り好評を博しただけでなく、[*14]「執心鐘入」の若松役も演じている。

ここから見えてくるのは、昭和初期の芸能家たちが、劇場の俳優たちを中心とした男性の弟子だけでなく、女性の弟子や娘たちにも自らの芸を教え伝えようとしていたことである。例えば、新垣松含の三女である比嘉澄子は、姉の芳子が父から舞踊を習っていたときのことを次のように回想している。

五歳違いの姉は、お茶汲みをする傍、私も一緒になって会員に稽古をつけてもらっていました。あの頃は、婦女子が舞踊を習うなんてとんでもない時代で、姉の稽古は戸を閉めて、薄暗い部屋で父が「口三絃」で小声で歌い、なんとも不自由な稽古ぶりでした。それでも、私は姉の熱心に踊る姿に見とれて、早く姉のように、一人舞いができるようになりたいと思ったものでした。母は娘二人が踊りを習うのに大反対でした。が、父は「これからは、一般婦女子が琉球舞踊を受け継いでいく世の中になる」と口癖のように言って居りました。［比嘉 一九九五：二八］

実際に、新垣芳子は、一九三七年に父の新垣松含が亡くなったために、二〇歳の若さで父の「松薩会」を継ぐことになった。しかし、そのわずか三年後には芳子自身も病死したため、三女の澄子が、一八歳でさらにその後を継ぐことになる。このように戦前にはすでに、琉球芸能の新たな継承の形として、血縁を軸にした女性たちによる継承も始まっていた。

戦後における琉球舞踊界の牽引者のひとりとなった真境名佳子も、そうした女性の舞踊家のひとりである。真境名佳子の父・金城幸吉は、琉球古典音楽の三線の名手として知られた人物で、玉城盛重の舞台の地謡を務めていた。その関係で真境名佳子は、玉城盛重に弟子入りすることになった。真境名佳子は、「私が盛重先生の稽古場へ通うことに対して周囲の人々は好奇の眼を向けていた。当時、芸事は、普通の家庭の子女のやるものではなく、芸妓や芝居の役者さんたちが通うものという通念があった。それを打破し、郷土の古典芸能を正しく継承するためには、ぜひ一般家庭の子女もこれを習うべきだと唱えたのが私の父、金城幸吉であった」と回想している［真境名 二〇一一：七〇］。

明治以降、沖縄では、太田朝敷や伊波普猷によって、女子教育の奨励が非常に熱心に説かれていた。彼ら沖縄知識人による啓蒙運動の背景には、女性の地位の「改善」こそが、沖縄の「文明化」にとって最も重要なものであるという強い考え方が存在した［小熊 一九九八：三〇九〜三一二］。琉球芸能の継承者として、自分たちの娘たちを育て上げようとした昭和期の芸能家たちの意識の背後にも、沖縄社会における、こうした女性観の変化があると考えることができるだろう。戦後の「芸能復興」は、俳優たちを中心とした、男性の職業的な芸能家ではなく、沖縄独自の「流派」に基づく「研究所」と、そこで舞踊の修練を積む数多くの女性たちによって担われていく。「これからは、一般婦女子が琉球舞踊を受け継いでいく世の中になる」と語った新垣松含の予言は現実のものとなった。

戦後の組踊の継承においても、女性の舞踊家たちの果たす役割は無視できないものになっていった。「男の舞踊家がいない」［山之口 二〇〇四：一二三］状況にあって、女性の舞踊家の存在なしでは舞台が成立しなかったからである。例えば、「重要無形文化財」に指定される直前の一九六七年一月、当時、開場したばかりの国立劇場でいち早く組まれた第一回琉球芸能公演「御冠船踊」において、組踊の技能保持者として認定されることとなる戦前からの舞踊家たちと並んで、女性の舞踊家たちが組踊に出演している。[*15] これは、「祖国復帰」前後を通じて、日本本土での最大規模の琉球芸能の公演でもあった。このときの印象について、文化庁の文化財調査官を務めた田中英機は、「組踊の中に女性たちが見事に一枚の役者として組み合わされて」いたこと、それゆえに「男たちと女性が一緒にやるのが普通の形だと印象づけられて、そういうものだと思い込んで」いたことを回想している［田中 二〇〇五：一二三］。

また、戦前からの芸能家たちの中には、現代においてはむしろ女性の舞踊家を出演させることによって、組踊をより理想的な形で上演できるという考え方をもつ者もいた。「重要無形文化財」の指定によって組踊の技能保持者に認定された舞踊家、金武良章は「品位こそ芸の生命」と述べ、次のように語っている。

現在では、ほとんどの場合、「執心鐘入」の若松を、女性にさせています。「宿の女」を男が演じて、若松を女性が――ということになりますと、無理な配役のようですが、むしろ舞台の品位を保つために、これは上々のことなんですよ。女性は、なんといっても男より小づくりですからね。そのため「宿の女」に対して若松の可憐さが風情あるものとなり舞台の品位を高めるのです。（中略）その考えは、「御冠船」の時代から芸能にたずさわる方々によって受け継がれた心――上品と下品を感じわける心が土台となって生まれている、とわたしは思うのです。

［金武 一九八三：四二］

金武良章以外にも、例えば、真境名由康は、一九五五年一一月に、沖縄文化協会主催で文部省の第一〇回芸術祭への参加公演が行われた際に、「執心鐘入」の若松と宿の女役をそれぞれ自身の娘である真境名由乃、真境名由苗に演じさせている。*16 真境名は、さらに自らの「組踊研究会」において、娘だけでなく、谷田嘉子、玉城節子といった女性の弟子たちにも組踊の稽古をつけていた〔谷田 一九八七：一〇七、玉城 一九八七：一一二〕。

しかし、「重要無形文化財」の指定によって、女性の舞踊家たちは組踊の正統な担い手とは見なされなくなっていった。先にも確認したように、一九六七年の「重要無形文化財」の指定要件には「原則として女形であること」（国指定においては「女方であること」）という文言が、歌舞伎の指定要件を踏襲する形で加えられた。しかし、「原則として女形であること」あるいは「女方であること」という指定要件そのものは、文言通りに受け取れば、決して女性の舞踊家の出演を排除するものであるとは思われない。というのも、「女形であること」は、「女形」以外の役柄、例えば、先の金武良章の語りにもあるように、「執心鐘入」の若松などの若衆役を女性が演じる可能性を排除するものではないからだ。

それにもかかわらず、結果的には、この指定要件によって「伝統組踊保存会」には女性の舞踊家が入会することは許されず、男性の舞踊家のみによって組踊が継承・上演されることが前提となっていった。女性による演技者の継承を認めていない歌舞伎のあり方が踏襲されていると考えられるだろう。女性が「立方」（演者）として出演する場合は、「伝統組踊とは認められない」というのが、現在も「伝統組踊保存会」の基本的な立場である〔伝統組踊保存会三十周年記念誌刊行委員会 二〇〇五：三二一〕。それでも、一九六七年の指定当初に行われた伝承者養成事業の対象者の五四名のうち、「舞踊研究所関係」二二名の約半数（一〇名）を女性の舞踊家が占めていた。*17 しかし、一九七二年の国の指定以降、これらの「女性会員はすべて退くことになった」［玉城 二〇〇五：三六四］のである。

六 「仮構」としての指定要件

琉球政府による組踊の「重要無形文化財」指定の二年後の一九六九年一一月、日米共同声明によって、沖縄の「祖国復帰」が決定する。

その後、琉球政府時代に指定された文化財の国指定への移行に向けて、二回にわたる調査が行われた。文化財の保護に関しては、一九七〇年一一月に日本政府の閣議で決定された第一次沖縄復帰対策要綱の中で、「沖縄の文化財の重要性にかんがみ、戦災文化財の復元修理、無形文化財の記録保存などを推進するとともに、特に重要な文化財については、復帰後すみやかに国の文化財として指定することとする」［沖縄県教育委員会 一九七七：八九三］との方針が打ち出されていた。文化財の調査には日本政府の文化庁から調査官が派遣され、建造物九件が重要文化財に、史跡一八件、名勝一件、天然記念物二七件が国指定とされることとなった。組踊も国の「重要無形文化財」に指定されることが決定した。指定名称は琉球政府時代の「玉城朝薫作五番」から「組踊」となり、「朝薫の五番」以外の演目も対象となった。そして、国指定の告示は、一九七二年五月一五日、「祖国復帰」の日に行われることとなった。こうして、組踊は「琉球政府指定から国指定へスムーズに移行された」［宜保 二〇〇五：一三七〜一三八］。

一九七二年三月、伝統組踊保存会の技能保持者たちは、「第三回琉球芸能公演　御冠船踊と琉球歌劇」に出演するために、東京の国立劇場小劇場にいた。三月二四日に、組踊を国の「重要無形文化財」に指定することが決まると、翌二五日には新聞各社が「重要無形文化財も復帰」との記事を掲載し、[*18]「堂々と本土の文化財の仲間入りをすることになったんですねえ。うれしいですね。長生きはするものですね」〔『真境名由康――人と作品』刊行委員会　一九八七：三七二〕との真境名由康の言葉を紹介した。国による組踊の「重要無形文化財」の指定は、戦後の「芸能復興」にかかわってきた関係者たちにとって悲願であったと言ってもいいだろう。

しかし同時に、ここまで検証してきたように、「重要無形文化財」の指定は、少なからず組踊の継承にコンフリクトを生じさせるものでもあった。少なくとも、琉球政府時代における「重要無形文化財」の指定は、組踊の「正統」な型とは何か、そして「正統」な担い手とは誰かをめぐって、組踊の継承がはらむ様々な問題を浮き彫りにした。それは、一九六七年当時、あるいは一九七二年当時の無形文化財の「保護」に対する考え方の限界を示すものであったとも言える。この点について、「仮構論」の枠組みを用いて、再度考えてみたい。

文化財保護委員会は、組踊に「琉球の国劇」という価値づけをすることで、それを組踊への手厚い助成や「重要無形文化財」指定の根拠とした。先にも指摘したように、首里王府時代からの「琉球の国劇」という組踊に与えられた「格式」や「由緒」は、琉球政府が他の無形文化財よりも、組踊に対して特に手厚い保護を行なう理由のひとつにもなったと考えられる。したがって、舞台上で演じられる組踊は、琉球史の「正統」なイメージ、すなわち琉球の王朝文化そのものを表象するものでなければならなかった。さらにその先を言えば、「琉球の国劇」という言葉によって召喚されたのは、首里王府において士族の男性のみによって上演される組踊のイメージだったと言えるのではないだろうか。そう考えてみると、一九六七年における「重要無形文化財」の指定は、組踊の継承にそのような「仮構」が設定されることになった、大きなターニングポイントであったと言うこともできるだろう。

そうした「仮構」は、「重要無形文化財」としての指定要件によって現実化されていく。「様式的な演技、せりふによる」という指定要件について、文化財保護委員会は、「公認する確かな型」による「統一」を志向した。しかし、すでに確認したように、伝承者養成事業の実施にあたって「型の統一」を志向した文化財保護委員会に対して、技能保持者たちは「型の統一」には消極的な姿勢を示し、それぞれの「流派」において各々の「型」を伝承することを優先した。[*19] 担い手については「女形による」という指定要件によって、実質的に女性の演技者を認めず、男性の舞踊家のみによって継承・上演されることが前提となっていった。つまり、「重要無形文化財」の指定を通して措定された「伝統組踊」という「仮構」の作用によって、すでにあった組踊の継承の実態は大きく変えられることになったと言ってもいいだろう。

とりわけ、「女形による」という指定要件によって、女性の継承者が「重要無形文化財」としての組踊から除外されていったことは、その評価をめぐって、専門家の間でも意見が分かれるところである。「女形による」という指定要件をあえて設定したことで、男性の舞踊家によって継承されてきた「女形」という芸が復活したという評価もある一方で、例えば、矢野輝雄は、「これまでの伝承は男性と女性が相半ばしていただけに、指定のために女性による組踊の伝承が疎んじられるのは、型の伝承の忠実性を思うとき憂慮無しとしない」と批判し、さらに「男性による伝承が単なるスケジュールの消化におわるような、形式化空洞化こそは最も警戒しなければならぬところであろう」と警鐘を鳴らしている［矢野 一九九三：三八四］。

二〇一二年三月に行われた「劇場と社会——劇場に見る組踊の系譜」と題されたシンポジウムのパネル・ディスカッションにおいても、この問題をめぐって、組踊の演出家や研究者らにより論争が戦わされた。沖縄国際大学の狩俣恵一は、組踊の正統な担い手は「男性でなければならない」と述べた。組踊の担い手は、国の指定に基づいて決められたものであるため、民間レベルの公演とは違って、国立の劇場においては、男性以外の演じ手が立つことは許されないという立場からの発言である。また、「沖縄の伝統文化は国や県の力がないと保存継承することはできない」とも述べている。担い手とは誰かという問題をめぐって、「重要無形文化財」の指定による国の保護を重視する立場であると言える。

一方、国立劇場おきなわの演出家の幸喜良秀は、「今日の組踊があるのは女性の優れた舞踊の指導者が若手に教えてきたからだ」と述べている。幸喜は、組踊の基本となっている琉球舞踊をしっかり教え、継承してきたのは女性の舞踊家たちであり、彼女たちの存在が非常に重要だと発言した。

沖縄県立芸術大学の板谷徹は、「そもそも歴史的な組踊の魅力は若衆や若按司にある」と述べた。しかし、現在の若い男性たちには、若衆としての魅力が感じられないために、若い女性を若衆や若按司の役にすることで、ドラマとしての組踊を確立させ、組踊の面白さが伝わる舞台をつくることが重要であるとする。国は組踊の正統な担い手は男性でなければならないとしているが、それ以前に組踊自体にドラマとしての面白さがなければならないという立場である[*20]〔与那覇編 二〇一二：八五〕。これらの発言から、専門家の間でも、組踊の担い手はどうあるべきか、女性は組踊の担い手なのかどうか、ということについて、今なお統一した見解は導き出されていないということが浮かび上がる。[*21]

既に述べたように、戦後、多くの女性の舞踊家たちが組踊の舞台で活躍し、継承の一端を担ってきた。現在も、女性の組踊の実演家が存在し、芸能団体での活動を積極的に行なっている。組踊の継承者の養成を担う機関である沖縄県立芸術大学も、これまでに多くの優れた女性の組踊実演家を輩出している。こうした女性実演家たちの活躍は、組踊の未来にとって大きな希望であると言ってもいい。このことは誰も否定しないはずだ。しかし、一方で「重要無形文化財」の指定によって、「伝統組踊」の舞台には、男性の舞踊家しか立つことが許されないという現実がある。では、彼女たちは一生、「重要無形文化財」としての組踊の正統な担い手に位置づけられることはないのだろうか。このことは、切実な問いかけとして、組踊について考える私たちが向き合わなくてはならない課題である。

七　おわりに

研究室の扉を閉め、職場を出ると、目の前にライトアップされた朱色の首里城が現れる。誰もいない真っ暗な杜の中に城郭の影がのびる。しかし、その景色を私は楽しむことはできない。その場をさっと通り過ぎてしまいたい衝動にかられるのである。

筆者は、民俗芸能や伝統芸能の伝承について関心を持ち、朝鮮半島や八重山諸島、近年は東北地域で調査研究を行なってきた。特に民俗芸能や伝統芸能が新しく創造される「場」に出会い、そこに集う人びとたちの話を聞くたび、筆者は心を躍らせた。私自身は芸能の演じ手ではないし、担い手でもない。しかし、彼らと過ごす時間は、私にとって「もしかしたら、いま目の前にある新しい芸能は一〇〇年後の〈伝統〉になっているかもしれない」、「私の目の前にいる人たちは、実は一〇〇年後の〈伝統〉を生み出しているのかもしれない」と夢をふくらませる貴重な機会になっている。

ところが、沖縄で、琉球古典芸能の継承者の養成に携わる大学で教壇に立つという仕事に就いた途端、伝統芸能の世界に、どこか息苦しさを感じたり、違和感を覚えたりしはじめた。とくに衝撃だった出来事は、私以上に息苦しさと違和感を学生たちが覚えていたり、若手の舞踊家たちが不安や諦めを多く口にしたりなど、この世界でどう生き残るかという不安に支配されていたことを知ったときだった。これは、沖縄だけでなく、「伝統芸能」と称される多くの芸能にも当てはまるのではないだろうか。

塚原伸治は、福岡県柳川市の「老舗」のフィールドワークを通じて、老舗が自ら「創り出した」伝統が、逆にその伝統の当事者たちを縛ってしまうという現象について論じている。こうした「伝統がもたらす困難」〔塚原 二〇一四：一四九〕は、現在の琉球芸能にも当てはまる事象であると思われる。国や県による「保護」の対象となり、無形文化財としての指定を受ける芸能も、その担い手である人が主体となるのではなく、むしろ芸能を保護するための規定に縛られてしまう状況にある。その意味で、芸能に付与される「重要無形文化財」としての「伝統性」あるいは「正統性」という表象が、本来、柔軟に生き生きと受け継がれていくべき伝統そのものの障壁となってしまっていることを指摘しなければならない。そして、伝統の担い手とは決して自明のものではなく、その時々の文化財保護行政や、担い手の存在をめぐる文化的なポリティクスの中で重層的に決定づけられていくものであることも、私たちは忘れてはならない。本質主義的な思考にとらわれるのではなく、私たちが立っている「現在」がどのように構築されてきたのかという客観的な視点が、これからの伝統芸能の継承を考えるときには必要である。「仮構」という視点から、伝統の継承を捉えたいと考えた本章の意図も、そこにある。

また、文化人類学者の松村圭一郎は、「構築人類学」という視点を提示している。「いまここにある現象やモノがなにかに構築されている」としたら、「それをもう一度、いまと違う別の姿につくりかえることができる。そこに希望が生まれる」〔松村 二〇一七：一七〕。先に芸能家を目指す若者たちが「息苦しさ」と「違和感」を覚え、この世界でどう生き残るかという不安に支配されていたことを知った時の衝撃について語った。筆者はいつしか、伝統芸能に見られるこうした断絶や閉塞感が、新しい形で「つなぎなおされる」日が来ればと願う。そして、その先に初めて、一〇〇年後の沖縄の伝統芸能を夢見ることができると信じたい。その意味で、私にとって、琉球芸能とは、未完の芸能なのである。

＊——本稿は、二〇一九年一〇月三一日に起こった首里城の火災以前の二〇一九年六月一日に脱稿したものである。今回の首里城の火災によって、この文化的シンボルがもつ意味合いはさらに変化しているように思われる。そのことを踏まえた議論は、別稿で検討したいと考えている。

1——「国営公園」とは、都市公園法第二条第一項第二号に定められたもので、首里城公園は「国家的な記念事業として、又は我が国固有の優れた文化的資産の保存及び活用を図るために閣議の決定を経て設置する都市計画施設である公園」に相当する。

2——内閣府沖縄総合事務局 http://www.dc.ogb.go.jp/kouen/shurijo/riyousha.html（最終閲覧、二〇一九年三月三日）。

3——首里城の復元は、歴史学者の高良倉吉の主導で進められたプロジェクトだった。鹿野政直は、この首里城復元を機に、高良の歴史家としてのスタンスが、「アジアのなかの琉球に力点の掛かっていた」もの（「「琉球」王国論」）から「首里王府に精髄をみる」もの（「琉球「王国」論」）へと移行したことを指摘している［鹿野 二〇一八：一六九～一七〇］。このように首里城に表象される王朝文化に「沖縄らしさ」を見出そうとする視点は、いまや広く一般的に普及したものとなっている。例えば、世界遺産リストを紹介するＵＮＥＳＣＯの公式ウェブサイトでは、「失われた建築物の正確なレプリカは、いまや琉球人の誇りを象徴する偉大なモニュメントとなっている」と説明されている（https://whc.unesco.org/en/list/972/ 最終閲覧、二〇一九年三月三日）。

4――「組踊保存会」は一九五九年三月に結成された。その後、一九六四年に「組踊研究会」が発足、翌六五年には両者が合同して「琉球組踊保存会」が結成されている。

5――琉球政府文化財保護委員会による組踊の「重要無形文化財」指定のいきさつについては、元沖縄県文化財保護審議会会長の宜保榮治郎の回想に詳しく紹介されている［宜保 二〇〇五：一三六～一三八］。

6――一九六五年に発足した「琉球組踊保存会」は、一九六七年の組踊の「重要無形文化財」指定に伴い、「伝統組踊保存会」に改称された。

7――一九六〇年以降は、法改正により事務局が設置され、事務局長のほか、五名の専従職員を置く体制となっていた［沖縄県教育委員会 一九七七：八六一］。

8――ただし、「祖国復帰」後は、現在までに工芸技術からは六件が国指定の「重要無形文化財」に、五件が県指定の無形文化財に指定されている（二〇一七年現在）。

9――一九五九年の「執心鐘入」への助成理由には「組踊が一七一九年の御冠船に上演されて以来、琉球の国劇となり」とあり、一九六七年の「重要無形文化財」の指定理由にも「組踊は琉球の国劇として尚敬王代（一七一八年）に玉城朝薫がはじめて作った演劇で」との説明がある［伝統組踊保存会三十周年記念誌刊行委員会 二〇〇五：四〇七～四〇八］。

10――さらに、三島わかなは、首里王府時代の伝統文化に対する戦後の再評価と、アメリカによる占領政策の関係性（対沖縄の文化政策、プロパガンダ）を明らかにしている［三島 二〇〇四］。

11――もちろん、前述の通り、戦前にも琉球芸能復興の動きはあったが、少なくとも豊平良顕の認識は、「伝統の舞踊と音楽は、中央の権威者から高く評価されたにかかわらず《ママ》、戦前は無関心、いな軽視の風潮さえあって、不振の状態が長く続いた」というものだった［豊平 一九六三a：巻頭頁］。

12――そのほかにも、一九七二年に国の指定となった際、「原則として定式的舞台機構によること」という指定要件が外されている。

13――しかしながら、これらの称号は、プロ、アマチュアを問わず与えられているため、中には技芸レベルも曖昧なまま、その称号を恣意的に利用し、研究所を開設する芸能家もいる。このような状況に対して、「〈教師〉や〈師範〉などの資格が芸の継承を図ることから逸脱して、流派の権力の拡大に力を注いでいると思えてならない」［大城 二〇一三：四三］という指摘もある。

14――ただし、折口信夫の目には、新垣芳子が「鳩間節」で好評を博したことはあまり好ましくないものと映ったようである。折口はその感想をこう述べている。「此度、鳩間ばかりあんこーる《ママ》されましたが、先ほどの話のように、きれいな女だったからということもあったでしょうが、私は、観る人の態度も不健全で、価値を顛倒していると思いました」［当間 一九九三：一〇四］。

15――この時のプログラムには、二六日に「女物狂」（Aプロ）、二七日に「花売の縁」（Bプロ）、二八日に「手水の縁」（Cプロ）と「万才敵討」（Dプロ）、二九日に「二童敵討」（Eプロ）が組まれ、「女物狂」の亀松役を上間文子、「花売の縁」の鶴松役を玉城節子、「二童敵討」の鶴松および亀千代役を金城美枝子、宮城桂子が演じている。

16――「執心鐘入」は同じ配役で、一九六〇年三月に行われた「真薫会・真境名本流舞踊発表会」でも上演されている。

17――一九六八年二月一四日の文化財保護審議委員会で決定された「伝承者名簿」には、安座間澄子、玉城節子、金城美枝子、谷田嘉子、宮城桂子、松村典子、佐藤太圭子、志田房子、根路銘千鶴子、大城政子の計一〇名の名前が記載されている［伝統組踊保存会三十周年記念誌刊行委員会 二〇〇五：四一二］。

18――「重要無形文化財沖縄も復帰 〈組踊〉を総合指定――胸を張って仲間入り――組踊東京公演初日に朗報」（『毎日新聞』）、「沖縄の伝統芸能〈組踊〉も重要無形文化財に 東京公演中の朗報」（『読売新聞』）、「重要文化財指定、沖縄も〝復帰〟 堂々と仲間入り 公演初日の舞台で涙 『組踊』保存会の一三人」（『東京新聞』）、「〝うれしい文化財復帰〟 組踊の真境名由康さん」（『日本経済新聞』）［「真境名由康――人と作品」刊行委員会 一九八七：三七二～三七六］。

19――ただし国の指定以降は、国と県からの助成により技能保持者の指導による研修会が実施され、「無形文化財後継者養成事業公開」として、一九七四年度から毎年、技能保持者の指導による合同の公演が行われている（一九八七年度より「伝承者研修発表会」と改称）。

20――以上の発言の引用にあたっては、二〇一二年三月のシンポジウム当時の所属および肩書きを使用している。

21――また、文化財保護行政の当事者や、伝統組踊保存会の当事者の中にも、女性の担い手をめぐって様々な見解があることが、『伝統組踊保存会三十周年記念誌』に収められた講演記録や「会員雑感」から読みとれる。

＊参考文献

伊波普猷 一九九二「琉球作戯の鼻祖玉城朝薫年譜――組踊の発生」（伊波普猷編『校註 琉球戯曲集（復刻版）』榕樹社、一～四七頁）

池宮喜輝　一九六〇「琉球の国劇「御冠船踊年譜」」（琉球政府文化財保護委員会編『文化財要覧　一九六〇年版』二一九〜二三〇頁）
沖縄県教育委員会　一九七七『沖縄の戦後教育史』沖縄県教育委員会
大城學　二〇一三「沖縄芸能の現状（第二〇回大会　公開講演会　楽劇と楽劇学の現状を考える　能・狂言・文楽・歌舞伎）」（『楽劇学』第二〇号、四一〜四六頁）
小熊英二　一九九八『〈日本人〉の境界　沖縄・アイヌ・台湾・朝鮮　植民地支配から復帰運動まで』新曜社
鹿野政直　二〇一八『沖縄の戦後思想を考える』岩波書店（岩波現代文庫）
宜保榮治郎　二〇〇五「特別寄稿　組踊指定の経緯」（伝統組踊保存会三十周年記念誌刊行委員会編『伝統組踊保存会三十周年記念誌』一二三六〜一二三八頁）
金武良章　一九八三『御冠船夜話』若夏社
呉屋淳子　二〇一七『「学校芸能」の民族誌――創造される八重山芸能』森話社
末吉安恭　一九九二「組踊小言」（伊波普猷編『校註　琉球戯曲集』榕樹社、七三〇〜七五四頁）
園原謙　二〇〇〇「沖縄県の文化財保護史――昭和初期から琉球政府時代までの活動を中心に」（『沖縄県博物館紀要』第二六号、一一三〜一五六頁）
田中英機　二〇〇五「『組踊』記念講演（要旨）」（伝統組踊保存会三十周年記念誌刊行委員会編『伝統組踊保存会三十周年記念誌』一九〜二九頁）
玉城節子　一九八七「由康先生に学ぶ」（「真境名由康――人と作品」刊行委員会編『真境名由康――人と作品　上巻・人物編』一一〇〜一一二頁）
玉城政文　二〇〇五「雑感」（伝統組踊保存会三十周年記念誌刊行委員会編『伝統組踊保存会三十周年記念誌』伝統組踊保存会、三六四〜三六五頁）

塚原伸治　二〇一四「伝統をつくり、伝統がふるまう――老舗の過去をめぐる実践」（門田岳久・室井康成編『〈人〉に向きあう民俗学』森話社、一二四～一五五頁）
伝統組踊保存会三十周年記念誌刊行委員会　二〇〇五『伝統組踊保存会三十周年記念誌』伝統組踊保存会
当間一郎　一九七〇「組踊を考える」（『組踊研究』第三号、一～一六頁）
当間一郎　一九九三『折口信夫の沖縄藝能史研究――「組踊以前」を中心に』私家版
豊平良顕　一九六三ａ「芸術祭によせて」（初出一九五八年、芸術祭運営委員会編『芸術祭総覧』沖縄タイムス社、巻頭頁）
豊平良顕　一九六三ｂ「型の統一について」（初出一九五八年、芸術祭運営委員会編『芸術祭総覧』沖縄タイムス社、四二二頁）
波照間永子・大城ナミ・花城洋子　二〇一二「琉球舞踊における玉城盛重系流会派の系譜」（『比較舞踊研究』第一八巻、九～一八頁）
比嘉澄子　一九九五「新垣松含を語る」（新垣松含記念誌編集委員会編『梨園の名優　新垣松含の世界』二三～二六頁）
ホブズボウム、エリック　一九九二「序論――伝統は創り出される」（エリック・ホブズボウム、テレンス・レンジャー編『創られた伝統』前川啓治・梶原景昭他訳、紀伊国屋書店、九～二八頁）
真境名安興　一九九二「組躍と能楽との考察」（伊波普猷編『校註　琉球戯曲集』榕樹社、六七九～七二四頁）
「真境名由康――人と作品」刊行委員会　一九八七『真境名由康――人と作品　上巻・人物編』「真境名由康――人と作品」刊行委員会
真境名佳子　二〇一一「修行断片②」（真境名佳子伝刊行委員会編『琉球舞踊に生きて――真境名佳子伝』沖縄タイムス社、七〇～七二頁）

松村圭一郎　二〇一七『うしろめたさの人類学』ミシマ社
三島わかな　二〇〇四「『今日の琉球』考――占領者の手を介した文化受容」（『沖縄県立芸術大学紀要』第一二号、一五三～一七九頁）
三隅治雄　二〇一一『原日本・沖縄の民俗と芸能史』沖縄タイムス社
谷田嘉子　一九八七「真境名由康先生に学ぶ」（『真境名由康――人と作品』刊行委員会編『真境名由康――人と作品　上巻・人物編』一〇六～一〇八頁）
矢野輝雄　一九九三『新訂増補　沖縄芸能史話』榕樹社
山之口貘　二〇〇四「沖縄の芸術地図」（『山之口貘　沖縄随筆集』平凡社、一二一～一三五頁）
与那覇晶子編　二〇一二「組踊の系譜――朝薫の五番から沖縄芝居、そして『人類館』へ」琉球大学大学教育センター
渡邊欣雄　二〇一八「グローバル沖縄――ホスト&ゲスト」（明治大学島嶼文化研究所編『国際社会の中の沖縄・奄美』風土社、九一～一二九頁）
Gillan, Matt 2012 "Whose Heritage? Cultural Properties Legislation and Regional Identity in Okinawa" *Music as Intangible Cultural Heritage: Policy, Ideology, and Practice in the Preservation of East Asian traditions*, SOAS, University of London

コラム③ 「マースケーイ歌」の旅 長浜眞勇の伝統へのまなざし ◉呉屋淳子

長浜眞勇さんのことばには勁《つよ》さがある。私は、その勁さがどこからやってくるのだろうかといつも気になっている。

長浜眞勇[*1]さんとの出会いは、一つの歌がきっかけだった。筆者が二〇一九年より取り組んでいる「地域芸能と歩む」というプロジェクトのなかで、長浜眞勇さんの父・真一さんが歌う古い録音に出会った。その歌は、読谷村《よみたん》長浜に伝わる「マースケーイ（塩替い）歌」である。沖縄県教育委員会が一九八三年にまとめた民謡緊急調査の報告書『沖縄の民謡』によれば、この歌は、長浜の娘たちが泡瀬《あわせ》の村へ薪と塩を交換に行く様子を歌った道行きの歌だという。

眞勇さんは、父・真一さんから譲り受けた貴重な手書きの資料をもとに、この歌の背景や内容について、私たちに教えてくださった。とりわけ、歌詞の調子が七五調の口説《くどぅち》形式であるのに対して、最後の行だけ八六の琉歌調になっていることに注目して、真一さんの録音では判然としなかった部分が、実は「かぎやで風節」のメロディに相当するのではないかと述べている。実際に歌ってみると、無事に塩を交換できた娘たちの嬉しさ、また泡瀬の方々から塩を分けてもらった感謝の気持ちがより生きたものとして伝わってくるようだった。

このことからわかるように、眞勇さんは、琉球古典音楽に深い造詣をもっている方だ。それもそのはずで、現在、野村流古典音楽協会の会長を務めておられる。眞勇さんは、ご自身と琉球古典音楽あるいは琉球古典芸能との関わりについて、「過去を深く知ることで、現在、そして未来への指針を見出すということ」と語ってくれた。

眞勇さんは、二〇一七年より進められている「一九四五年のクリスマス祝賀演芸大会」の再現プロジエクト（「〝芸能力〟を探るプロジェクト　体感！「焦土に咲いた花[*2]」」）の中心人物でもある。このプロジェクトでは、三年計画で年に一回、戦後復興のゆかりの地で琉球古典音楽や琉球舞踊、組踊の上演が行われる。

二〇一八年の第二回では、石川の城前小学校で組踊「花売りの縁」が上演された。会場となった城前小学校は、終戦直後の一九四五年一二月に「クリスマス祝賀演芸大会」が実際に行われた場所である。

長浜眞勇さん（撮影：當麻妙）

また、この出来事は、戦後における沖縄の古典芸能の復興のきっかけにもなった。こうした歴史的な場所で公演を実現する企画力には、眞勇さん自身の生きる姿勢と理念が現れているように見える。

「いまをよりよくするために過去を振り返る、いまをよりよくして未来にバトンタッチしていく。ものをつくりあげていく上で、つねに現在過去未来という時間軸で考えていくようにしています[*3]」

筆者は、眞勇さんと共に「マースケーイ歌」の旅に出たばかりである。それは、私たちが生きる世界についてどのような枠組みで思考し、行動していくのかということを問う旅でもある。過去との連続性の中で〈いま〉を捉えていくことの大切さとともに、その喜びをかみしめながら、私たちの旅は続く。

1――ながはま・しんゆう（一九四六年生）。読谷村立歴史民俗資料館元館長。現在、琉球古典音楽野村流音楽協会会長。
2――伊佐尚記・大城徹朗『焦土にさいた花』琉球新報社、二〇一八年、一六八～一七七頁。
3――川口美保「地域芸能と歩む」開催レポート（https://www.chiikigeinou.com/event/report_artist-in-residence_programme_yomitan_part-1/）。

第4章　地域の音文化は電波に乗って

戦前のラジオ番組にみる沖縄イメージ

◉三島わかな

一　プロローグ

電車も地下鉄も走っていない沖縄県が車社会となって久しい。マイカーを運転してドア・トゥー・ドアで移動する県民の多くは、何かに耳を傾けながら車内での時を過ごしているだろう。

聴覚メディアが多様化した現在、それはラジオやCDだったり、あるいはiPodに膨大に読み込ませたお気に入りの音楽コレクションかもしれない。でも、以前はもっぱらラジオが主流であり、その左証として地元民放によるラジオ番組のなかには県民に支持され続けてきた長寿番組がある。その好例が「民謡で今日拝《ちゅううが》なびら」[*1]である。地元のタクシーの運転手をはじめ、遠くは北アメリカ等の海外で暮らす県出身者らも愛聴しているという。彼らは沖縄民謡をこよなく愛するリスナーである。また、日本国内で最も米軍基地が集中する沖縄では、ＡＦＮ（American Forces Network）の電波も日常的にキャッチでき[*2]、筆者もマイカーでの通勤時や移動中にＡＦＮを聴くことが習慣となっている。このように沖縄では現在、その独特のライフスタイルも相まってラジオ放送が県民にとって身近なものである。

沖縄のマス・メディアに関する研究の大半が戦後を対象としてきた[*3]。そのなかで辻村明・大田昌秀の著書では、前史的な扱いで戦前の放送についてわずかに記述されている〔辻村・大田 一九六六〕。だが、そこでは日本放送協会の沖縄放送局が開局した一九四二年三月以降に視点がおかれ、それ以前の年代にすでに沖縄の人びとがラジオを聴いていたことについては関心が払われていない。実際のところ、沖縄県内でのラジオの聴取は一九二〇年代後半から行われていた。したがって、ラジオ聴取に関する空白の時代については、筆者による近年の一連の研究成果によって埋められてきた。[*4]一方で、沖縄の伝統芸能のあり方に関して、ことに一九三〇〜四〇年代の状況に対して、従来の著作等では「規制」という観点でクローズアップする論調が多かった。[*5]しかしながら、そういったものの見方には必ずしも収まらない世界が存在していた。それというのも、一九二〇年代後半〜四〇年代のラジオ番組の内容を見ると、沖縄の芸能や音楽の決して「規制」されることのない、活き活きとした文化状況を読みとることができるからである。

このように従来の研究の視点やその到達点を踏まえて、本章では「文化の送り手」としてのラジオ番組制作側が、音楽や芸能をはじめとする沖縄のローカル文化をどのように取りあげたのかについて明らかにする。それと同時に「文化の受け手」としての番組リスナーらのアイデンティティのありようを明らかにする。具体的には、沖縄をはじめとする各地のローカル文化を題材としたラジオ番組例を紹介するとともに、それらの番組づくりに介在する問題の一つとして「何が本物なのか」といったオーセンティシティ（正統性）にかかわる議論にも注目したい。特定の地域の文化が外部へと発信される際に、地元の人びとはみずからの文化をどのように見つめ返し、番組制作に関わる人びととどのように協調（あるいは妥協）したのだろうか。また、特定の地域の「内側」と「外側」の人びとによる交渉や調整を経て制作された番組内では、何が、どのようなスタイルによって、どのようなメッセージを表象したのだろうか。そして不特定多数のリスナーらは、地域の音文化とそれによって表象されたメッセージをどのような意味合いで受けとったのだろうか。本章では、ラジオ番組の成立を取りまくこれらの諸側面について「沖縄らしさ」という観点から迫ってみたい。

二　電波のネットワークに花ひらいたローカル文化

一九二六年に日本放送協会が設立され、当初ラジオ放送は東京中央放送局・名古屋中央放送局・大阪中央放送局の三局から行われた。その二年後の一九二八年になると、札幌・仙台・広島・熊本にも中央放送局が設置され、従来の三局（東京・名古屋・大阪）による制作番組を主軸としながらも、新たに開局した四局（札幌・仙台・広島・熊本）も自前で番組づくりに加わることとなった。

以降、日本放送協会は全国各地を放送網で結ぶ、いわゆる電波によるネットワーク化の実現をめざした。その構想のもとで、先にあげた七つの中央放送局の管轄下となる周辺エリアにも放送局が順次設置されていくこととなる。基本的には一県一放送局設置の計画だった。その構想は国内各地で次々と実現され、一九四〇年にもなると国内最北の樺太庁にも豊原放送局が開局し、その時点で国内（内地）には合計三五局の放送局が点在していた。

国内（内地）最南となる沖縄県内でも一九三四年にはラジオ放送局誘致運動が本格化し、放送局の設置を要求する声が県内の各方面で高まりをみせていた。具体的な動きとしては、まず一九三四年に那覇市当局が熊本逓信局出塚監査課長に対して、沖縄県の文化向上のためにも県内に中継放送局を設置して欲しいと訴えた［日本放送協会総合放送文化研究所放送史編修室編 一九七一：二三］。また沖縄県初等教育研究会は標準語教育のためにもラジオ放送が有効であることを唱え、沖縄県内に中継局設置促進を決議した。その決議を受けた沖縄県知事は一九四一年に上京し、日本放送協会小森会長と懇談し、沖縄放送局の設置を熱心に働きかけたという［日本放送協会総合放送文化研究所放送史編修室編 一九七一：二三］。けれども沖縄放送局の開局は想定以上に難航し、当初の計画よりも数年以上も遅れて、その開局は太平洋戦争開戦直後の一九四二年三月一九日となった。

したがって一九四〇年代に入ると、北は樺太から南は沖縄に至るまで国内各地が電波のネットワークで結ばれた。そういった放送機構や放送技術の進展は単にテクノロジーの導入にとどまることなく、その後の放送文化のありようをも大きく変化させることとなる。つまり放送網が整備されたことによって津々浦々のローカル文化は番組づくりのための素材とし注目されるようになる。ちょうどその頃、柳田国男による日本民俗学の潮流とそれにもとづく郷土研究が一般的にも広く実践されるようになった。そして一九二〇年代後半から三〇年代にかけて各地に郷土史家も現れはじめ、また各県の師範学校を中核として教育現場でも郷土教育が広く実践されていった。そういった時代背景のもとで各地のローカル文化は放送の世界でも次々と掘り起こされていき、多種多様な各地の「音」が全国のリスナーの元へと届けられはじめたのだ。

同様のことは現代のテレビ番組にも当てはまる。例えば現在、日本テレビ系列で放送されているバラエティ番組「秘密の県民ＳＨＯＷ」なども「御当地モノ」であり、その人気は圧倒的だ。[*6] 番組ホームページでも「四六道府県からの挑戦状」[*7] と唱っているように、この番組では日本各地の食文化とその特色が紹介される。そこで視聴者は各地の食文化の地域性を知るとともに、道府県間の文化的・慣習的な相違にも気づかされる。したがって「御当地モノ」を扱った番組は、地域間の共通性や相違性といった特色をあらためて視聴者に認識させつつ、視聴者の帰属意識を知らず知らずのうちに再確認させるという効果をもっている。さらに言えば視聴者間の対抗意識をくすぐる側面もあるだろう。つまり「御当地モノ」は視聴者のアイデンティティに働きかけるという点で、いつの時代もテッパンなのだろう。

三　古典音楽はお座敷唄か——「九州各県の夕」

シリーズ「九州各県の夕」について

御当地をテーマとした番組は、その土地の人びとを興奮させる。もちろん戦前のラジオ放送でも、御当地モノを扱った番組は相当人気があった。御当地モノの番組制作が可能になった理由には、前述したように地域に密着して地域の実状をタイムリーに把握できる地方局が次々と誕生したことがあった。そして御当地モノの番組リスナーは「どこか、遠くの、知らない世界」はもとより、「身近な、よく知っている世界」が切り取られて電波に乗ることに対して、より一層の感激をおぼえた。

長崎の夕（第一日）
◇—けふ午後六時より
講演
南蠻人長崎渡來の當初
（午後一時）
長崎 古賀十二郎氏

図① 「長崎の夕」告知記事（『九州日日新聞』1928年7月7日）

そういった感覚は、現代の私たちにも共通するものだろう。

思えば昨今の観光客は、訪れた地にステキなスポットがあれば「インスタ映え」すると言って興奮し、訪問先のスポットを一所懸命に写真に収めてはその光景をSNSで拡散する。個人的な情報発信があたりまえとなった現在、「オラがまち、オラがむら」がテレビやラジオで放送されることへの興奮は幾分薄らいだように感じる。

だが戦前は、情報発信のツールが限定されていた時代だからこそ、「オラがまち、オラがむら」が電波に乗って放送されることは、その土地の人びとをたいそう興奮させ、そして彼らはこぞってラジオに耳を傾けたのだった。

そういった意味でぜひ注目したいラジオ番組として、本節では熊本中央放送局（JOGK）が制作した「第一回 博多の夕[*8]」「第二回 長崎の夕[*9]」「第三回 鹿島の夕[*10]」「第四回 軍港の夕[*11]」「第五回 熊本の夕[*12]」「第六回 日向の夕[*13]」「第七回 琉球の夕[*14]」「第八回 佐賀の夕[*15]」「第九回 筑後の夕[*16]」というシリーズ番組「九州各県の夕《ゆうべ》[*17]」を取りあげたい。

当時、九州八県を統括していたのは熊本中央放送局だった。熊本中央放送局の開局直後の一九二八年六月、この番組の初回がスタートし、八月までの二ヶ月間にわたって放

講演
薩英戰爭を講演する
陸軍中將 佐多武彦氏
（午後七時半）
氏は鹿兒島に生れ、中佐時代歩兵第四十五聯隊附となり熊本に駐し

図② 「鹿島の夕」告知記事（『九州日日新聞』1928年7月14日）

送された。[*18] この番組は全国放送ではなく、熊本放送局の管轄下の九州管内向けとして放送された。一部の放送回で例外があるものの、原則的には週替わりによる放送だった（ただし、大分県については番組化されなかった）。熊本中央放送局の開局記念を兼ねた、かなり力の入った番組だったようである。

晩の七時三〇分から九時三〇分までのゴールデンタイムにおかれたこの番組では、各回の冒頭でその県の歴史や県民性などに関する講演が三〇分程度放送された。たとえば「鹿島の夕」の冒頭では「薩英戦争」「鹿児島の女性」といったテーマで講演が行われた。そして、残りの九〇分はその県を代表するお座敷唄や邦楽あるいは俚謡などの歌や音楽が放送された。番組の時間配分や構成は、シリーズ各回の放送で基本的には共通している。

渡辺裕によれば、昭和初期に起こった一種の旅行ブームと結びついた形で各地にのこる民謡、民話の類を求めて旅をするというモードが広まり、この時期には郷土芸能や民謡を観賞する「民謡の旅」というツアーが企画されたという［渡辺 二〇一三：四六七〜四六八］。したがって「民謡」を軸に日本を再発見していくという手法はこのラジオ番組に特有のものではなかったと言える。この時期の文化的モードであり、そういった手法は国内旅行の各種企画や「全国民謡めぐり」等のレコード制作にも共通する幅広い動きだった。

このシリーズが放送された当時、収録という技術はまだ導入されていない。それというのも日本放送協会が録音放送を始めたのは一九三六年のことだった。同年にベルリンオリンピックが開催され、その会場で海外の取材班が録音しているのを見たことがきっかけとなり、以降日本でも録音放送が始まった。したがって一九二八年に放送された「第一回 博多の夕」をはじめとする「九州各県の夕」の番組制作の手法においては、放送局内のスタジオで生演奏を行うか、もしくはレコード音源を使用するかのいずれかの手法によるものだった。まだこの時期には、現地に出向いてナマ音を収録するという手法は始まっていなかった。宮崎県の民謡《稗搗節《ひえつきぶし》》について取材した原田解の著作の中では、本シリーズ「日向の夕」の出演関係者への聴き取りが行なわれている。そこには「そうそう、そういえばずっと前に、尾八重の連中が熊本の放送局に行って、こちらの唄を歌うたという話を聴いたことがありましたわ」〔原田 二〇〇四：六二〕という証言がみられ、この番組の出演者が熊本中央放送局のスタジオに直接出向いて生演奏していたことがわかる。

正調へのこだわり

このシリーズ番組の初回となる「博多の夕」は二日連夜で放送された。番組内では数多くの曲目が演奏され、なかでも《正調博多節》は二夜にわたって放送された。ただし演奏者は異なっていて、初日は相生券番に所属した菊枝（唄）、壽子（三味線）の演奏であり、二日目は博多水券番に所属した秀（唄）、縫子（三味線）が出演した。この放送を告知する記事では、二夜にわたって《正調博多節》を選曲した理由について次のように解説されている。*19

博多節らしくない博多節が全国に流行して居る折から、真の博多芸妓に正調博多節をラジオを通じて数万の人にお聞かせするのも無意味な事では無い。

今晩までの——◇
博多のゆふべ

JOGKでは今二十三日まで「博多の夕」を催すこととなつたが、[illegible]六月二十三日夜の放送は先づ博多の[illegible]博士が「芝居の國から見た博多ッ兒」と云ふ題下で講演があり次で演藝放送は博多中券及水券の藝妓の出演がある筈であるが、最初の常盤津を放送する中券藝妓は先日東京の大禮博覽會に招待され郷土藝術を紹介し非常な人氣を博したもので、次で博多に生れ全國に流行した筑前琵琶で演奏者も特に斯界の權威を選んであるが、それから博多節らしくない博多節が全國に流行して居る折から眞の博多藝妓に正調博多節をラジオを通じて數萬の人にお聞かせするのも無意味な事では無いと本日も又博多節を水券秀に依頼し催すこととなり出演者秀は博多節の家元と迄云はれて居る人で東京の放送局の招聘によりAKに於て放送した經驗も有してゐると最後に博多中券藝妓連で長唄新曲浦島を賑やかに放送して二日間の博多の夕の幕を閉づる豫定であると

趣味講演
芝居の國から見た
博多兒
九大耳鼻科部長醫學博士 河原治作氏

[illegible]

長唄
「浦島」新曲
博多中券藝妓連中

坪内逍遥博士作の新樂劇「新曲浦島」の中の一節である「新曲浦島」は三幕から成るかなり長いものであるが、この長唄になつてゐるのは、序幕の前曲として海を叙した部分である作曲者は五代目杵屋勘五郎と十三代目杵屋六左衛門とである（囃子もある）

博多節
博多水券 唄 秀 糸 [illegible]子

図③「博多の夕」告知記事（『九州日日新聞』1928年6月23日）

このように《正調博多節》を二夜にわたって選曲した意図は「本場モノ」を聴かせたいという点にあり、そこには本場博多の芸妓がうたう《博多節》こそ「正真正銘の正しい博多節である」という認識があった。《博多節》がお座敷唄として全国に普及した結果、その歌唱スタイルは多様化した。当時、そういう状況に対して問題視する風潮があり、だからこそ、この番組の制作者は《博多節》本来の正しい歌唱をリスナーに届けたいという思いを抱いたのだろう。つまり当時、番組制作に携わった人びとは

「正調」を電波に乗せることに意義があると考えており、そして、そういった制作姿勢にこそ放送人としての社会的・文化的責任を感じていたと考えられる。当時の「正調」ブームに対して、渡辺裕は次のような見解を示している［渡辺 二〇〇四：一三四］。

考えてみれば、このように次々と変形を繰り返しながら限りなく広く伝播してゆくというのは民謡にとってはごく普通のあり方なのであって、それが「正調」というような形で、オーセンティシティを伴って「保存」されるということのほうがよほど特殊なあり方である。もっと言うなら、そのようなあり方こそまさに、民謡の「近代化」過程の産物にほかならないのである。

つまり「博多の夕」の番組制作者は、本場・博多の芸妓がうたう《博多節》こそ「オーセンティシティ」なのであり、「保存」されるべき対象だと考えた。そして御当地に取材したこれらの番組には、渡辺が言うところの「民謡の近代化の過程」を見てとることができる。

本場モノへのこだわり

そういった考え方はお座敷唄を対象とした場合だけでなく、本シリーズで郷土民謡が放送される際にも共通しており、そこでは「本場の」しかも「本来の」民謡の姿が重視されていた。そのことをうかがえるのが同シリーズ「日向の夕」である。そこでは《稗搗節》を放送するにあたって、その制作を担当した熊本中央放送局は《稗搗節》のルーツである宮崎県西臼杵支庁庶務係長（椎葉村役場）宛てに、村内の民謡の状況について事前に問い合わせている。そこで椎葉村役場は、熊本放送局からの問い合せに対して次のように回答した［原田 二〇〇四：六五］。

一、稗搗節ハ古来本村全部ニ普及シ居ルモノナルモ、地区ニ依リ節回シニ多少ノ異ナル点アリ、然レ共其本場ハ大字下福良尾八重ナルカ如クニシテ、同地ニ於テ出演者ノ選定可致候。
一、出演者ハ中老以上ノ者ニアラザレバ、壮年以下ノ者ニアリテハ幾分変化ノ嫌有之様ニ認メラレ候。
一、稗搗節ハ六人ノ者ヲ囲ミ、円陣ヲナシ各々杵ヲ以テ稗ヲ搗ク調子ニ連レテ、歌ウベキモノニシテ、他ニ楽器等ヲ容ルルモノニ無之、趣ノ有之候。現在ニテハ之ニ三味線ヲ入レ、能ク酒宴等節之ヲ歌ヒ、或ハ遊技ニ等シキ体裁又ワ《（ママ）》茶筒等ヲ以テ調子ヲ取リ歌フ、有之候ヘ共、古来伝フル所ハ稗ヲ搗キ合奏スベキモノト有之候。

この回答文を要約すると次のようになる。すなわち、《稗搗節》は古くから椎葉村全域に普及しているものの、地区ごとに節まわしに違いが見られる。椎葉村役場が言うところの本場は大字下福良尾八重なので、出演者はその土地から選出するのが良いということ。また、壮年以下の比較的若い村人が歌う節回しには若干の変化が見られるため、出演者の選出には五〇代以上の人が良いということ。《稗搗節》は宴席などで歌われる座敷唄ではなくて、元々は作業唄なので、三味線等の伴奏をつけずに演奏されるのが本来のスタイルであるということだった。

回答文にみられるこれらの留意点より、《稗搗節》を歌唱するときの節回しにおける地域的差異や世代間での差異が生じている状況にあって、そこでは「正統的なモノ」が再確認されていた。つまり伝承地域間で、どの地域がより正統的なのかを問い直し、そして伝承者の世代間においても、より正統的な歌唱を行うことのできる世代を今一度確認していた。そこでは同様に歌唱形態や歌唱様式に関しても、この歌本来の古いスタイルに立ち戻ろうとする強い意識を読みとることができる。つまり椎葉村役場からの回答をみるかぎり、《稗搗節》が村内での普及の際に生じた「変化」を良いと考えていなかったことが明らかである。そういった考え方の根底にあるのは、「伝統」というものが変わらないことに安心感をおぼえる価値観だろう。このように、ラジオ番組の「題材＝コンテンツ」として村域外へと発信されることをきっかけに、椎葉村の人びとは民謡の正統性にかかわる確認作業をはかったのだった。

異色を放った琉球音楽

九州各県の歌や音楽を週替わりで聴くことができるのは、このシリーズ番組の醍醐味だった。だが、この番組の持ち味は単にそれだけではなかった。近代以降は九州の一県となった沖縄県であるが、その歌や音楽は「第七回　琉球の夕」として放送され、とりわけこの回は異彩を放った。なぜ

鹿児島のゆふべ
◇—第二日目の放送
講演 鹿児島の女性 屋代熊太郎氏
鹿児島の夕に出演の西検番藝妓

図④ 「鹿島の夕」告知記事（『九州日日新聞』1928年7月15日）

なら、このようにシリーズ番組化されることで九州の他県とは大きく異なる沖縄県の事情が浮かびあがったからである。そのおもな原因が「検番」[20]制度にあった。すなわち、このシリーズ番組に欠かすことのできない出演者は各地の検番芸妓衆であり、彼女らの出演なしでこの番組は成り立たなかったと言える。ところが出演者の点で、「第六回 日向の夕」および「第七回 琉球の夕」の放送回は例外だった。

ここでいう「検番」とは、その土地の料理屋・芸者屋・待合の業者が集まってつくる三業組合の事務所のことをさし、お座敷に出る芸者さんの取り次ぎや玉代の計算などの事務仕事も検番の役割だった。日本国内の花街や温泉街などには必ず検番がある。ところが近代沖縄の花街は「辻《ちーじ》」と呼ばれる遊廓であり（「辻」という呼称はその所在地の那覇市辻町に由来する）、辻の遊廓にはアンマー（抱え親、抱え主）がいて、それぞれの遊廓のアンマーはみずからの遊廓を経営したほか、お抱えの芸妓や娼妓たちを疑似家族として育ててあげた。[21] つまり辻の遊廓は沖縄独自のシステムで運営されており、九州各

ラヂオ

『けふの番組』JOGK

琉球の夕 第二日

◆午前の部

◇九時四十分…修養講話「夏休み中の心得」熊本縣中學濟々黌長文學士武田耕三

◇十一時十分…料理獻立（特別料理）熊本料理研究會獻立

◇十一時十五分…日用品値段

◇十一時三十分…ニュース

◆午後の部

◇零時三十分…天氣豫報

◇零時四十五分…ハーモニカ獨奏 A支那樂（三曲）（イ）大湖船（ロ）森子門（ハ）沙窓 Bカルメン舞曲 大阪ハーモニカ倶樂部

◇二時十分…天氣豫報

◇二時二十分…子供作服裁縫講座 第一日 東京文化裁縫女學校

◇三時三十分…ニュース

◇六時…講演「琉球と臺灣」

◇六時三十分…ヴァイオリン獨奏 ピアノ伴奏

アダヂオ、アレグロ（ハ）印度人の悲歌（ドウボレジャーク、クライスラー編）（ニ）ガボット（ゴセック）（ホ）牧歌（マドリガル）（シモネッティ）（ヘ）ニーナの死（ペルコレーゼ）

◇七時十分…ニュース

◇七時二十分…天氣豫報

◇七時三十分…琉球音樂、（1）かぎやで風節、金武節、伊集早作田節、踊クハデサ節、揚作田節（2）諸屯節、ウフンシャリ節 サインスル節（3）花風節、出砂節

▲臨時ニュース、明日の番組豫告、プログラム豫報

図⑤　「琉球の夕」告知記事（『九州日日新聞』1928年8月5日）

県にみるような「検番制度」は沖縄に存在しない。

それでは、ここで疑問となるのが「第七回　琉球の夕」の出演者はいったい誰だったのかということである。

その答えは図⑤の記事にみるとおり、野村流琉球音楽協会会員[*22]だった。他県の放送回において検番芸妓が出演したように沖縄県の放送回でも辻の芸妓が出演しても良かったろうに、そうではなく野村流を代表する伊差川世瑞[*23]をはじめ、その他五名の男性が出演した。つまり検番芸妓による女性の華やかな出演とは大きく異なり、「琉球の夕」の出演者はすべて男性だった。そして演奏曲目も他の放送回にみるようなお座敷唄ではなく、次に挙げる一六曲の琉球古典音楽（宮廷音楽）だった。

（一）かぎやで風節、恩納節、中城はんた節[*24]、石根の道節、こてい節

（二）作田節、早作田節、辺野喜節、真福地の盃銚節、揚高弥古節[*25]

（三）稲まづむ節、永良田節、瓦屋節、ションガイナ節

（四）上り口説

（五）伊野波節

冒頭の五曲のうち四曲は「御前風五曲」[*26]という題で組曲（一鎖）として知られる楽曲であり、これらの琉球古典音楽は琉球王国時代の宮廷芸能として成立したものである。なお、第一曲の《かぎやで風節》は現代の沖縄でもお祝いの場に欠かせないレパートリーであり、沖縄県民であれば誰もが知っているほど、現代でもなじみ深い楽曲である。

比較までに、「長崎の夕」の放送回では《ぶらぶら節》や《よかばい節》が検番芸妓によって演奏され、同様にその他の放送回でも検番芸妓による俗謡が選曲のメインとなっていた。[*27]そういった傾向からすれば、「琉球の夕」では俗謡ではなく宮廷音楽のレパートリーのみで選曲され、しかも芸妓による女性の歌ごえではなく男性の歌ごえが流れてきたのだから、リスナーにとっては大きく予想を裏切るものだったろう。なお、この番組を予告する新聞記事では、琉球の古典音楽への理解をはかるために放送予定の古典音楽の歌詞内容が解説されている。このシリーズ番組において朗々と歌い上げられる琉球古典音楽の響きは、それまでの放送回とはずいぶん趣の異なるものだったと思われる。

以上みてきたように「九州各県の夕」では、シリーズをつうじて九州各県の風土や県民性に対する理解をはかるとともに、歴史的脈絡や帰属社会の異なるさまざまな芸能や音楽を「シリーズ番組」というフレームで一括りにした。そうすることによって、本来は位相の異なるそれぞれの郷土の芸能や音楽が番組内で本来の脈絡から切り離され、あたかもフラットな関係性でリスナーの元へと届けられたと言える。

そのなかで番組制作者は、お座敷唄をはじめとする俗謡や俚謡を放送する際には、御当地の人びとが考えるところのオーセンティックな響きをお茶の間に届けることに努めた。椎葉村の事例のように、みずからの民謡を「電波に乗せる」ことをきっかけとして、地元の人びとが主体となって俗謡や俚謡の正統性を問い直し、その確認作業が急ピッチで進められた。それに対して「琉球の夕」の番組制作に臨んでは格段に正統性を確認するまでもなく、野村流音楽協会会員の演奏が放送された。そこには宮廷の音楽として成立した琉球古典音楽の歴史性や元来の帰属社会ゆえに、その正統性をも不問にするという制作側の態度が見てとれる。そして、このシリーズ番組をつうじて「九州」というエリアで一括りにされたとはいえ、琉球の歴史性とその芸能や音楽にそなわる響きの独自性を、かなりのインパクトをもって九州各県のリスナーに体感させることになったにちがいない。

四　沖縄らしさを探して──府県めぐり「沖縄県の巻」

サウンドスケープとラジオ番組

サウンドスケープとは「音の景観」や「音の風景」と邦訳され、音楽・言語・騒音・自然音などのさまざまな音の、聴覚によって把握される景観のことをいう。この用語とその概念を提唱したのはカナダ人作曲家のマリー・シェーファー[*28]であり、それは一九六〇年代後半のことだった。サウンドスケープの実践では、それぞれの地域に不可欠な特質をもった音が保存される。なかでもシェーファーは、その地域の共同体のアイデンティティを特徴づけている音のことを「象徴音」と呼び、サウンドスケープの実践には社会的・文化的諸問題が含まれていると説く。

現在、サウンドスケープを扱ったラジオ番組といえば「音の風景」[*29]が思い起こされるだろう。この番組はNHKのFMで正午前に放送されており、そこでは国内各地の風物や人びとの営みの中にある音が切り取られる。ラジオ番組だから、むろんヴィジュアルなしであるが、各地の光景が「音」によってリアルに眼前にひろがるのを感じることが、この番組の醍醐味である。けれども、日本のラジオ放送でサウンドスケープを扱った番組は「音の風景」が初めてではなかった。すでに戦前にもこの類いの番組があった。

「音のルポ」というスタイルに注目した渡辺裕の著書によれば、「ラジオの領域で〈録音構成〉と呼ばれるスタイルが台頭し、その特徴は〈ナレーションに依存しない実録の音による証言〉にある」［渡辺 二〇一三：四七七］と指摘される。NHKの戦後のテレビ番組『新日本紀行』等の制作手法についても、ラジオで培われた「録音構成」の手法が応用される形でテレビ・ドキュメンタリーにおける「映像と音とのモンタージュ」の手法が成立したことを渡辺は指摘しており［渡辺 二〇一三：四七七］、その指摘を踏まえるならば、本節で取りあげる「府県めぐり」はテレビ・ドキュメンタリーを二〇年以上も先駆けた「音のルポ」であり「音のモンタージュ」として位置づけられよう。

したがって前述したシェーファーによるサウンドスケープ概念の提唱よりも二〇年以上も前から、日本では環境音に注目したラジオ番組づくりが実践されていたことになる。

シリーズ「府県めぐり」について

シリーズ「府県めぐり」では、各中央放送局がそれぞれの管轄下にある複数の府県を担当して、その制作にあたった。全国放送としてオンエアされたこの番組では、国内各地のそれぞれを象徴する多種多様な響きを全国のリスナーの元へと届けた。

その初回となる「神奈川県の巻」は一九三九年七月一〇日に放送され、その最終回となる「北海道の巻」の放送日は一九四〇年八月二〇日だった[*30]〔日本放送協会放送史編修室編 一九六五（別巻）：五四〕。週一回で放送されたこのシリーズでは一年以上もかけて全国各地をめぐったことになる。放送枠は毎週月曜の夜九時から九時四〇分までであり、基本的には定時で放送された。一九三六年以降のラジオ放送には録音の技術が導入されたことについて前節でも触れたが、まさに「府県めぐり」こそ、録音の技術をフル活用した番組だったといえよう。実際に現地に赴いてさまざまな音を収録したという意味で、本格的なサウンドスケープ番組だった。

この番組では、大別して次の三種類の音が使用された。それらは、①朗読や講演などの人の声による部分、②環境音いわゆる非楽音の部分、③歌や楽器演奏などのいわゆる楽音の部分である。さらに、この番組を内容構成面でみると、三つのタイプに大別できる。その一つ目が、①その土地の歴史・観光・交通・産業経済といった内容を組み合わせた「ジャンルにもとづいた構成」である。二つ目が、②近代の行政区分にもとづいた府や県を各シリーズの単位としながらも、一つの府県が複数の旧国の合併によって成立している場合には「旧国単位で分けた構成」をとるタイプである。その一例となる静岡県の放送回では、伊豆・駿河・遠州の三つのエリアに分けて番組が構成されていた。三つ目は、③その府県の歴史的展開を軸として、時系列で番組を構成するタイプである。

そして、このシリーズは番組の進行面でいくつかのタイプに分けられる。最も多いタイプは、ナレーションの進行を軸として、そこに各種音素材を挿入していく進行法である。その一方で、徳島県や千葉県の放送回ではナレーションではなく、徳島県にゆかりのあるモラエスの小説『徳島の盆

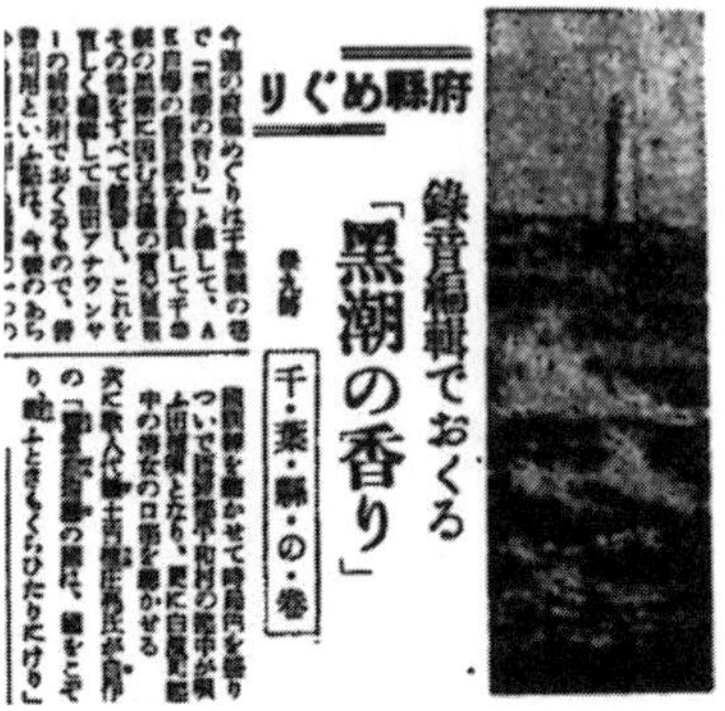
府縣めぐり
録音編輯でおくる
「黒潮の香り」
千・葉・縣・の・巻

図⑥　「府県めぐり・千葉県の巻」告知記事（『東京朝日新聞』1939年7月31日）

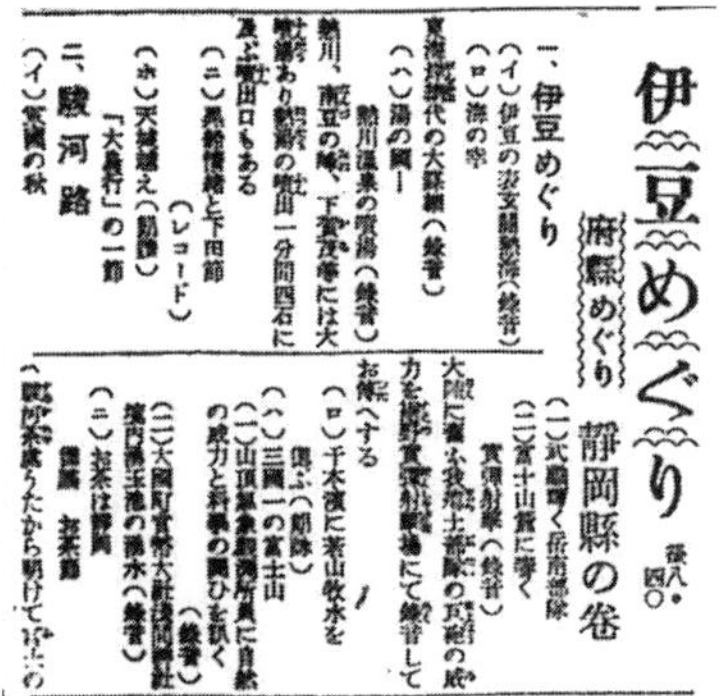
伊豆めぐり
府縣めぐり　靜岡縣の巻
一、伊豆めぐり
二、駿河路
三、遠州だより
濱松

図⑦　「府県めぐり・静岡県の巻」告知記事（『国民新聞』1939年10月16日）

踊』や、千葉県にゆかりのある徳富蘆花の小説『大海の出日』を朗読することによって番組が進行する。その他のタイプとして放送回数は多くはないが、複数の配役を設定したドラマ仕立ての進行法もみられる（章末資料「府県めぐり」放送内容一覧）。

地元人を巻き込んだ番組づくり

沖縄を題材とした「府県めぐり・沖縄県の巻」[*31]は一九四〇年七月二九日に放送された。すでに、その三年半ほど前の一九三六年一二月二一日にも「琉球のたより」[*32]という類似の番組が沖縄那覇市公会堂から中継放送された。だが、「府県めぐり・沖縄県の巻」では中継ではなく、事前に「現地沖縄で直接取材し、沖縄の現地音を収録」する手法で番組が制作された。つまりこの番組では、従来のように沖縄の人びとが熊本や東京等の中央放送局のスタジオに出向いて出演したわけではなく、あるいは中央放送局の番組制作班が沖縄にやってきて電話回線を使って沖縄から生中継したわけでもない。はたまた市販のレコードを使って琉球古典音楽や沖縄民謡を放送したわけでもなかった。沖縄の風物や文物を対象とした「初の現地録音」によるラジオ番組として位置づけられるこの番組は、その点でひじょうに画期的だったと言える。

そこで番組制作班は現地録音するにあたって、事前に沖縄で協議会を開催し、そのうえで現地調査を行った。協議会が開かれたのは放送日のちょうど一ヶ月前となる一九四〇年六月二九日のことであり、那覇市役所の会議室を会場として資料蒐集ならびに現地録音に関する事項が協議された。

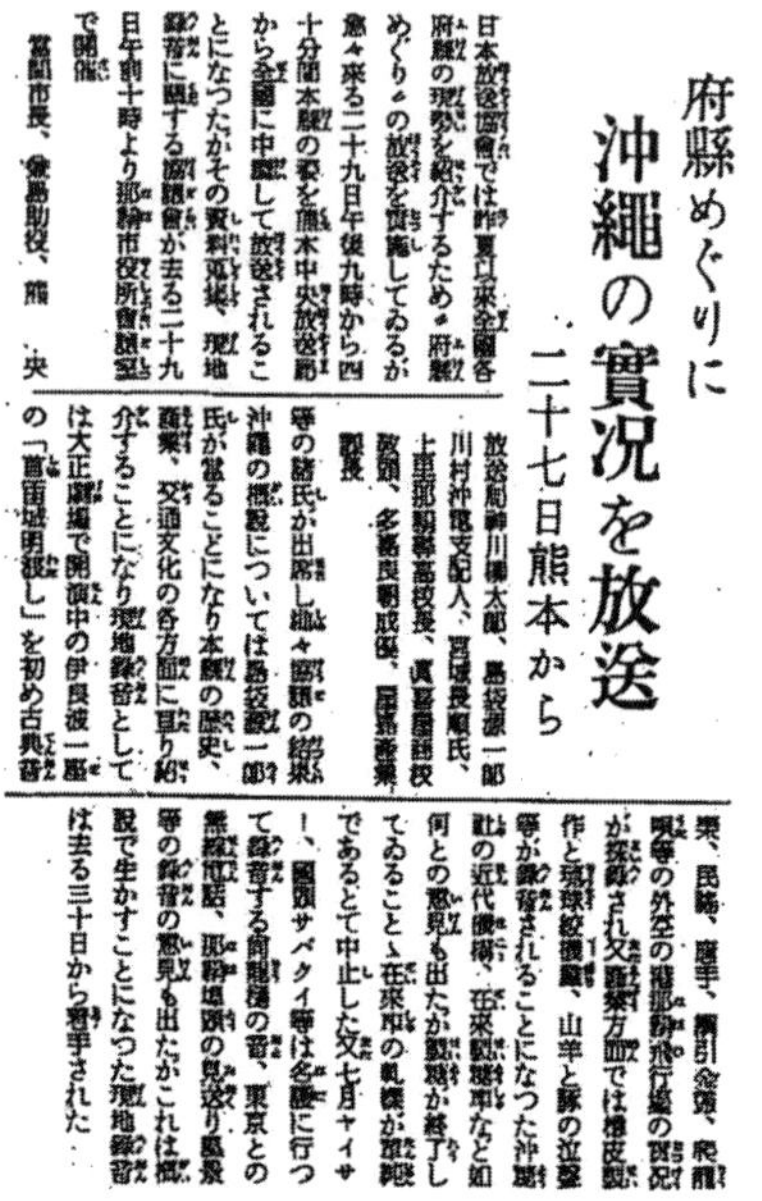

府縣めぐりに
沖縄の實況を放送
二十七日熊本から

日本放送協會では昨夏以來全國各府縣の現勢を紹介するため〝府縣めぐり〟の放送を實施してゐるが愈々來る二十九日午後九時から四十分間本縣の姿を熊本中央放送局から全國に中繼して放送されることになつたがその資料蒐集、現地錄音に關する協議會が去る二十九日午前十時より那覇市役所會議室で開催

當間市長、兼島助役、熊本中央放送局神川柳太郎、島袋源一郎、川村沖電支配人、宮城長順氏、上里那覇尋高校長、眞喜屋商業教頭、多嘉良朝成氏、屋嘉產業課長等の諸氏が出席し種々協議の結果沖縄の概說については島袋源一郎氏が語ることになり本縣の歷史、產業、交通文化の各方面に亙り紹介することになり現地錄音としては大正劇場で開演中の伊良波一座の「首里城明渡し」を初め古典音樂、民謡、空手、綱引金鼓、飛行機爆音等の外空の那覇飛行場の實況が採錄され又產業方面では棒皮製作と琉球紋織製、山羊と豚の泣聲等が錄音されることになつた沖縄社の近代機構、在來製糖場など如何との意見も出たが製糖が終了してゐることゝ在來の機械が撤去であるとて中止した又七月ナイサー、國頭サバクイ等は名護に行つて錄音する積りの音、東京との無線電話、那覇埠頭の見送り風景等の錄音の意見も出たがこれは概說で生かすことになつた現地錄音は去る三十日から着手された

図⑧「府県めぐりに沖縄の実況を放送」
（『大阪球陽新報』1940年7月15日）

実質的には「沖縄を象徴する音」に関するヒアリングの場だった。その詳細については図⑧の新聞記事にみられるので、その内容を確認しておきたい。

協議会の具体的なメンバーを紹介すると、當間那覇市長そして兼島助役をはじめ、屋嘉産業課長、沖縄電力支配人、那覇尋常高等小学校校長、商業高校教頭らだった。つまり、この協議会のメンバーは沖縄の産官学を代表する顔ぶれで構成されていたと言える。これらの人びとに加えて番組出演者も協議会のメンバーに加わっていた。実名を挙げると、当時、沖縄教育会主事で沖縄研究者の島袋源一郎[*33]、沖縄芝居の役者で民謡歌手の多嘉良朝成[*34]、空手家の宮城長順[*35]らである。そして制作側の熊本中央放送局からは神川柳太郎が同席した。この協議会の論点は、「沖縄の特色」としてどういった音を現地で収録するのか、あるいは収録可能なのかという点だった。つまりこの番組では「沖縄らしさ」として何を盛り込むべきかを地元沖縄の人びとが主体的に考え、対外的に発信したい沖縄イメージについて沖縄の人びとがみずから議論し、決定したことになる。

協議会での決定事項

そこで、この番組で放送するにふさわしい沖縄の音は、どのようなものだと考えられたのだろうか。図⑧の協議会に関する記事では次のように述べられている。*36

> 現地録音としては大正劇場で開演中の伊良波一座の「首里城明渡し」を初め、古典音楽、民謡、唐手、綱引金鼓、爬龍唄等の外、空の港那覇飛行場の実況が収録され、又産業方面では樽皮製作と琉球絞機織、山羊と豚の泣声等が録音されることになつた。沖糖社の近代機構、在来製糖車など如何との意見も出たが、製糖が終了していることと在来車の軋轢が単純であるとて中止した。又七月ヤイサー《（ママ）》、国頭サバクイ等は名護に行つて録音する。尚龍樋の音、東京との無線電話、那覇埠頭の見送り風景等の録音の意見も出たが、これは概説で生かすことになつた。

この議論から、まず沖縄社会の各階層に由来する芸能や音楽が網羅的にピックアップされたことがわかる。すなわち①近代以降に成立した沖縄芝居や民謡等の大衆娯楽・大衆音楽、②爬龍唄、国頭サバクイ、エイサー等の民俗芸能、③古典音楽、といった三つのカテゴリーにわたって音楽や芸能が選定されている。つぎに沖縄の各種産業にちなんだ音としては、樽皮製作や機織のような手工業の音に加えて、山羊と豚の泣声が畜産業のシンボル音として認識された。「豚は泣声以外すべて食することができる」と今日の沖縄でもよく言われているが、この番組では豚の泣声までも活かされることとなった。さいごに交通・通信面でのシンボルとして考えられたのは那覇飛行場の音、無線電話の音、那覇埠頭の音だった。

以上に述べたとおり、この番組では人の声（アナウンサー）によるナレーションを進行役としながら、沖縄社会に実際に響く楽音（大衆芸能、民俗芸能、古典音楽）、そして非楽音（手工業、畜産業、飛行場、無線電話、埠頭）によって構成されることが望ましいとされた。そして、これらの音が沖縄で収録されたのは六月末から七月初めにかけてのことであり、取材した時期の行事や季節感をなるべく活かす方針で音素材が選定された。そして、それぞれの芸能が由来する地元になるべく出向いて収録することに努めた姿勢などからも、この番組にかかわった人びとの制作上のこだわりを感じることができる。

多面的・重層的な沖縄イメージ

さて、「府県めぐり・沖縄県の巻」の番組構成はどういうスタイルだったのだろうか。章末資料の備考欄に示したとおり、「沖縄県の巻」はジャンル別の構成をとっており、①「南進の要塞沖縄県」、②「琉球の歴史（録音）」、③「琉球王朝文化の名残りを偲ぶ」の三部で構成された。第一部の見出しからもわかるように、当時南下政策をとっていた日本の対外戦略を象徴する「南進の要」として沖縄県を明確に位置づけていた。実際にも、番組冒頭のナレーションでは「南方問題の対象として最近頓に関心をもたれ、特に伸びゆく国力の南進の要塞として、時局下に大きく浮かび上がって来ました」[*37]と沖縄の近況について解説された。その一方で第二部や第三部では琉球国時代へと時間軸を逆行し、そこでは近世期から継承されてきた音文化を紹介することによって、沖縄文化にそなわる重層性や深みをイメージさせるものとなっている。この番組全体をつうじて歴史、産業、交通、文化の各方面から沖縄県の過去と現在の双方が切り取られているため、いささか断片的な感はあるものの、時空の扱い方から悠久の時の流れと空間的な広がりすら感じられる。このような番組構成には多面的な沖縄像をイメージさせる効果があったと考えられる。

切り取られた沖縄の音

番組の内容をより詳細にみていこう。番組のシナリオによると、まず冒頭で石井アナウンサーのナレーションによって沖縄県の島嶼性ならびに地理と人口が紹介され、その際のBGMとして《浪の音》と《カギヤデ風節》が流れた。《カギヤデ風節》は琉球音楽安冨祖流[*38]の古堅盛保[*39]による演奏だった。冒頭のナレーションのあと、沖縄県立第二高等女学校生徒による《ダンズ（ママ）嘉例吉》、《那覇飛行場風景》、《首里円覚寺の鐘》、□新町製糖工場の《樽造り》、垣花秋□琉球織物工場の《手機音》、国頭名護町民有志による《国頭サバクリ》、古堅盛保による《辺野喜節》[*40]などの録音を挟んで沖縄本島の音風景のコーナーが幕を閉じる。

そして次に、宮古・八重山の先島諸島へと舞台を転じ、先島諸島に関するナレーションへと移る。そのBGMには民謡歌手の多嘉良朝成による宮古民謡と八重山民謡の録音演奏が流れた。[*41]そして番組中盤では、教育者で郷土史研究家の島袋源一郎による「琉球の歴史」ならびに「琉球王朝文化の名残りを偲ぶ」という二つの講演が放送された。

さらに島袋の講演にひきつづき、アナウンサーに進行をバトンタッチすると、「古琉球の文化の名残は今尚珍しい行事習俗の中に偲ばれます[*42]」というナレーションを受けて、再び沖縄本島各地の音風景のコーナーとなる。そこで繰り広げられたのは、那覇尋常高等小学校高等科による「綱引行列」と「綱引」の光景、那覇市泊の外間太郎ほか三名による《ハーリー唄》、那覇商業高校空手部による「空手練習」の光景、本島北部の国頭名護町民有志による《盆踊唄（七月エイサー）》である。これらはいずれも沖縄本島の民俗芸能であり、一般有志が出演した。さらには、那覇市内の大正劇場でも収録され、そこでは「劇場雑踏」、《四竹踊南嶽節》、劇団伊良波尹吉[*43]一行による史劇「首里城明渡」からの一場面、玉城盛重[*44]の台詞と歌による組踊（古典劇）「忠臣身替」の一節が放送され、これらはいずれもプロの役者による舞台芸能である。

実際に番組内で放送された沖縄の音は、前述した協議会での決定事項といくつかの点で相違があるものの、ほぼ予定した音源の収録によって番組は構成された。

琉球の歴史や文化はどのように紹介されたか

島袋源一郎による講演内容は、六つのトピックからなり、それぞれのトピックは「一、琉球と沖縄」「二、沖縄の人種」「三、為朝の渡来」「四、琉球と支那の関係」「五、琉球の文化」「六、現代の沖縄」だった*45［島袋 一九四〇：一四〜一九］。そしてこの講演では、概して三つのメッセージが投げかけられていた。その一つが「独特な琉球文化」であり、二つが「日琉同祖論」、三つが「南国のパラダイス・イメージ」である。以下にその詳細をみていこう。

まず、「独特な琉球文化」について、歴史的側面から島袋は次のようにアピールした。その一節を抜粋して紹介したい［島袋 一九四〇：一八］。

> 琉球人は本土は勿論、支那、朝鮮、安南、シャム其他南洋諸国の文化を吸収して独特の琉球文化を打建てていました。建築、美術、工芸即ち琉球紅型や漆器陶器等見るべきものが非常に多く、国宝に認定せられた建造物が現在十四、五点に及び更に続々指定せられんとしているのを見てもおわかりになりませう。

つぎに島袋は日琉同祖論を彷彿させるメッセージを大和民族の南下説の観点から展開した。その一節を抜粋して紹介したい［島袋 一九四〇：一五］。

> 琉球なぞといつたら、如何にも支那の一部で支那人種ででもあつたかのやうに誤解されているやうであります。けれども沖縄人の祖先は神武天皇が御東征なされて後、今より一千数百年前即ち奈良朝より遥に前、九州の東南から大和民族の一集団が小舟を組合せて帆をあげ南へ南へ

と移住したのでありまして、奄美大島を経て沖縄島の東なる久高島に着いたといふ伝承になつています。

さらに島袋は言語・習俗・信仰の観点から日琉同祖論を次のように展開した［島袋 一九四〇：一八］。

古い日本の言語、風俗、習慣、信仰を忠実に保存せる点に於て宛然日本の古代博物館たるの観を呈し、学者、文人、書家は勿論観光客踵を接して来島する有様となりました。

そして「古の人にまさりて嬉しきは、此の大御代にあへるなりけり」という宜湾朝保[*46]の短歌を紹介したうえで、島袋はこの歌の心情について次のように読み解いた［島袋 一九四〇：一九］。

南島の民の心情を吐露したものでありまして、本土から分れて二千年の後に本家に復帰した喜びを詠んだものでありませう。

あたかも南国沖縄がパラダイスであるかのようなイメージをリスナーに抱かせる島袋の言葉には次がある［島袋 一九四〇：一九］。

海と空の紺碧の色は南国独特の風景であり、海中には美しい〈サンゴ〉や貝類、魚類が豊富にあり、陸上の昆虫類の色も頗る鮮かで、人亦柔順にして、それに歌舞、音曲、舞踏、料理等南国情調の連綿たるものがあつて、うつかりすると浦島太郎の二の舞を演ぜぬとも限らぬから御要心肝要といふ所です。

これらの島袋による講演内容は、彼の既刊書『新版沖縄案内』（一九三二年）ならびに、この放送の翌年に刊行された『琉球百話』（一九四一年）の内容の一部と、ほぼ重なるものである。観光ガイド的なこれらの著作を通じて島袋が果した役割と彼の仕事の核心について、多田治は次のように指摘する。「ツーリストの外からのまなざしに媒介されながら、そのまなざしを一定方向に探ることで得られるような、沖縄側のアイデンティティを構築する作業である。ポジティヴな先入観を増長・画定しながら、ネガティヴな先入観の誤りを正し、切り縮める形で沖縄イメージを描き出すことは、知識の限られたツーリストへの案内人の立場だからこそ、比較的自由にできた」［多田 二〇〇八：七六］。たしかに多田の指摘のとおりであるが、シリーズ「府県めぐり」という番組の性格上、沖縄県以外の各県の放送回でも同様に、「ツーリストの外からのまなざしに媒介されながら、そのまなざしを一定方向に探ることで得られるような」各県民の「アイデンティティを構築する作業」が結果的にはかられていたと考えられる。その意味で沖縄県の案内役としての島袋の仕事は、決して彼単独の発想でなされたわけではなく、この時代のメディアと連動しながら、「中央と地方」の関係性の構築のなかで、メディアが求める文化創造とそのあり方に準じるものだったと解釈すべきだろう。

ただしここで留意したい点は、島袋の見識とそこから描きだされる沖縄イメージが彼の著作物では文字で表現されたが、一方のラジオ番組「府県めぐり・沖縄県の巻」では、現地沖縄の人びとの営みの中に響く生活音がリアルに立ちのぼった。それらの音は電波に乗って即時に時空を超え、臨場感をもって、県内外のより広域の人びとの元へと届けられたのである。これまでの島袋の著作物を読むことによって得られる情報としての知的な沖縄理解に加えて、この番組ではリスナーの聴覚に働きかけることによって、これまで以上にリアルで感覚的な沖縄イメージをもたらしたと考えられる。

リスナーの感想

では、リスナーはこの番組をどのような思いで聴き、どういった感想をもったのだろうか。月刊誌『沖縄教育』にはリスナーからのコメントが寄せられているので紹介したい。[*47]

> 放送全体の構想が大成功だった。と申しますのは（島袋——筆者注）先生の熱情をもつて語られた沖縄歴史のエキスが生きて聴取者の耳に飛び込んで来た……即ちお話の前後にきこえた音曲、節、俗謡、軍記は、お話の一句一句を具体的に直覚的に聞く者をしてはつきりと印象づけ

てもらひました。更に南方独特の情あり勇勁なる古典味寂のある音曲は、今日迄の各府県の間に列しても絶対に優秀でありました。

（岡山にて　比嘉淳）

第一に三味線のなつかしい音、聞き覚えの歌声に□□在住二年のあれこれ思出し、主人の下手な踊りなど飛び出し大賑でした。

（前学務部長夫人　佐藤文子）

これらの感想は、いずれも沖縄から離れて暮らしている人びと、しかも沖縄に縁のある人びとから寄せられたものだった。前者の引用の比嘉淳は当時、岡山で暮らしていた。彼のように沖縄出身者でありながら郷里を離れている人の場合には、望郷の念をもってこの番組を聴取したことだろう。また後者の佐藤のコメントにみるように、かつて沖縄に住んだことのある人びとにとっては、この番組が自身の知る「沖縄」という地を思い出すきっかけとなっている。そして、この番組ではナレーションの前後に音曲や節、俗謡や組踊などが挿入されたことによって、ナレーションが単なる言葉のもつメッセージ以上の効果を発揮していたと言える。つまりリスナーが、より一層、具体的で直感的なイメージをもって、この番組を聴取していたことがうかがえる。また、琉球音楽が「南方独特の情」をもち、比嘉の感想に見るように「今日迄の各府県の間に列しても絶対に優秀」と評している点などからも、リスナーたちは他府県への対抗意識をもってこの番組を聴取していたのだろうと思われる。ちなみに「沖縄県の巻」が本シリーズ終盤となる四五回目に放送されたことは、すでに放送された他府県との文化的・歴史的・風土的な比較をはかるうえで絶好のタイミングだったと言えよう。

五　約束の地としての八重山――俚謡物語「琉球と八重山」

「青い空、青い海」と沖縄イメージ

沖縄の歌と言ったとき、おそらく多くの方が思い起こされるのは、「海の青さに、空の青……」のフレーズで始まる普久原恒勇作曲の《芭蕉布》[*48]ではないだろうか。その歌詞が描きだす世界には、現在われわれが思い描くところの南国情調があふれており、いわゆる沖縄イメージが重なるだろう。いまや《芭蕉布》は沖縄を代表する名曲のひとつとなっているが、そもそもこの歌は、沖縄県内の民放である琉球放送株式会社によって一九六五年に放送開始した「ホームソング」というラジオ番組のために作曲されたものである。その後、半世紀以上にもわたって沖縄の人びとに愛聴され、そして愛唱されてきた名曲である。

この歌は、沖縄が日本本土復帰から三年を経た一九七五年にLP『芭蕉布――沖縄の心を歌う若者たち』としてビクター音楽産業から発売され［磯田 二〇〇九：五四・一五六］、以降は全国区の歌として日本各地の人びとも知るところとなった。そのLP盤のレーベルでは「沖縄フォークの決定盤」と唱われている。ちなみにLP盤発売年の一九七五年の七月から翌七六年一月にかけて、沖縄

国際海洋博覧会EXPO'75が開催され、沖縄の戦後史上画期的な年となった。

多田治は著書のなかで、ポスト海洋博の七〇年後半には国内航空会社が沖縄キャンペーンを繰り広げ、その宣伝のキャッチコピーとして「青い空、青い海」と唱ったことや、そのキャンペーンのポスターに日本人離れしたモデルを起用したこと等を受けて、「はるか遠く、南の亜熱帯ならではの美しさを証明する」〔多田 二〇〇八：一四八〕と指摘する。さらに続けて、「〈日本のなかにありながら異質な亜熱帯としての沖縄〉を象徴的に表現している。こうした〈海〉と〈亜熱帯〉の沖縄イメージは、海洋博のテーマ世界とも重なる」〔多田 二〇〇八：一四八～一四九〕と多田は解釈する。だが、沖縄イメージと「青い空、青い海」が重ねあわせられるきっかけは沖縄国際海洋博覧会の開催よりもずっと以前にあった。

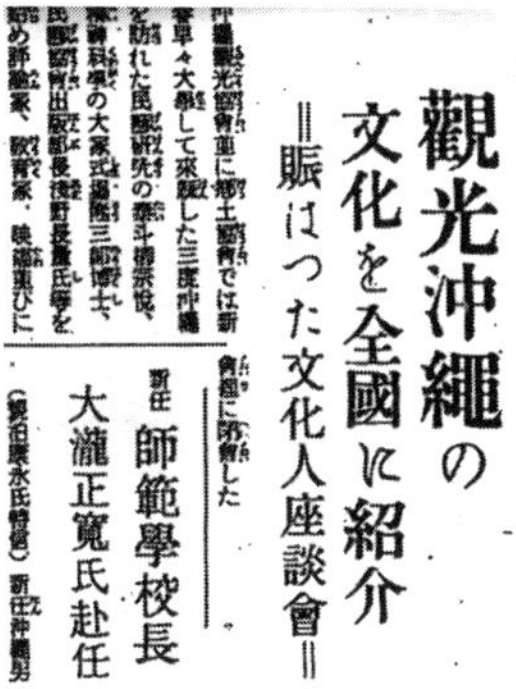
映畫にラヂオに
観光沖縄の文化を全國に紹介
＝賑はつた文化人座談會＝
新任 師範學校長
大瀧正寛氏赴任

図⑨ 「観光沖縄の文化を全国に紹介」（『大阪球陽新報』1940年1月15日）

そもそも日本本土の人びとが沖縄に往来できるようになったのは、大阪商船株式会社の定期便が運航したことによる。沖縄経由大阪～基隆線の定期便がスタートしたのは一九〇五（明治三八）年のことであり[*49]、そののち大正期になると、観光ブームを背景として日本本土からの観光客が船旅で沖縄を訪れるようになった。この時期には詩人の佐藤惣之助をはじめとする日本本土の文化人たちが沖縄の地を訪れ、『琉球諸嶋風物詩集』などの沖縄を題材とした作品を残している。つまり、それ以前の「沖縄イメージ」の多くが沖縄を体験することなく想像上で作られる傾向にあったことに対して、大正期以降は沖縄社会に実際に踏み入り、その様子を目で見て、耳で聴き、肌で触れ、匂いをかいで、そして沖縄の人びととの交流のなかでイメージが形成されていったと言える。そういう意味においては戦前のラジオ番組も、現地を確かめ、現地に取材するなかで「沖縄イメージ」を形成し、そのイメージを日本社会へ浸透させたと言えよう。本節ではその好例として、俚謡物語「琉球と八重山」[*50]を紹介したい。

誰に向けた放送か

東京中央放送局（ＪＯＡＫ）制作の俚謡物語「琉球と八重山」は、一九四一年六月一五日、午後一時から一時三〇分までの三〇分間の番組だった。この番組は国内向けの全国放送としてだけでなく、北米西部向けの海外放送としても兼用された。[*51]

当時の日本放送協会のラジオ放送について少し説明を加えておこう。ここでいう「海外放送」とは、一九三五年に開始された海外向けの放送のことをさしており、そこでは相手国の合意に基づくことなく、日本放送協会制作の番組が諸外国へ送信された。いわば日本からの一方的な放送だった。日本放送協会が「一方的」ながらも海外放送の事業化に踏み切った背景には、日本が一九三三年三月に国際連盟脱退を表明（正式脱退は一九三五年三月）して以来、国際的孤立の一途をたどったことがある。そういった状況を打破するためにも対外広報を強化し、日本の実情を国際社会に知らせることが必要だと考えた日本の各界の関係者は、海外放送の実施を強く要請した〔日本放送協会放送史編修室編　一九六五（上）：四〇〇〕。そして、そういった声は国内のみならず、別の文脈においてではあったが国外からも高まっていた。

それというのも海外放送のスタートの前年となる一九三四年当時、世界各地に散在していた邦人の数は太平洋沿岸諸国にいた約七〇万人を含め、総計約二〇〇万人にものぼっていた。したがって海外放送を要望する在外同胞の声は相当高まっていたという〔日本放送協会放送史編修室編　一九六五（上）：四〇〇〕。それらは、ふるさとを遠く離れて暮らす人びとの声であり、そこには故郷日本へのノスタルジ

世界放送大成功
確かに聴いた母國の聲！
感激の在外邦人
電波はバラまく"日本の春"
AKへ謝電殺到す

"こんな夫は眞ッ平よ"
邪戀の人妻道行き

丑年生れの悲願
更生資金に盗み
チビサブ、賽箱に嘆く"わが世の春"

"あら水着きてるのよ"
1937年ヴィナスの嬌笑

図⑩「確かに聴いた母国の声！　感激の在外邦人」（『読売新聞』1937年1月12日）

海外放送
各國語を操つて
世界の涯まで
愈々今春三月から開始
テストはまづ成功

図⑪「海外放送　各国語を操つて世界の涯まで」（『東京朝日新聞』1936年1月7日）

ックな思いがあった。海外放送ではそういう声も受けて、放送開始当初から自国語のほかに外国語も併用された。なぜなら日本放送協会は海外放送のリスナー層として、海外で生活し日本語を母語とする日系移民一世のみならず、日本語を母語としない二世を含む日系外国人をも取り込む目論みがあり、その他にも日本にルーツをもたない諸外国人をも含めてリスナーとして想定していたからである。

海外放送の目的は、①日本国内の実情を伝えること、②慰安の提供、③日本文化の海外紹介、④日本への理解・認識の培養、の四点にあった〔日本放送協会放送史編修室編 一九六五(上):四〇〇〕。そして太平洋戦争開戦直前の一九四一年には、海外放送のエリアはさらに広域化しており、それは第一送信(欧州)から第七送信(西南アジア)までの七つに分かれていた。[52] そういう状況のもと、四一年に放送された俚謡物語「琉球と八重山」の海外放送としての送信エリアは第三送信[53](北米西部・ハワイ向け)だった。つまり、この番組を聴くことが出来たのは日本国内在住者に加え、北米の西海岸地域やハワイ諸島に移民した日系人(そこには沖縄系移民も多く含まれる)、さらには彼の地に駐在する日本人そして現地に住む外国人だったことになる。

制作スタッフと出演者について

俚謡物語「琉球と八重山」の原作および構成を担当したのは、沖縄県石垣島出身の伊波南哲[54]だった。伊波は長年にわたり警視庁丸の内警察署に勤務し、そのかたわらで詩人・佐藤惣之助の門人として創作詩をはじめとする文筆活動にも勤しんだ。また伊波は、沖縄本島そして彼の郷里である石垣島を含む八重山諸島の案内人的な役目も果たしていたため、日本本土の学者や文化人たちとも交流があった。つまり日本本土の学者や文化人たちの、沖縄や八重山諸島の文化を知るための窓口的存在として伊波をとらえることができよう。そういう立場上、沖縄そして八重山諸島の歴史や文化を積極的に紹介した伊波は、一九三九年から翌四〇年にかけて日本劇場で上演された東宝舞踊隊によるレビュー「琉球レビュー」ならびに「八重山群島」の原案も手がけた［佐谷 一九四三：二四・三二］。本節で注目する俚謡物語「琉球と八重山」は、東宝レビューの翌年に放送されたものである。このように伊波の活動の場は同人誌にとどまることなく、舞台公演さらにはラジオ番組の原作・構成も含めて、当時のメディア全般における手広いものだったと言うことができる。

俚謡物語「琉球と八重山」の制作スタッフの顔ぶれを紹介すると、作曲・編曲は伊藤昇、演出は園池公功ならびに東京放送局の演芸部から永来重朗が加わった。出演者にはナレーションの堤真佐子、独唱の鳴海信輔および古筆愛子、日本放送合唱団、東京放送管絃楽団、あわせて伊藤昇は指揮も担当した。番組内で沖縄や八重山の民謡を歌唱したのは、従来の番組のように収録のために上京した沖縄の民謡歌手でなければ、琉球古典音楽の大家でもなく、はたまた沖縄各地の伝統芸能の担い手たちでもなかった。この番組に出演したのは東京を拠点に活躍する洋楽畑の声楽家であり、そして放送局付設の合唱団であり管絃楽団だった。つまり、この番組のスタッフや出演者の顔ぶれをみるかぎり、伊波を除いて沖縄をルーツとする人はいなかったのである。その点で一九四〇年前後のこの時期は、番組制作上、「沖縄」が他者によって客体化されはじめた時期であると考えられ、同様にこの番組は沖縄（琉球や八重山）の文化に普遍性を見いだそうとする試みだったと考えられよう。

番組内での南国イメージ

俚謡物語「琉球と八重山」は、その番組のタイトルどおり琉球や八重山諸島で歌い継がれてきた七曲の民謡曲を軸に構成される。そこでは各曲が演奏される前に、その曲にまつわる散文的なナレーションがリードし、番組進行もナレーションによる。番組の雰囲気を感じていただくために、冒頭のナレーションを紹介したい［伊波 一九四一］。

> 黒潮唸る南の島、琉球と八重山～森々とした空の青さ、海の青さの中に、明るい太陽の光に育まれて、この島々には幾多の美しい伝説と物語りが語り伝へられ、数多くの歌も、また静かに抱かれてゆくのであります。

後続するナレーションの箇所では語りだけでなく、発動機船の音・波・風・海鳥・千鳥の声など、語りの内容に関連するBGMも流された。この番組全編をつうじて、ナレーションにおいて繰り返し語られた用語がある。物質名詞としては「クバの森、パパイヤ、マンゴー、黒潮」などであり、いずれも南国特有の植物やトロピカルフルーツ、そして亜熱帯の気候である。同様に、ナレーションの中で繰り返して強調されたフレーズとして「空の青さ、海の青さ……」「南国の太陽は……」などがある。これらのフレーズは、南国のまぶしい陽ざしをリスナーに連想させ、そして、そこからさらに明るさやたくましさ、生命力などを想起させる。番組の終盤では、沖縄の人びとの人間性に着目する。そこでは、「素朴な偽りのない島の人々の温かい心情がにじみ出る」や「労働のたのしさ、生産のよろこび」などといった、おおらかで前向きな気質が全面的に表出されている。そして同時に、勤労生産を国民に推進した当時の世相も巧みに織り込まれているとみられる。

南国沖縄に対するこのようなイメージは、一九三九~四〇年にかけて上演された日劇のレビュー「琉球レビュウ」〔図⑫〕、「八重山群島」〔図⑬〕、「琉球と八重山」で形成されたイメージと重ね合わせることができ、同質と言える。その公演の制作担当者だった佐谷功は、公演前年の一九三九年夏、芸能調査のために沖縄本島と八重山を訪れた。そこで佐谷はとりわけ八重山の民俗舞踊と芸能に対して「軽快なリズム、健康な逞しい生活意欲の現はれ、人生に対する明るい希望等、民族の意欲が端的に直接に表現されている」〔佐谷 一九四三:二四〕として大きく評価し、そこから南進日本三部作のひとつ「八重山レビュー」が制作された。ちなみに同レビューの原案も伊波によるものだった。

したがって一九四〇年代の舞台公演やラジオ番組の制作を通じて表象された「南国イメージ」の形成において、伊波は南国沖縄の出身者として「内なる」立場から関与し、ことに彼の出身地である八重山諸島の芸能や文物を中心に「南国イメージ」が重ねあわされていったと言える。

図⑫　日劇のレビュー「琉球レビュウ」［佐谷 1943：巻頭写真］

光團
り各地の
縣を訪問

バス"計劃
市長が今回
本省と折衝

一、波上宮、護國神社線（波上宮前一鳥井前を起點に久米大通り、大門前、松田橋、明治橋を經て奥武山公園に至る線）
一、東市場、通堂、渡地環狀線（東市場を起點とし、山形屋前、十文字通、山川橋、中ノ橋、通

日劇の八重山レビーウ
豫告篇早くも好評
四月一日から二十日間
日劇で華々しく開演!!

図⑬　日劇のレビュー「八重山群島」（『大阪球陽新報』1940年4月1日）

標準語のテクストにおける現地語表現の意味

この番組の台本において、ナレーションの地の文は基本的には標準語である。それは、この番組が日本全国の人びとと海外にいる邦人を意識して放送されたからであり、言い換えれば日本語を母語とするリスナーを想定していたためと考えられる。その一方で、現地語も部分的にではあるが使用されている。その一例として台本内に出てくる「与那国」という島名においては標準語の「ヨナグニ」ではなく、伊波の郷里の石垣方言の「ユノーン」という発音が採用されている。つまり、地名等の固有名詞には現地語（石垣方言、沖縄方言）が意識的に採用された。このようにテクストの言葉を標準語一辺倒ではなく、沖縄のしかも地域の異なる複数の方言を随所に散りばめてマルチリンガルで表現することによって、現地語にそなわる独特な響きと、そこから生まれるエキゾチックな効果をねらった演出と言える。

近代以降に併合された地域の文化を創作様式内に取り入れる手法について、これまでの研究ではエキゾチシズム（オクシデンタリズム）論の立場で捉えられる傾向にあるが、ここではもう一歩踏み込みたい。それと言うのも、前述した「与那国」の呼称に話を戻すが、与那国島の人びとはみずからの島のことを「ドナン」と呼ぶにもかかわらず、伊波は自身の郷里の石垣島の方言で与那国島を意味する「ユノーン」を採用したのである。つまり「ユノーン」は与那国島の地元の言葉ではない。このような伊波の創作姿勢については、厳密な意味で「現地語」に向き合っていたわけではないと言える。伊波は、おそらく八重山諸島の島嶼間の方言の差異にこだわったわけでなく、伊波にとってはあくまでも日本の「標準語」に対して、「地方語としての石垣方言」で表現することに意味があり、同様に日本の「標準語」に対する「地方語としての沖縄方言」で表現することに意味があったと推察される。さらに言えば、ひとくちに沖縄方言といっても、八重山諸島内の石垣島と与那国島のケースと同様に、沖縄本島内においても地域間の差異もある。これについて伊波がどこまで厳密に捉えていたのかについても大きく問われるところである。

この番組が放送された時期には、ラジオの放送技術がさまざまな側面で進歩を遂げていた。ここではとくに効果音の面で一定の技術が得られる状況だったことに触れておきたい。

そもそも舞台で上演される演劇とは異なってラジオドラマでは視覚情報を一切もたないため、舞台背景や情景描写をも含めてすべて音響効果で表現しなければならない。音響効果を駆使したラジオドラマは放送の草創期にまでさかのぼるが、その初期は原始的な手法で効果音がつくられていた。それと言うのも開局直後のドラマの放送形態は、劇団が劇場で上演した芝居をそのままマイクロホンの前で演じる形で進められていたから、音響効果の仕事もそれら劇団のスタッフが一体となって担当していた［日本放送協会編 二〇〇一：四五］。そのため効果音を使用した最初のラジオドラマ『大尉の娘』*55では制作スタッフと技術スタッフが協力し、あらゆる知恵を絞って擬音効果の実験を重ね、その結果、「雨戸たたく音は、本物の雨戸を毛布で包み、ふとんの上に置いてたたく、半鐘の音は釜の縁をたたくということに決った」［日本放送協会編 二〇〇一：四五］という。

その後、音響効果が更なる進化を遂げるのは飛躍的な技術革新と、それに伴う演出技法の急速な進歩による。前述したように一九三六年のベルリンオリンピックを境に録音の技術が導入されたことは、音響効果のあり方にも大きな変革をもたらした。具体的に言うと、円盤やテープ録音再生器という記録媒体の登場により、〈その場で作る擬音〉の制約から解き放たれ、〈本物の音〉が自由自在に使えることになり［日本放送協会編 二〇〇一：四五］、事前に環境音などのナマ音を録音して編集する手法も可能となった。たしかに、技術面での進展は番組づくりのあり方とその可能性を広げ、番組制作をより確実で安定的なものにし、そしてリアルな音による表現をもたらした。けれども技術面での躍進による影響は、必ずしも利点だけではなかった。ラジオドラマの制作を担当した堀江史朗[*56]は、当時のことを次のように振り返る［森本 一九五一：二一五］。

いささか擬音効果の濫用が行われ、むしろ耳障りでさえあった。舞台劇の背景の役割を果すものは、ラジオでは擬音効果にあると考え、出来るだけシーンを音のあるところに取り、極めて写実的な音を、うるさい位に流す傾向が強かった。擬音の道具が発達して相当のレヴェルにまで達していたので、何でもかんでもそれを使いたかったということだったのかも知れない。

劇作家でラジオドラマの脚本も手がけていた森本薫[*57]は、ラジオドラマにおける当時の効果音の扱いについて、次のように考えていた［森本 一九五一：二一五～二一六］。

効果は、ああ各所で写実にやっちゃいかん、効果は所詮「効果」だからゲイジュツ的な抽象性を持たせなくちゃな。効果にはやはり限度があるから、ラジオ・ドラマも最後は「言葉の組合せのあらゆる効果」でなければいかんと思う。ラジオを書くなら言葉の頂点から出発するようなものを書くべきだろう。

森本が言うように「言葉の組合せのあらゆる効果」を創り出すことにこそラジオドラマの新境地があるとすれば、そのテクストは標準語一辺倒ではなく、各地の方言を織り込むようになるのも必然だったと考えられよう。そして、そこから生じる「効果」の可能性も無限ではないか。このように考えると、俚謡物語「琉球と八重山」の台本のなかで、伊波が部分的にではあるが現地語の響きをそのまま引用した意図は、味わい深い地域のコトバから立ちのぼる響きこそ、すべてを「音」で表現するラジオ番組において、きわめて魅力的な「要素」だったということだろう。現地語の響きは、もはや単純に異国情緒をそそるというエキゾチシズム的な意味合いとしての要素にとどまらず、芸術的な深化をもたらす要素でもあったと考えられる。

選曲にうかびあがるバイアス――田辺尚雄の音楽観

ここで楽曲に着目したい。番組内では沖縄本島そして八重山諸島にあまたある民謡から七曲が選曲された。番組の構成順に民謡を並べたのが表①である。

この番組を構成する七曲の民謡のうち、《安里屋ユンタ》《鳩間節》《ムリカ節》《月ぬ美しゃ》《ションカネー節》の五曲は八重山諸島に伝わる民謡であり、《浜千鳥節》《国頭サバクイ》の二曲は沖縄本島のものである。この番組は「琉球と八重山」というタイトルなので沖縄本島と八重山諸島の民謡で構成されることはもちろんだが、それにしても全七曲中、沖縄本島の民謡が二曲だけというのはいささかバランスが悪い気がする。このように、八重山民謡に比重を置く選曲のあり方とその価値観は、近代日本を代表する音楽学者の田辺尚雄[*58]がもたらしたものと考えられる。

田辺は一九二〇年に財団法人啓明会より研究費を支給されて、朝鮮半島をはじめとする東アジア地域の音楽調査を行った。当時の言い方で言えば「東亜」の音楽調査である。そのプロジェクトの一環として一九二二年、田辺は沖縄本島ならびに八重山諸島のひとつである石垣島で調査を行ない、

放送順	民謡の曲名	伝承地域	歌詞の言葉	演奏順	歌唱形態
1	《安里屋ユンタ》	八重山諸島	新民謡曲（標準語）	二・一・四番	合唱（掛合い含む）
2	《鳩間節》	八重山諸島	原曲（方言）	一・二・四番	男声ソロ
3	《ムリカ節》	八重山諸島	標準語訳	一・二・三番	女声合唱
4	《月ぬ美しゃ》	八重山諸島	原曲（方言）	一・二・三番	女声ソロ
5	《浜千鳥節》	沖縄本島	原曲（琉歌）	一・二番	男声ソロ
6	《ションカネー節》	八重山諸島	標準語訳	一・二番	男女の掛合い唱
7	《国頭サバクイ》	沖縄本島	原曲（方言）	一～四番	合唱

表①　俚謡めぐり「琉球と八重山」で使用された民謡曲一覧

さらにその足で台湾に向かった。それら一連の調査の成果について田辺は翌年の一九二三年に啓明会が主催した報告会にて「台湾及琉球の音楽に就きて」の演題で講演した〔田辺 一九二三a〕。その内容は『第一音楽紀行』〔田辺 一九二三b〕としても出版されている。その著作の中で、田辺は沖縄本島の音楽と八重山のそれとをどのような観点で比較し、そしてどういった点で八重山の民謡を評価したのだろうか。その点にクローズアップしながら、田辺の言説を以下に紹介したい〔田辺 一九二三b：二三八〕。

沖縄の方は舞ひ手は美人揃ひで、それに美しい衣装を着けて優美に舞ふて居るが、何となく沈滞した湿つた気分が蔽はれて居る。

田辺は沖縄本島の芸能に対して「優美」「沈滞」「湿つた」と感じていた。それとは反対に八重山の芸能に対して田辺は次のように述べている〔田辺 一九二三b：二三六〜二三八〕。

之等の歌謡は琉球の陰気なのに比較して、非常に活発で陽気で面白い（中略）踊は実に奔放自由で、何等束縛的の所のない丈けでも気持がよい。而かもよく洗練されて居る。沖縄で見たような陰気な所は少しもない（中略）八重山に於ては活気縦横に溢れて（以下略）

このように田辺は、八重山の歌謡が「活発」で「陽気」であること、そして八重山の舞踊が「奔放自由」でありながら「洗練」されている点を大きく評価していた。沖縄本島の芸能が「陰」だとすれば八重山の芸能が「陽」であるというように、田辺の目には両者が正反対の性質をもって映っていたことがわかる。八重山の芸能の中でも、とりわけ農民の歌謡に対して田辺は次のように絶賛した〔田辺 一九二三b：二三二〕。

此のユンタ、ジラバ、アヨウの種類は凡て楽器のない声楽のみで、主として農民が唄ひ、男女の混声でやるのである。所が唄ふ中に、切れ目切れ目に女が掛け声を入れる。その掛け声が交錯して屢々二重音となつて聞える。又反対に女の唄の中に男が掛け声を入れることもある。此の二重音が実に美しい和声をなして居る。実に驚くべき合唱である。

このように田辺は、ユンタ[*59]、ジラバ[*60]、アヨウ[*61]といった八重山の農民の歌謡に特有な歌唱様式に注目した。具体的にどういう点に注目したのかというと、ユンタ等では男女がそれぞれに掛け合って交互にメロディを歌い交わす。つまり、男性が歌うメロディのフレーズの末尾が消えないうちに女性の声が畳み掛けるようにかぶさってくる。もしくは女性が歌うフレーズの終りのところで、男性の声がかぶさって入ってくる。そこでは、男性が歌うメロディと女性が歌うメロディとのつなぎ目の部分に偶発的な「二重音」[*62]が生まれる。田辺はその二重音を発見し、そこに感動さえおぼえた。

さらに田辺は次のように述べる〔田辺 一九二七：二二二〕。

内地には民謡で複音になつて居るのは殆んどないが、それが長音階的に二重音になるから、欧州楽の合唱を聞いて居るような感じがする。

八重山の民謡にそなわる二重音は、当時の田辺にとって「世界的な」発見だった。なぜなら日本のその他の地域の民謡には二重音の響きをもつものがなかったからである。男女の掛合いによる歌唱スタイルは「歌垣《うたがき》」と呼ばれており、それは台湾の原住民の民謡にもみられ、また中国南部からインドシナ半島北部の山岳地帯の民謡にも共通する歌唱様式である。田辺による一九二二年の音楽調査の概要については前述したとおり、その調査地は沖縄本島、八重山諸島（石垣島）そして台湾だった。おそらく田辺には、この三つの調査地の音楽性にみられる相互の影響関係について何らかの推論や構想があっただろう。そこで実際の調査をつうじて、八重山の民謡のなかに台湾の原住民の民謡と共通する歌垣を見つけたのだから、彼の推論や構想は確信へと変化したのではないだろうか。さらに田辺は八重山民謡のルーツについて次のように続ける〔田辺 一九二三b：二三一〜二三三〕。

その声の驚くべき精錬《（ママ）》さに驚嘆した。此の声は恐らくマレイ系の人種特有のものかも知れない。実際此の島の男女は衣服こそ琉球式のものを着て居るが、風貌は純然たるマレイである（中略）

それに言語などもマレイ系のものが入つて居る。琉球とは全然発音が違つて居る（中略）今回の研究旅行中で、此のユンタやジラバを得たことは世界的の発見であると私は信じて居る。

田辺は八重山の人びとの声質ならびに顔立ちや言語から、その人種的な起源がマレー系であると推察しており、これは後年に柳田国男が提唱した日本人北上説の考え方と共通するものとみられる。

以上みてきたように、田辺は八重山民謡のなかでも、とりわけユンタやジラバといった農民がアカペラで歌う楽種を重視した。その理由について、ここで今一度整理してみると、これらの歌謡は男女が掛け合う「歌垣」のスタイルで歌われ、その様式が中国南部から東南アジア地域の歌唱スタイルと共通していること、そして歌垣の特徴である二重音の響きが日本のどこの民謡にも見られない故に（日本の民謡としては）新発見であること、さらにマレー系を起源とするであろう八重山の人びとの独特な発音（発声法）にあったと言える。

このように田辺が八重山諸島の歌謡に着目することによって初めて、日本の音楽文化のルーツを南方と結びつけることが可能となる。その意味で八重山諸島は格別の場所だった。たとえ行政区分上は沖縄県の一部であっても、文化史的意義を考えるうえでの八重山諸島は沖縄本島と一線を画するものだったと言える。あわせて、田辺が八重山民謡にそなわる「活発さ」や「陽気さ」を好ましいものであると評価したことは、前述した伊波の台本でも幾度となく表現される「素朴な偽りのない島の人々の温かい心情がにじみ出る」や「労働のたのしさ、生産のよろこび」という、この番組のストーリー性にピッタリとあてはまる。そういう精神性を表象するにふさわしい民謡として考えられたのが前掲表①に挙げた七曲なのだろう。したがって表①に見るように、第一曲《安里屋ユンタ》[*63]ならびに第六曲《ションカネー節》[*64]は田辺が絶賛した男女の掛合いによって歌われる民謡であり、番組内でも原曲の歌唱形態や歌唱様式がそのまま活かされていたのである。

日本が南進政策を加速させた一九四〇年代、南方へ注がれる強力なまなざしのもとで、この番組では「八重山」という場所が「琉球（沖縄本島）」以上に注目された。つまり「八重山の特色」は、「八重山」に限定されることなく「琉球」をも包み込んだ「沖縄イメージ」として敷衍され、国内外に向けて発信されたのだった。

六　エピローグ

本章でみてきたように一九二〇年代後半以降、国内各地が電波のネットワークで結ばれたことはローカル文化の掘り起こしを加速させ、そこで掘り起こされた各地の音文化はラジオ特有の「響き」としてリスナーの元へ届けられた。居ながらにして全国各地の音の風物を日常的に聴くことができる時代の到来である。

そこで御当地モノを題材としたシリーズ番組の意義は大きい。なぜなら本来、異なる地域社会の多様な層に帰属していた各種芸能や音楽が番組枠でひとくくりにされ、ひとつのパッケージとして放送されたからだ。その結果として御当地モノの番組では、文化的土壌の異なるさまざまな芸能や音楽がフラットで対等なものとして扱われた。このようにしてラジオ「番組」という括りは、各地の音文化を本来の社会的文脈から切り離してしまったが、ここではそのことを批難したいわけではない。むしろ、本来の「地域」や「社会的文脈」に縛られないラジオ番組という新たな空間を得たからこそ、日本各地の音文化は「内側」の人びとによって今一度見つめ返され、そして新たな可能性をもって「外側」の人びとも共有する音文化となったのである。

そもそもマス・メディアとしての放送には、本質的な意義としてコミュニティの「内と外」を結ぶ役割がある。だからこそ番組づくりでは外部の人びと、つまり「他者」が常に意識された。本章で番組例を紹介したように、全国に普及することによって、演奏様式も多様化していたお座敷唄を番組内で取りあげる際には、「正しい演奏（正調）」を届けることこそ放送の使命と考えられた。同様に、「オラがまち、オラがむら」の民謡がコミュニティの外へと放送される際に、地元の人びとは「本場モノ」を外部の人びとに聴いてもらいたいと強く願った。だからこそ彼らは、コミュニティ内での「本場の本場」を問い直し、議論を重ねることによって「正真正銘の本場の選定」をはかったのである。だからと言って、「正真正銘の本場の選定」が地域の民謡の芸としての優劣に直結するわけではない。あくまでもそれは、外部の人びとに聴かせたい民謡の姿であり、その民謡を支えている人びとの、その時々のイメージであり、当然ながらそのイメージは時代によって移ろいゆくものである。

とりもなおさず、彼らのそういった意識は、地元の音文化が外部の耳に晒されるという状況に直面したからこそ生まれたものにほかならず、そういった意識の根底にはみずからの土地を誇りに思う地元愛と、その音文化へのなみなみならぬ自意識が横たわっているだろう。ひいては御当地番組をつうじて、各地の人びとがお互いの地域文化を比較できるような状況が日常的に生み出され、その結果として地域間の「対抗意識」を煽り、それぞれの地域のアイデンティティの強化に繋がったと考えられる。このように、特定の文化を支える土壌に「地殻変動」が起きた時こそ、それを支えてきた人びとはみずからの文化を客体視し始めるのである。その意味で一九二〇年代後半以降の電波によるローカル文化の掘り起こしも、ひとつの「地殻変動」だったと言える。

御当地に題材をもとめた番組において、「沖縄らしさ」を象徴する音は幅広く多様だった。それらは琉球国の宮廷に由来する古典音楽であり、沖縄本島・宮古島・八重山諸島の民俗芸能と民俗音楽であり、また近代以降に成立した大衆芸能であり、さらには沖縄の現代社会のシンボルとしての環境音・産業音・交通音も「沖縄らしさ」を表象した。ありとあらゆる音が切り取られた。もちろんこれらの音文化が一つの番組内ですべて用いられたわけではなく、番組ごとの趣旨に応じてどの音を切り取るかの傾向は異なっており、しかもそのイメージには年代的な推移があったと見られる。

具体的に述べると、一九二〇年代後半の番組では各地の文化を「音」によって紹介することそのものにラジオ放送の意義があったと考えられる。この時期の番組では琉球古典音楽の響きが沖縄イメージとして放送され、琉球の歴史性と宮廷音楽の独特な響きは沖縄県外のリスナーにとって異国的に響いたことだろう。

そののち一九四〇年頃の番組では、琉球そして沖縄の歴史性とその時空を、日本とどのように対置させていくかという意義があったと考えられる。したがってこの時期の番組では、伊波普猷[*65]の日琉同祖論の考え方を根底におきながら、多面的で重層的な琉球そして沖縄の時空間が描かれるようになった。日本本土の人びとにとって、単純に「異質」で「エキゾチック」な沖縄像ではなく、一見、異質に見えるものの内に「自己」を見いだそうとする働きである。つまり沖縄文化の内に、いにしえの日本像が想い起こされる。あわせて、この時期の番組ではトロピカルな自然や気候そして陽気でおおらかな人間性が沖縄イメージとして描かれた。

そして、ここでいう「南国」イメージは「南方」と重ねあわせられ、読み替えられた。その背景には「大東亜」という空間性がうっすらと浮かびあがってくるだろう。読み替えを可能としたのは沖縄本島の音楽文化ではなく、八重山諸島のそれだった。その鍵は、彼の地の農民の歌謡を大きく価値づけた田辺尚雄の音楽観であった。その意味で八重山諸島という地平は、音楽文化的にみて琉球(沖縄本島)の「内なる他者」だったと言える。

以上述べてきたように、戦前の日本では御当地モノを題材としたラジオ番組が日常的に放送され、そこでは番組を取り囲むさまざまな側面で「内と外の対話」がはかられた。そういうプロセスをつうじて日本各地の人びとの地域的アイデンティティが形成され、強化されていったと考えられる。マス・メディア研究の黒田勇の言葉を借りれば、アイデンティティとは〈関係と表象のシステム〉

なのであり、システムとしてアイデンティティを見ることによって、それは所与のものとして静的に存在するのではなく、ダイナミックで常にコンフリクトを生み出す可能性のある概念となるという［黒田 一九九七：三二七］。

本章では戦前の日本の放送文化から沖縄イメージをひもといたが、これからの将来、沖縄イメージはどのように移ろいゆくのであろうか。アイデンティティとは「他者」の存在なしで育まれることはなく、そして誰を「他者」と見るかによって、そこに構築される自己イメージそしてアイデンティティも常に変化していくのだろう。

1――琉球放送株式会社の制作番組で一九六三年にスタートした。上原直彦がメイン・パーソナリティを担当する。

2――沖縄県内の民放ならびにAFNのラジオ番組はここ数年ネット配信サービスも行っており、オンタイムでなくとも聴取可能な番組もある。まさに現代はメディアの「種類」だけでなく、「聴取」のあり方においても多様化の時代を迎えている。

3――一例として次の著作がある［川平 一九九七］。

4――次の研究がある［三島 二〇一四b］［三島 二〇一五］［三島 二〇一六b］［三島 二〇一七］。

5――一例として「戦前戦中の芸能に対する規制」［琉球新報社 二〇一八：一七九］等がある。

6――関東地区・世帯視聴率調査（二〇一七年二月二〇日〜二月二六日）によると、この番組の視聴率は一三・四パーセントと報告されている（http://www.tvguide.or.jp/ranking/program/20170310/index.html）。

7——「秘密の県民ＳＨＯＷ」ホームページ（http://www.ytv.co.jp/kenmin_show/）。

8——「博多の夕（第一日）（第二日）」一九二八年六月二二日（金）出演：博多相生券番、六月二三日（土）出演：博多中洲券番（『九州日日新聞』一九二八年六月二二日、二三日）。

9——「長崎の夕（第一日）（第二日）」一九二八年七月七日（土）出演：長崎町検番、七月八日（日）出演：長崎東検番（『九州日日新聞』一九二八年七月七日、八日）。

10——「鹿島の夕（第一日）（第二日）」一九二八年七月一四日（土）出演：鹿児島南券番、七月一五日（日）出演：鹿児島西券番（『九州日日新聞』一九二八年七月一四日、一五日）。

11——「軍港の夕」一九二八年七月一九日（木）出演：佐世保券番（『九州日日新聞』一九二八年七月一九日）。

12——「熊本の夕（第一日）（第二日）（第三日）」一九二八年七月二〇日（金）出演：熊本二本木検番、七月二一日（土）出演：熊本旭検番、七月二二日（日）出演：熊本熊検番（『九州日日新聞』一九二八年七月二〇日、二一日、二二日）。

13——「日向の夕（第一日）（第二日）」一九二八年七月二八日（土）出演：岩戸神社神楽部、七月二九日（日）出演：西臼杵郡椎葉村有志（『九州日日新聞』一九二八年七月一八日、一九日）。

14——「琉球の夕（第一日）（第二日）」一九二八年八月四日（土）、八月五日（日）出演：野村琉球音楽協会会員（『九州日日新聞』一九二八年八月四日、五日）。

15——「佐賀の夕」一九二八年八月一七日（金）出演：唐津検番（『九州日日新聞』一九二八年八月一七日）。

16——「筑後の夕（第一日）（第二日）」一九二八年八月一八日（土）、八月一九日（日）出演：久留米新町券番（『九州日日新聞』一九二八年初月一八日、一九日）。

17——本節で使用する「九州各県の夕」という呼称は、このシリーズ番組の総称として筆者が便宜的に名づけたものである。

18――初回放送は一九二八年六月二二日（金）の博多（福岡県）で、最終回は同年八月一九日（日）の筑後（福岡県）だった。

19――「今晩までの博多のゆふべ」（『九州日日新聞』一九二八年六月二三日、四面）。なお、引用中の傍点は筆者による。以下の引用においても同じ扱いとする。

20――同時代史料の表記には、「検番」および「券番」の二つの表記がみられる。

21――辻には貸座敷組合と盛前《ムィメ》制度の自治組織がある。盛前制度はアンマーたちが自らの手でつくった自治組織であり、同時に祭祀組織でもある［沖縄大百科事典刊行事務局編　一九八三（中）：八一九］。

22――琉球古典音楽野村流の普及発展を目的とする音楽団体。一九二四年一〇月、野村流の始祖・野村安趙の高弟・桑江良真の流れをくむ門弟たちによって那覇市久米町のメソジスト教会において結成された［沖縄大百科事典刊行事務局編　一九八三（下）：一八〇］。

23――いさがわ・せいずい（一八七二年生、一九三七年没）。野村流音楽協会の初代会長［沖縄大百科事典刊行事務局編　一九八三（上）：一八〇］。

24――正しくは《中城はんた前節》である。

25――正しくは《揚高弥久節》である。

26――「御前風五曲」には通常《石根の道節》は含まれず、本来は《辺野喜節》が入る。《石根の道節》の歌詞は沖縄本島から南西に約三〇〇キロ離れたところにある宮古島の古謡・アーグに由来するものと考えられている［トンプソン　二〇一六：一九五］。

27――「日向の夕」では、第一夜で岩戸神楽と和楽が選曲され、和楽の演奏は宮崎検番の芸妓が出演した。第二夜では《稗搗節》《的射節》などの郷土民謡が披露され、これらは西臼杵郡椎葉村などの郷土の有志（一般人）が出演した。郷土民謡が選曲された点で他県の放送回にみる選曲傾向と異なっている。そうとはいえ、この回でも検番芸妓が出演した点は他県と同様である。

28――Raymond Murray Schafer（一九三三年生）。カナダを代表する現代音楽の作曲家。一九六五年ヴァンクーヴァーのサイモン・フレーザー大学へ赴き、世界サウンドスケープ・プロジェクトを設立。サウンドスケープ研究に関する代表的な著作には次がある。*The Music of the Environment*, Universal Edition, Austria 1973. *The Tuning of the World*, Randam House Inc, USA 1977.

29――この番組は一九八五年四月よりスタートした。なお、ＮＨＫラジオ第一・ラジオ第二でも放送されている。

30――なお、筆者の調査の範囲では「北海道の巻」に関する同時代史料（番組台本、番組確定表、新聞のラジオ欄）が確認されていない。実際に確認できた最も遅い放送回は「岐阜県の巻」であり、その放送日は一九四〇年八月五日である。

31――『番組確定表』一九四〇年七月。

32――『番組確定表』一九三六年一二月。「那覇＝鹿児島無線電話の開通　海上はるかの祝ひ〝琉球のたより〟那覇市公会堂より中継」（『朝日新聞』一九三六年一二月二一日、一四面）。朝日新聞の同記事には「南島情緒豊か　古典の輝き」と評されていることから、この番組ならびに新聞報道も「南島」というイメージ形成に関与したと考えられる。

33――しまぶくろ・げんいちろう（一八八五年生、一九四二年没）。生涯をとおして教育畑を歩み、郷土教育の重要性を認識し、自らもその研究に努めた。『沖縄県国頭郡志』など数冊の著書がある。柳田国男をはじめとする沖縄研究者との交流は、島袋の研究に多大な影響を与えたといわれる［沖縄大百科事典刊行事務局編　一九八三（中）：三四〇］。

34――たから・ちょうせい（一八八四年生、一九四四年没）。役者。美声の持主であり、民謡歌手としては右に出る者なしと評されていた。妻カナも八重山民謡歌手として知られる［沖縄大百科事典刊行事務局

編　一九八三（中）：六九二］。

35――みやぎ・ちょうじゅん（一八八八年生、一九五三年没）。剛柔流空手道開祖。一九二九年「御大礼奉祝全国武道大会」出場。一九一八年那覇尋常小学校の指導を皮切りに、県警・師範学校・京都大・開西大・立命館大などで教授、一九三九年にはハワイでも教え、国内外への空手の普及発展をはかる［沖縄大百科事典刊行事務局編　一九八三（下）：五八一～五八二］。

36――「府県めぐりに沖縄の実況を放送　二十七日熊本から」（『大阪球陽新報』一九四〇年七月一五日）。

37――「府県めぐり〈沖縄県の巻〉（上）七月二九日午後九時放送」（『琉球新報』一九四〇年七月二七日）。

38――琉球古典音楽の流派。知念績高によって完成された当流を忠実に継承した安冨祖正元を流派の祖とする［沖縄大百科事典刊行事務局編　一九八三（上）：七二二］。

39――ふるげん・せいほ（一八八二年生、一九六一年没）。安冨祖流の二代目である安室朝持の高弟・古堅盛珍の二男。一九三四年金武良仁とともにコロムビア社で《伊野波節》ほか六曲を吹き込む［沖縄大百科事典刊行事務局編　一九八三（下）：三九六］。

40――一九三五年七月、日本コロムビアからリリースされたSP盤レコード「琉球民謡・辺野喜節」の演奏者も古堅盛保である（http://rekion.dl.ndl.go.jp/info:ndljp/pid/1317280）。「府県めぐり・沖縄県の巻」の放送はそれ以降の年代なので、沖縄で改めて古堅の演奏を収録せずに、すでに発売されていたレコード音源を放送内で使用した可能性も考えられる。

41――宮古民謡と八重山民謡の演奏について現存する史料には曲目の詳細が記されていない。

42――「府県めぐり〈沖縄県の巻〉（下）七月二九日午後九時放送」（『琉球新報』一九四〇年七月二八日）。

43――いらは・いんきち（一八八六年生、一九五一年没）。五〇年にわたる役者生活中、つねに沖縄演劇界の中心にあって指導者としての役割を果たした［沖縄大百科事典刊行事務局編　一九八三（上）：二四四］。

44――たまぐすく・せいじゅう（一八六八年生、一九四五年没）。舞踊家。一九三六年五月東京代々木の日本青年館で催された折口信夫を中心とする日本民俗協会主催の琉球古典芸能大会に座頭格として新垣松含とともに参加、格調の高い演技を披露した［沖縄大百科事典刊行事務局編 一九八三（中）：七二三］。

45――この記事の冒頭には次の断り書きがある。「これは去る七月二九日夜、熊本放送局によつて、府県めぐり沖縄県の巻として全国に中継放送されたもので、その原稿に更に筆を加へて貰つたものである」［島袋 一九四〇：一四］。

46――ぎわん・ちょうほ（一八二三年生、一八七六年没）。琉球王国末期の三司官（政治家）・歌人。廃藩置県がなされたときは、維新慶賀使の副使として上京し、尚泰王を琉球藩王に封ずるという命を受けて帰る［沖縄大百科事典刊行事務局編 一九八三（上）：九一三］。

47――「ラヂオ〈沖縄県の巻〉に対する反響（一）」（『沖縄教育』第二八八号、一九四〇年八月号、一三頁）。

48――吉川安一（作詞）、普久原恒男（作曲）。

49――大阪商船株式会社『大阪商船株式会社80年史』一九六六年五月（渋沢社史データベース https://shashi.shibusawa.or.jp/details_nenpyo.php?sid=12490&query=&class=&d=all&page=20）。

50――台本のみタイトルが『俚謡物語 琉球と八重山の民謡』（ＮＨＫ放送博物館所蔵）となっており、次にあげる他の史資料との間にタイトルの相違がみられる。一次史料となる番組確定表においては「俚謡物語 琉球と八重山」と表記されており、二次史料としての同時代新聞も同じ表記であるので、本稿もそれに準ずる。

51――『番組確定表』一九四一年六月。

52――七つのエリアとは、第一送信（欧州）、第二送信（北米東部・中南米）、第三送信（北米西部・ハワイ）、第四送信（中国・前線向け）、第五送信（タイ・仏印）、第六送信（蘭印）、第七送信（西南アジア）で

ある［日本放送協会放送史編修室編 一九六五（上）：四〇六］。

53――第三送信は午後〇時二五分～五時〇〇分の時間帯に放送され、英語・スペイン語・支那標準語・日本語の四言語が使用された［日本放送協会放送史編修室編 一九六五（上）：四〇六］。

54――いは・なんてつ（一九〇二年生、一九七六年没）。八重山出身の詩人、作家。代表作の長編叙事詩『オヤケ・アカハチ』『交番日記』など、改訂版を含め二五冊の著作がある。一九二二年に近衛兵に選抜されて上京［沖縄大百科事典刊行事務局編 一九八三（上）：二二九］。

55――一九二五年七月、東京放送局から放送された。

56――ほりえ・しろう（一九一三年生、二〇〇九年没）。一九三四年、日本放送協会に入社し、一九三七年よりラジオドラマの制作に携わる。

57――もりもと・かおる（一九一二年生、一九四六年没）。劇作家、演出家、翻訳家。一九三八年に大阪から上京し、ラジオドラマや映画の台本を手がけた。一九四〇年より文学座に参加し、新劇の代表作に『女の一生』がある。

58――たなべ・ひさお（一八八三年生、一九八四年没）。音楽学者、日本で初めて東洋音楽概説を発表した。

59――「ユンタ」とは詠み歌を意味し、農民が田畑で農作業をしながら歌った歌である。叙事詩的な内容をもち、対句を連ねながら物語が展開し、無伴奏で歌われた。

60――「ジラバ」は「アヨウ」の性格をもちつつも、農耕、家造り、造船、航海、井戸掘り等の生活に密着した題材で、これらの労働作業の時に歌われた。

61――「アヨウ」は神歌としての機能をもち、儀礼や祭祀などの場で歌われるものが多い。

62――八重山音楽のなかでも、とくにユンタやジラバを田辺が絶大に評価した理由は、これらの音楽的特性としての「偶発的な多声性」すなわち「ヘテロフォニー」にあったと考えられる。なお、田辺自身が用い

63――た言葉としては、「二重音」のほかに「和声」「合唱」「複音」がある［三島 二〇一四a：一一二］。《安里屋ユンタ》は元来、八重山諸島の竹富島発祥のユンタであり、原曲は無伴奏の労働歌である。のちに八重山諸島の石垣島に伝播した際に三線伴奏による節歌《安里屋節》となり、楽曲様式も変化した。さらに一九三四年に日本コロムビア株式会社からSP盤の新民謡曲として改作された際に、歌詞が方言から標準語となり、バイオリンとピアノによる洋楽器の伴奏が加わり、さらにSP盤の収録時間の制限に合わせて、読み歌としての長大な物語が三分程度へと大幅に縮小された。改作にあたって変更点は多数あるものの、男女の交互唱という点では、竹富島の本来のユンタの歌唱形態が新民謡曲でも踏襲されている。また戦後の日本の歌謡界でも新民謡曲《安里屋ユンタ》は、ザ・ピーナッツ、弘田三枝子、細野晴臣、坂本龍一、ゴンチチ等の数多くの歌手やアーティストによってカバーされてきた［三島 二〇〇七：四五］。

64――「ションカネー」は「スンカニ」とも呼ばれ、八重山諸島の最西端にある与那国島発祥の叙情歌である。内容は恋愛歌であり、離別がテーマになっている。

65――いは・ふゆう（一八七五年生、一九四七年没）。言語・文学・歴史・民俗などを総合した沖縄研究の創始者。啓蒙的社会思想家でもある［沖縄大百科事典刊行事務局編 一九八三（上）：二二九］。

＊参考文献

磯田健一郎　二〇〇九『芭蕉布――普久原恒男が語る沖縄・島の音と光』ボーダーインク

伊波南哲　一九四一『俚謡物語〈琉球と八重山〉の民謡』六月一五日、放送用台本

沖縄大百科事典刊行事務局編　一九八三『沖縄大百科事典』上・中・下巻、沖縄タイムス社

川平朝申　一九九七『終戦後の沖縄文化行政史』月刊沖縄社

黒田勇　一九九七「ヨーロッパにおける文化的アイデンティティとマス・メディア（1）」（『大阪経済大学論集』第四七巻六号、三二三～三四四頁）
佐谷功　一九四三『日本民族舞踊の研究』東宝書店
島袋源一郎　一九四〇「琉球のお話」（『沖縄教育』第二八八号、一四～一九頁）
多田治　二〇〇八『沖縄イメージを旅する――柳田國男から移住ブームまで』中央公論新社
田辺尚雄　一九二三a『財団法人啓明会講演集第八回――台湾及琉球の音楽に就きて』啓明会事務所
田辺尚雄　一九二三b『第一音楽紀行』文化生活研究会
田辺尚雄　一九二七『島国の唄と踊』磯部亀陽堂
トンプソン、ロビン　二〇一六『琉楽百控――琉球古典音楽野村流工工四百選　解説と楽譜』榕樹書林
辻村明・大田昌秀　一九六六『沖縄の言論――新聞と放送』南方同胞援護会
日本放送協会編　二〇〇一『20世紀放送史』上巻、日本放送出版協会
日本放送協会放送史編修室編　一九六五『日本放送史』上巻・別巻、日本放送出版協会
日本放送協会総合放送文化研究所放送史編修室編　一九七一『放送史料集4　沖縄放送局』日本放送協会総合放送文化研究所放送史編修室
原田解　二〇〇四『ひえつき節の二十世紀――二十六文字がつづる秘境物語』鉱脈社
三島わかな　二〇〇七「連綿とつづく八重山古謡へのまなざし――《安里屋ユンタ》をめぐって」（『沖縄文化の軌跡1872–2007』沖縄県立博物館・美術館、四二一～四七頁）
三島わかな　二〇一四a『近代沖縄の洋楽受容――伝統・創作・アイデンティティ』森話社
三島わかな　二〇一四b「戦前期沖縄でのラジオ放送――受信・聴取・発信をめぐって」（『沖縄県立芸術大学紀要』第二二号、一～一七頁）

三島わかな　二〇一五「近代八重山におけるラジオ放送の受信をめぐって」（『ムーサ』第一六号、一五～二五頁）
三島わかな　二〇一六a「「ニッポンのうた」としての「南島のうた」」（『文化としての日本のうた』東洋館出版社、一三六～一五八頁）
三島わかな　二〇一六b「近代沖縄でのラジオ放送の聴取――本島周辺の離島を対象に」（『沖縄県立芸術大学紀要』第二四号、一五～二八頁）
三島わかな　二〇一七「ラジオ受信環境と文化――戦前の沖縄本島を事例として」（『沖縄芸術の科学』第二九号、三五～五六頁）
森本薫　一九五一『生まれた土地』宝文館
琉球新報社　二〇一八『焦土に咲いた花』琉球新報社
渡辺裕　二〇〇四「異文化接触の中の民謡――〈正調江差追分〉にみる自己表象の成立と変容」（井上さつき編『日本音楽・芸能をめぐる異文化接触メカニズムの研究――一九〇〇年パリ万博前後における東西の視線の相互変容』平成一三～一五年度科学研究費補助金〔基盤研究（B）（1）〕研究成果報告書、一三三～一六一頁）
渡辺裕　二〇一三『サウンドとメディアの文化資源学――境界線上の音楽』春秋社

放送用台本・番組確定表

『俚謡物語〈琉球と八重山〉の民謡』一九四一年六月一五日放送
『府県めぐり』一九三九年七月一〇日～一九四〇年八月五日放送
『番組確定表』一九三六年一二月、一九四〇年七月、一九四一年六月

「府県めぐり」放送内容一覧

放送日	制作・管轄局	サブタイトル	内容（音楽・芸能）	内容（非楽音）	内容（朗読・講演）	備考・番組構成
39・7・10	東京JOAK	神奈川県の巻				箱根湯本町連中
39・7・17	京都JOOK	京都府の巻				
39・7・24	大阪JOBK	徳島県の巻	箏曲《阿波のおくに》、山の幸・海の幸《阿波音頭》、巡礼の歌に聴く：阿波浄瑠璃	鳴門の潮音（録音）	『徳島の盆踊』（モラエス作、井上一郎朗読）、□合戦（小咄）、剣山を探る（物語と俚謡）	
39・7・31	東京JOAK	千葉県の巻：黒潮の香り	《大漁節》《十七節》（録音）、勝裏町連中《田植唄》（録音）	犬吠埼の怒濤、勝浦魚市場実況（録音）九十九里浜□□実況（録音）、海女の口笛（録音）、飛行機訓練館山航空隊（録音）、出征将士の戦勝長久祈願祭香取神社、愛国訓練（録音）	（朗読）『大海の出日』徳富蘆花作）	★ジャンルごとの構成 解説：飯田次雄
39・8・7	名古屋JOCK	愛知県の巻	《名古屋甚句》	花火大会（録音）、重工業の響き（録音）、ガラ紡の活躍（録音）、全国中学校野球大会東海予選（録音）		★ジャンルごとの構成 地勢編概説：アナウンス、結語：アナウンス
39・8・14	秋田JOUK	秋田県の巻				
39・8・21	京都JOOK	滋賀県の巻：時局下の近江				
39・8・28	福岡JOLK 小倉JOSK 福岡JOLK	福岡県の巻	合唱《元寇》、琵琶《菅公》、俚謡《博多節》《筑前今様》	太宰府「観世音寺の鐘」、□門風景、傷痍軍人福岡職業□導所、八幡製鉄所、戸畑の水□、筑豊炭田、福岡国際飛行場		★年代ごと、地域ごとの構成 福岡県概説。 解説：川添アナウンサー、松原アナウンサー
39・9・4	東京JOAK	群馬県の巻：東のいぶき				JOAK文芸部編輯
39・9・11	名古屋JOCK	三重県の巻				

39・9・25	高知JORK	高知県の巻：東天紅				出演：岡本□月、坂本□月外
39・10・2	長崎JOAG	長崎県の巻：長崎だより	俚謡、民謡、合唱		朗読、訓話	★ドラマ仕立て、地域ごとの構成 父へ（県大要）、母へ（情緒長崎）、弟へ（軍港佐世保）、妹へ（観光雲仙）、朗読：古田アナウンサー、録音：JOAG録音班
39・10・9	鳥取JOLG	鳥取県の巻	唱歌《因幡の白兎》鳥取市久松尋常小学校児童外、琵琶《須知中佐》西田旭秋水、詩吟《河合清丸》小磯実翁、【温泉王国】俚謡・民謡：谷村安平	【三大特産】「二十世紀梨・松葉蟹・因幡紙」【工業報告】工業試験場・米子製鉄所（録音）、【旅案内】国立公園大山（案内）、米子国際飛行場（録音）	県政概略「講演」鳥取県知事・副見喬雄、名和長平（録音）	★ジャンルごとの構成 ①歴史に訊く、②生産の響き、③旗の調べ
39・10・16	静岡JOPK 浜松JODG	静岡県の巻	《下日節》			★ジャンルごと、地域ごとの構成【静岡】伊豆めぐり、伊豆の表玄関熱海、海の幸、湯の町、天城越え、千本□に若山牧水を偲ぶ、三国一の富士山、お茶は静岡、水産日本の前衛遠洋漁業部隊、駿遠の秘境、【浜松】遠州だより、鯉つり□□
39・10・30	盛岡JOQG	岩手県の巻	杜陵合唱団、QG子供唱歌、盛岡放送管絃楽団、星山□の三、石橋恵信、QG録音班			★ジャンルごと、地域ごとの構成 平泉の金色堂、韓皮観□所、六原の青年□場、□□□址、盛岡□□予備士官学校、南部駒おせり、勤労奉仕作業、□□村と木碑、三陸海岸、□田線全道、釜石魚市場、釜石製鉄所。
39・11・6	大阪JOBK	兵庫県の巻	灘（録音）《酒屋唄》、宝塚：合唱外（録音及びレコード）、有馬：俚謡、篠山：俚謡、豊岡：俚謡、姫路：歌、須磨：舞子、明石：□□、淡路：俚謡・朗詠、湊川回顧：詩吟	甲子園（録音）「野球放送」、生野□山（録音）、みなと神戸「点描」（録音）	城□：報告、声の国際部（録音）	★地域ごとの構成 ①摂津から丹波路へ、②但馬から播磨路へ、③瀬戸内海に添ふて、④大兵庫讃
39・11・13	長野JONK 松本JOSG	長野県の巻				長野：牧野周一、松本：西村小楽天

放送日	制作・管轄局	サブタイトル	内容（音楽・芸能）	内容（非楽音）	内容（朗読・講演）	備考・番組構成
39・11・20	弘前JORG	青森県の巻	斉唱：御高徳を仰ぐ、琵琶・軍歌・物語「八甲田物語」、歌謡曲《十和田音頭》斉唱：弘前市朝陽小学校児童、ピアノ伴奏：伊藤秀俊、朗読：一戸玲太郎、琵琶：鈴木岳龍、弘前コーラス会男声部、RG録音班	青函連絡船風景（録音）、ラジオビーコン（録音）、郷土の誇り（青森林檎）□果試験場風景、林檎加工場（録音）、躍進八戸港（録音）、武運長久祈願祭（録音）	晩年の桂月翁と蔦温泉（朗読）	★ジャンルごとの構成 ①御高徳を仰ぐ、②観光篇（十和田国立公園）、③交通篇、④経済産業篇、⑤武運長久祈願祭（録音）。解説：工藤とく子
39・12・4	広島JOFK	山口県の巻				★日記仕立て 夫の日記（産業躍進）、妻の日記（歴史と観光）。由利荘太郎、村井喜代、FK録音班
39・12・11	甲府JOKG	山梨県の巻	音の描く甲斐の姿絵	音の描く甲斐の姿絵		東京人：野尻抱影、甲州人：中村幸雄
39・12・18	熊本JOGK	佐賀県の巻				解説：森アナウンサー
40・1・15	宮崎JOMG	宮崎県の巻：日向観光				北から：山川くんよりの報告・立川アナウンサー、南から：草木くんよりの報告・山本アナウンサー
40・1・22	東京JOAK	埼玉県の巻				秩父蔵と武蔵野、徳川夢声
40・1・29	仙台JOHK	宮城県の巻				★ジャンルごと、地域ごとの構成 ①青葉城址、②塩竈、松島、鬼首、石ノ巻、③白石、④岩沼再生産都市へとかわる仙台、⑤学都と大陸発展。
40・2・5	大阪JOBK	奈良県の巻	斉唱『小学唱歌集』JOBK唱歌隊女声部、春日若宮舞楽：春日神社古楽保存会□	「□名生と十津川」（録音）陸軍中将・堀丈夫、吉野□	奈良県展望（録音）奈良県知事：三島誠也、産業紀行（朗読）岩田直二、読本「奈良」朗読：川上澄子	★ジャンルごと、地域ごとの構成 ①大和進展の姿、（イ）事業、斉唱「小学唱歌集」JOBK唱歌隊女声部、（ロ）奈良県展望（録音）奈良県知事：三島誠也、（ハ）橿原□□完成す：河原アナウンサー、（ニ）産業紀行（朗読）岩田直二、②大和懐古：山本平八郎、（イ）「□□の□」「□□□」（録音）、（ロ）飛鳥朝、奈良時代：案内・大和観光バス・稲本ふさね、□□□寺勤行：唐招提一山僧衆、（ハ）吉野、□名生、十津川

40・2・19	松江JOTK	島根県の巻：東から西へ			附講演「島根県の産業」松江商工会議所理事：太田直行	「隠岐国へ」杉崎アナウンサー
40・2・26	鹿児島JOHG	鹿児島県の巻				★年代ごとの構成 歴史編、現代編、解説：西村楽天
40・3・4	福井JOFG	福井県の巻				「若越の姿」清瀬万太郎、伊東祐忠、□□明子
40・3・11	山形JOJG	山形県の巻				★ジャンルごとの構成 ①雪の「奥の細道」、②雪の国湯の国、③銃後産業陣、④進む興亜部隊：山形高等学校教授・島村盛助、朗読：道家照子、さくらんぼアンサンブル
40・3・18	岡山JOKK	岡山県の巻	③文化の古りし吉備の国：歌謡・合唱・琴・詩吟・琵琶・斉唱と合唱	⑤□□の□（録音）	①吾が郷土を語る（録音）矢野恒太、②ベルトの響き鐘の音（対話）、④斬る心（朗読）、⑥お国風俗（二人漫談）	
40・4・1	広島JOFK	広島県の巻				
40・4・8	熊本JOGK	大分県の巻				①□の国の栄へ、②春は大分へ、解説：西村小楽天
40・4・15	富山JOIG	富山県の巻				「越路の春」「躍進の請」解説：千葉アナウンサー外
40・4・22	大阪JOBK	和歌山県の巻	②（大阪）「□場めぐり」朗読：神原アナウンサー、案内：榎本あや子外、俚謡・長唄等	③□産業風土記（ラヂオ風景）	①（東京）「紀の国を語る」法学博士・下村宏	
40・5・6	仙台JOHK	福島県の巻				★地域ごとの構成 ①会津地方、②中通り地方、③横通り地方、④ニューススクラップ、担当：山村アナウンサー、島根アナウンサー

放送日	制作・管轄局	サブタイトル	内容（音楽・芸能）	内容（非楽音）	内容（朗読・講演）	備考・番組構成
40・5・13	新潟JOQK	新潟県の巻		①唐丸啼声（録音）、②四季の新潟	越後を語る（録音）相馬御風	★地域ごとの構成 ③観光佐渡、本田アナウンサー、加藤アナウンサー
40・5・20	広島JOFK	香川県の巻		讃岐路の若葉を拾ふて（録音）、①「瀬戸の海」「四国の関門」	②講演「歴史は語る興亡の跡」③講演「産業の旗と郷土産業の展望」	★ジャンルごとの構成 ④海の楽園「小豆岩」小川アナウンサー
40・6・3	熊本JOGK	熊本県の巻				★地域ごとの構成 ①熊本の三自慢（録音）安達□蔵、②肥後のところどころ、③天草だより
40・6・10	東京JOAK	栃木県の巻	東照宮の鳴龍と和楽踊外（日光町）、独唱：日置静、作曲並指揮：高階哲、伴奏：東京放送室内楽団	青葉台葉の陽、東照宮の鳴龍外（日光町）		★ジャンルごとの構成 解説：飯田アナウンサー
40・6・17	大阪JOBK	大阪府の巻		①生産大阪（録音）青木アナウンサー	②郷土の誇り「二人漫談」不二乃道風、三遊亭柳枝	★ジャンルごとの構成
40・7・8	広島JOFK	愛媛県の巻				①小学校の地□□□から、②東□より□□□□を経て□□へ、③□□より□□□を中□へ、解説：金子アナウンサー
40・7・15	東京JOAK	東京府の巻	新日本音楽：宮城道雄社中、合唱：日本放送合唱団		朗読：東山千栄子	①皇都東京、②興亜の首都、③武蔵野の今、解説：飯田アナウンサー
40・7・22	金沢JOIK	石川県の巻	②（金）ラヂオスケッチ「ふるさとは呼ぶ」北陸新劇協会、独唱：杉本玉子（東京より）		①（東）講演「お国自慢」永井柳太郎	解説：中村（石川？）アナウンサー

40・7・29	熊本JOGK	沖縄県の巻	琉球音楽《カギヤデ風節》（演奏：安冨祖流古堅盛保）、《辺野喜節》（演奏：安冨祖流古堅盛保）、民俗芸能《ダンズ嘉例吉［クェーナ］》（県立第二高等女学校）、《ハーリー唄》（那覇泊外間太郎外三名）、《盆踊唄［エイサー］》（国頭名護町民有志）、《俚謡国頭サバクリ》（国頭名護町民有志）、宮古民謡《楽曲名記載ナシ》（演奏：多嘉良朝成）、八重山民謡《楽曲名記載ナシ》（演奏：多嘉良朝成）、琉球新踊《四竹踊南獄節》（ニカブセ大正劇場）、幕末物《首里城明渡》（山里永吉原作）（劇団伊良波尹吉一座）、古典劇《忠臣身替》（辺土名親雲作一八〇八年）より「八重瀬の道行」（台詞と歌：玉城盛重）	飛行場風景（那覇飛行場）、劇場雑踏・口笛・拍手（那覇市大正劇場）、樽造り（那覇西新町製糖工場）、手機音（垣花秋□琉球織物工場）、綱引行列（那覇尋常高等小学校高等科）、空手練習（那覇市立第二商業学校空手部師範：宮城長順）、円覚寺の鐘（首里市在：仏殿、三門、伽藍、鐘楼一九三三年国宝指定）	講演：島袋源一郎「琉球の歴史」、講演：島袋源一郎「琉球王朝文化の名残を偲ぶ」	★ジャンルごと、地域ごとの構成①南進の要塞沖縄県、②琉球の歴史（録音）、③琉球王朝文化の名残りを偲ぶ、解説：石井アナウンサー

＊凡例
□＝判読不能文字、《 》＝楽曲名、「 」＝演題・見出しなど、『 』＝書籍名、空欄＝該当情報なし
「放送日」は、例えば「39・7・10」で一九三九年七月一〇日を表す

コラム④ 戦後沖縄放送の黎明　川平朝清の情熱　◉三島わかな

「放送事業という、これからの時代を担う仕事に大きな可能性を感じました」と語る川平朝清さん。[*1] 戦後沖縄初のアナウンサーらしくハリのあるハツラツとした声が、希望に満ちた青年時代の情熱をそのまま包み込み、筆者の心をとらえた。これは、放送人として歩むこととなったきっかけについて問いかけた筆者への返答である。その言葉には七〇年という時の流れを感じさせない情熱がみなぎっていた。

琉球王朝の家系にある川平家は大正末に首里から台湾へと渡り、末っ子の朝清さんは台湾で生まれた。台北高等学校在学中に動員されたが半年で敗戦を迎え、その後まもなく故郷の沖縄へ家族で引き揚げた。父の考えに沿って医学を志したが、兄・朝申《ちょうしん》の放送事業への情熱にほだされ、朝清さんの人生は放送の世界へと舵を切ることとなる。沖縄の人びとがたとえ占領下にあっても日本人としてのアイデンティティを失わないことを願った兄は、放送の重要性を次のように訴えた。[*2]

> 住民が日本から隔絶されていてもここは日本であり、われわれは日本人である（中略）今のまま十年も過ぎると日本人の意識を喪失した国籍不明の人間になる。これを解決するにはラジオ放送局の設置が急務中の急務である。

そういう兄の訴えに応じたのが米軍政府だった。むろん米軍側はプロパガンダなど別の文脈もあって放送局設置に応じたのだろう。ともあれ以降、兄は琉球列島米軍政府情報部職員として、敗戦で荒廃した沖縄社会に放送局を創設するうえでの立役者となり、その運営面において朝清さんも深くかかわった。

一九四九年五月一六日、コールサインＡＫＡＲ「琉球の声」が開局。沖縄本島中部の具志川村（現うるま市）栄野比《えのび》に、民家を改造したスタジオと送

AKARのスタジオでアナウンスする川平朝清さん

信所が開設され、軍営放送局が誕生した。初のテスト放送は朝清さんの第一声で飾られ、《かぎやで風節》が流れた。戦前のラジオ放送でも何度か流れた古典音楽だ。朝清さんは、その日のことを自身の日記に次のように綴る。[*3]

果たして何年ぶりであったろうか。胸の動悸は時間が迫れば迫るだけ、我を忘れるほどではないにしろ、高鳴る。そして人々のラジオの前に集まって、今か今かと待つ顔が頭に浮かぶ。AKARの第一声であるという、なんとなく人の先を行く胸の膨らむような思いがある……

先に触れたように、朝清さんが放送の世界に踏み込んだきっかけは兄からの誘いだった。だが、おそらくそれだけではないだろう。幼少の頃から台北放送局の番組「子どもの時間」に出演し、日本統治下の台湾で放送の現場を日々体験した朝清さん。子ども心にも、計り知れない放送の影響力を実感しただろう。戦後は一転し、米国占領下の沖縄で「占領される者」の立場から放送に携わった。その人生には「放送」を介した宿命のようなものを感じずにはいられない。

1――かびら・ちょうせい（一九二七年生）。AKARアナウンサー、琉球放送部長・常務、沖縄放送協会初代会長、復帰後はNHK経営主幹。

2――川平朝申『終戦後の沖縄文化行政史』月刊沖縄社、一九九七年、二二四頁。

3――NHK放送文化研究所編『放送研究と調査』NHK出版、二〇一八年一二月、八頁。

第5章 エイサー伝播の現代的状況

沖縄本島北部・中部・南部の事例から

◉久万田晋

一　はじめに

エイサーは沖縄の現代文化を代表する芸能である。エイサーはもともと、沖縄本島の旧盆行事に各家に戻り来る祖霊たちを歓待するために、地域の若者たちが念仏歌を歌い各家を回る習俗に由来する民俗芸能であった。近代以降、巷で流行《はや》る民謡を取り入れ、踊りの振りも加えられ、エイサーという芸能に発展してきた。戦後は一九五〇年代半ば本島中部で始まったエイサーコンクールが大きなブームとなり、太鼓の増加、隊列の変化、衣装の確立、レコード民謡（新民謡）の導入など、様々な局面での工夫と改良が行われていった。その結果、エイサーは不特定多数の観客に見せる（魅せる）芸能として大きく変貌を遂げてきた。一九八〇年代以降、創作エイサー団体が登場したこともあり、エイサーは全国、海外に広まっていった。一九九〇年代以降は、様々な沖縄観光イベントにおいて重要な役割を果たすようになる。エイサーは、現代沖縄において沖縄の民族アイデンティティーを主体的に表現する芸能として重要な位置を占めるにいたったといえよう。

エイサーの様式は一般に次の四種に分類されている［小林 一九九八］［久万田 二〇一一：第五章］（次節で詳述する）。

①太鼓エイサー（沖縄本島中部）
②パーランクーエイサー（与勝半島周辺）

③男女の手踊りエイサー（本部半島周辺）
④女エイサー（沖縄本島北部西岸）

エイサーはもともと沖縄の民衆の生活や年中行事と結びついた民俗芸能であり、各地域によってエイサーの様式が異なっている。これまでは、その前提のもとに民俗学的発想から研究されてきた。しかし、一九五〇年代以降エイサーコンクールが始まり隆盛となり、特に一九六〇年代以降、①太鼓エイサーや②パーランクーエイサーがそれまでエイサーが踊られていなかった沖縄本島全域にまで伝播していくようになった。その結果、これまでの民俗的発想に基づく分布がなかなかあてはまらない現状を招いている。本章では、沖縄本島北部・中部・南部におけるエイサー伝播の事例を取り上げて検討することによって、現代におけるエイサー伝播の状況について考察しようとするものである。

ここで沖縄におけるエイサー研究の歩みについて概略を述べておきたい。エイサーの源流とされる沖縄の流浪芸人集団チョンダラー（京太郎）についての研究報告は、すでに大正時代に山内盛彬、宮良当壮らによって始まっている。特に山内盛彬の念仏テクストおよび音楽的記述は貴重である。[*1]宮良当壮は、大正末期の首里地区におけるチョンダラーたちの伝承状況を詳しく伝えている［宮良 一九二六］。また山内盛彬は、昭和初期のエイサーについて貴重な報告を行っている［山内 一九二八］。このあたりが、近代沖縄におけるチョンダラー、エイサー研究の嚆矢といえる。

しかし、近代沖縄を経て、現在の沖縄本島および周辺の島々においてこれほど広まり、県内外でも抜群の知名度を誇り、現代沖縄を代表する芸能となっているエイサーの実態を明らかにする研究となると、その芸態や分布に関する本格的な研究は意外に少ない。[*2]

一九七〇年代以来、小林幸男・公江夫婦は沖縄本島北部地域の手踊りエイサー、女エイサーについて悉皆調査と綿密な資料作成を継続している。しかし沖縄において広く認知されている太鼓エイサー（踊り手が大太鼓、締太鼓を使用する）に対して、手踊りエイサー（踊り手が太鼓を持たない）は知名度が限られていることもあり、小林らの先駆的で膨大な成果はいまだ充分に知られていない。[*3]

一九九一年に刊行された『日本民謡大観（沖縄・奄美）沖縄諸島篇』では、エイサーの楽曲が五線譜によって紹介されている。エイサーのジャンル概説については小林幸男が担当している。

宜保榮治郎は、一九九七年に刊行された『エイサー――沖縄の盆踊り』において、エイサーの成立について、沖縄の流浪芸人チョンダラー（京太郎）が近代以前から伝承してきた念仏歌がその起源であり、それを地域の青年たちが受け継ぐことで今日のエイサーが成立してきたという説得力ある論を展開している。それと共に、代表的な青年会のエイサーの歌詞が掲載されており、資料的にも貴重なものである。

一九九八年に発刊された『エイサー360度――歴史と現在』は、エイサーについて歴史、様式、近現代の変遷について概観している。さらに沖縄本島各地域、県内（宮古、八重山）、県外（奄美、首都圏、京阪神）、海外のエイサーの状況まで記述しており、二〇世紀末時点でのエイサーの伝播・

分布状況に関する網羅的な資料となっている。

二〇〇五年刊行の板谷徹編『沖縄におけるエイサー芸能の動態の総合的研究』では、沖縄本島内の青年会エイサーの活動状況が悉皆調査に基づいて簡潔に記述されており、『エイサー360度――歴史と現在』と共に一九九〇年代末における沖縄のエイサーの動向をうかがう貴重な資料となっている。

二〇一一年刊行の拙著『沖縄の民俗芸能論――神祭り、臼太鼓からエイサーまで』は、エイサーの源流であるチョンダラーに関する研究史を概観するとともに（第四章）、エイサーの歴史と現状について一章を割き（第五章）、エイサーの起源に関する諸説の紹介、近代沖縄における変遷、さらに現代における諸動向についてまとめている。

二〇一五年刊行の『増訂 宜野湾市のエイサー――継承の歴史』は、宜野湾市域における青年会エイサーの由来、変遷、芸態について写真付きで簡潔にまとめており、宜野湾市という特定地域のエイサーについての優れた民俗誌的報告資料となっている。

塚田健一は、二〇一九年に刊行された『エイサー物語――移動する人、伝播する芸能』において、これまでのエイサーの研究史を振り返ると同時に、石垣市双葉エイサーに焦点を絞って具体的なエイサーの伝播過程およびその背景の社会的要因の検討と、音楽芸能の構造分析を組み合わせた総合的な研究方法を提示している。

このように近代以降、エイサーに関する研究はこれまでにある程度積み重ねられてきているが、現代沖縄におけるエイサーの質的・量的な拡がりと県内外での認知度の高さに比べれば、まだまだ十分なものとは言えない。

二　エイサーの分類と地域的分布

本節では、まずエイサーの基本的分類について概観しておく。

もともとはチョンダラーの念仏歌に起源をもつと考えられるエイサーであるが、近代以降、念仏歌だけでなく、様々なはやり歌を取り込み、さらには踊りや振りの要素も発展して、今日では沖縄を代表する民俗芸能となっている。現在エイサーというと、大太鼓や締太鼓を勇壮に叩き踊り、それに女性の手踊りが加わる本島中部のスタイルを真っ先に思い浮かべる人が多い。しかし、エイサーには他にも様々な地域様式がある。ここでは、小林幸男の分類［小林 一九九八］に従って四種に分け、さらに、一九八〇年代以降登場したクラブチーム型エイサー（創作エイサー）を加えて五分類として紹介する［久万田 二〇一一：一九七～二〇〇］。

①**太鼓エイサー**［図①］

主に本島中部に分布する男性主体の太鼓エイサー。大太鼓と締太鼓の踊りに女性の手踊り衆（男女の地域もあり）が続く行列踊りで、数曲から十数曲を中庸のテンポで踊る。戦後のエイサーコン

図①　読谷村高志保エイサー（撮影：久万田晋、以下同）

クールを通じて太鼓の増加や隊列踊りの発達など、芸態が飛躍的に発展した。このスタイルは一九六〇年代以後、沖縄県各地やさらに県外にも広まっている。

②パーランクーエイサー〔図②〕

パーランクーという一枚皮の小型太鼓による踊りに手踊り衆（男女）が続く行列踊りで、うるま市一帯（旧具志川市、与那城町、勝連町）に分布する。一九六〇年代以後は、沖縄本島の各地にも伝わっている。十曲程度を比較的緩やかなテンポで踊る。戦後、エイサーコンクールを通じて隊列踊りの発達や新民謡の導入など芸態が発展した。旧勝連町平敷屋《へしきや》のように腕や体の動きをゆったりと線的に用いる地域と、旧与那城町屋慶名《やけな》のように体の動きを直線的に用いる地域がある。後節で述べるように、一九六〇年代以降、この様式のエイサーは、沖縄本島中南部地域

図②　うるま市勝連平敷屋エイサー

各地に広まっていった。

③男女の手踊りエイサー〔図③〕

太鼓を使わずに男女入り交じった手踊りのエイサー。名護市・本部町・今帰仁《なきじん》村と本部半島全域に分布する。十曲から二十曲近くの急速曲を連続して演舞する。広場に櫓を組み、その上で地謡が伴奏し、人々は櫓の周りで踊る。名護市や今帰仁村では、踊り手が扇や采《ぜー》などの小道具を持つが、本部町では基本的に小道具は使わない。

④女エイサー〔図④〕

女性による手踊りが基本の輪踊りで、沖縄本島北端西岸（国頭《くにがみ》村西海岸・大宜味《おおぎみ》村）に分布する。七月舞《しちぐわちもーい》とも呼ばれる。十数曲から二十曲前後の緩急の曲を半々に組み

図③　本部町伊野波のエイサー

図④　国頭村与那の女エイサー（七月舞）

合わせる。年輩女性による地謡は太鼓のみで三線《さんしん》は使わない。

⑤クラブチーム型エイサー（創作エイサー）

一九八〇年代以降登場した、特定の地域共同体に依拠しない自由参加型のエイサー団体。県外・海外にも支部を持ち、時期や場所に縛られない幅広い活動を展開している。音楽も従来の民謡・新民謡以外に一九九〇年代以降の沖縄ポップを積極的に導入し、従来のエイサーの型にこだわらず斬新な振り付けで踊る。現代における「沖縄らしさ」を強烈にアピールするパフォーマンスとして、幅広い年齢層に受け入れられ、現代では大きな潮流を形成している。

沖縄の近代におけるエイサーの歴史としては、まず近代初期（明治中期から昭和初期）に念仏歌のみで家々を回り門付けをする習俗があった。その後民謡や流行歌を導入し、手の振りや踊りも加えた手踊りエイサーが明治中期には基本的な形を整えてきた。さらに、徐々に隊列を整え太鼓の数を増加させた太鼓エイサーが発達してきた。戦後しばらくの時点では、沖縄本島北部一帯では手踊りエイサー、本島中部では太鼓エイサーに手踊りエイサーが混在していた［小林 一九九八］。

一九五六年に始まったコザ市全島エイサーコンクール（現全島エイサーまつり）や一九六四年に始まる沖縄青年エイサー大会（現青年ふるさとエイサー祭り）など、一九五〇～六〇年代にエイサーコンクールが活発化した。*4 さらに一九六〇年代以降、それまであまりエイサーが盛んでなく、ほとんど分布もしていなかった沖縄本島中南部諸地域において、エイサー団体が続々と登場することによって、前述のような地域的特徴に基づくエイサーの分類がなかなか適用できない状況が生じてきている。そこで以降の節では、具体的に沖縄本島北部、中部、南部におけるエイサー伝播の事例を検討することで、エイサー様式の分布・伝播の現代的状況について考察してみたい。

三　名護市域エイサーの伝播状況

本節では、沖縄本島北部に位置する名護市のエイサーの伝承状況について考察する。

名護市域は、前節の③男女の手踊りエイサーが広く分布する地域として有名である。

名護市は沖縄本島北部に位置し、歴史的にも北部の中心地として重要な役割を果たしてきた街である。琉球国時代には、名護間切とそこから分離された久志《くし》間切、北部の羽地《はねじ》間切からなっていた。一九〇八（明治四一）年には、名護・羽地・久志の三間切が、名護村・羽地村・久志村になった。一九二三（大正一二）年には、久志村北部が東村として分立、一九二四年には、名護村が町制施行で名護町となった。太平洋戦争後、一九四六（昭和二一）年に名護町から北西部地域が屋部村として分立、一九五二年には、羽地村から屋我地《やがじ》島地域が屋我地村として分立した。一九七〇年には、名護町・羽地村・久志村・屋部村・屋我地村の五町村が新設合併し、名護市が発足して現在に至っている。東海岸の辺野古《へのこ》周辺では米軍が辺野古弾薬庫と辺野古海軍弾薬庫を使用開始、キャンプ・

シュワブ（在日米軍基地）の建設も始まり、隣接するキャンプ・ハンセンの工事も同時期に開始した。これらの米軍基地は日本復帰後今日に至るまでも存続しており、特に現代沖縄の大きな社会問題になっている地域である。

『名護市史 本編・8 芸能』は、名護市の各地区について、芸能関連情報を収集した資料集である。[*5]同書の名護市域各地区エイサーの芸態についての情報をまとめたのが、表①「名護市エイサー伝承状況一覧」である。近現代期の伝承状況（戦前・戦後・現在）、踊る時期、踊りの様式、小道具、伝承曲数、由来の各項目についてまとめたものである。この表をもとに、名護市の各地区についてのエイサーの概要を述べておきたい。

名護地区（旧名護町）、屋部地区（旧屋部村）には男女の手踊りが多く残っている。地方《じかた》（歌三線、太鼓）が踊りの輪の中心に位置し、男女の踊り手がその周りで輪になって踊りを繰り広げる。踊り手は各自によって採物《とりもの》（扇、ゼー）を使う。これらの地区で、エイサーの由来として本部町瀬底《せそこ》から伝わったという伝承が多く残されている。

羽地地区にはエイサーはあまり分布していない。手踊りエイサーの場合（田井等《たいら》、山田）は、瀬底が由来である。

屋我地地区には、従来エイサーはなかった。

久志地区（旧久志村）には、手踊りエイサーは分布していない。一九六〇年代以降、沖縄本島中部地域の太鼓エイサーが伝播してきている。

ここで特徴的なことは、このように名護市の名護地区（旧名護町）を中心に、エイサーは戦前期に瀬底島出身者から伝授されたという伝承を持っている地区が多く存在することである。これについて、芸能研究家の宜保榮治郎は次のように述べている。

「エイサーは瀬底から伝わった」と国頭地域で伝承されているように、古いエイサーの形を残しているとされる名越世冨慶のエイサーの歌詞や、大宜味村喜如嘉エイサーの歌詞と殆ど同じである。

この現象は、恐らく大正初期まで名護、喜如嘉辺りのエイサーも「仲順流れ」だけであったが、変化に富んだ楽しい「毛遊び型」の瀬底エイサーに変わったものと思われる。

この「毛遊びエイサー」を山原の村々に広めたのは、季節労働者であった俗称「シークビヨウ・瀬底日雇い」の一群であった可能性がある。何故なら瀬底ビヨーが近くの農村に出稼ぎに出るのは、三、四月の田植えや、六、七月の稲刈りの時期であり、八月踊りやモーアシビの盛んなこの島の芸能を夜の暇を利用して、出稼ぎ地の若者に教えたという伝承が名護周辺の村に残されている。

［宜保　一九九七：一二五］

名護市および周辺地域のエイサーの実態については、先のエイサー分類でも紹介した小林幸男・公江夫妻が一九七〇年代以来悉皆調査を行い、これまでに多くの採譜資料を公開してきている［小

地区名		エイサー活動			踊る時期	踊りの様式	小道具	曲数	備考（由来など）
		戦前	戦後	現在					
久志地区	大川		△						
	瀬嵩	○	△	△	旧7月15日	太鼓			1954年より盆踊りとなる。 1975年頃辺野古エイサーを導入。
	汀間		○	○	旧7月15日	太鼓			1962年頃恩納エイサー伝わる。 1980〜85年頃に辺野古エイサーを導入。
	三原		△	△	旧7月15日	太鼓		9	エイサーは1995年汀間から習う。 辺野古からも導入。
	安部		△	○	旧盆	手踊り		7	エイサーは戦後〜1955年まで。 70〜80年代に二度復活。1993年頃より子供エイサー。
	嘉陽								
	底仁屋・天仁屋	○	△		旧盆	手踊り （・太鼓）		7	戦前は手踊りエイサー。 1976年頃三原から太鼓エイサーを導入。
羽地地区	源河								
	稲嶺								
	真喜屋								
	仲尾次			○					赤野のエイサーを導入。実行委員会で。
	川上								
	田井等			○	旧7月14〜16日	手踊り・太鼓	扇子・四竹	10	1961年頃から始まった。 瀬底と類似するといわれる。
	親川								
	振慶名		△	○	旧7月13〜15日	太鼓		9	1982年より沖縄市久保田エイサーを導入。
	山田		○	○	旧7月14、15日	手踊り	四竹 サージ	16	終戦後名護北区より習う。 1988年頃から子供エイサーを導入。
	仲尾		△			太鼓			1954年頃大兼久から習い、後に途絶。 1993年太鼓エイサー結成。
	伊差川		○	○	旧盆	太鼓		11	1954年頃大兼久から習い、手踊り。 1993年から太鼓エイサー。
	我部祖河			○	旧盆	太鼓		12	2008年から沖縄市室川の指導を受けて太鼓エイサー始まる。
	内原								
	古我知	△	△	○	旧盆	太鼓			戦前は手踊りエイサー。 1987年に振慶名から導入。
	呉我								
屋我地地区	饒平名			○					エイサー・獅子舞は旧8月15日。
	我部								
	運天原	△	△	○					エイサーは田井等より習う。
	済井出		△	○					エイサーは2000年より屋我地小学校に出演依頼。
	屋我								

※本表は、『名護市史　本編・8　芸能』［名護市史編さん委員会編　2012］作成時のデータに基づく。

※旧大兼久（大東、大中、大西、大南、大北、山田）に関しては、『楽譜・歌詞資料　沖縄県名護市の大兼久エイサー――大東・大中・大西・大南・大北・山田』［小林幸男・小林公江　2010］による。

※網掛は、太鼓エイサーが踊られている地域を表す。

表① 名護市エイサー伝承状況一覧

地区名		エイサー活動			踊る時期	踊りの様式	小道具	曲数	備考（由来など）
		戦前	戦後	現在					
屋部地区	宇茂佐	○	○	○	旧7月13日	手踊り	扇子・四竹 タオル	14	昔の踊りは世冨慶に近いといわれる。1999年手踊りエイサー復活。
	屋部	○	○	○	旧7月14、15日	手踊り	扇子・四竹	30	
	山之端	○	○	△	旧7月15日			16	現在は櫓の周りの踊りに。
	安和	○	○	○	旧7月15、16日	手踊り・太鼓		22	元は手踊りエイサー。2003～04年頃太鼓エイサー導入。手踊りエイサー復活。
	部間	○	○		旧7月15、16日		扇子・四竹		70年代半ばから途絶。崎本部から習ったとの伝。
	勝山	○	○		旧盆	（手踊り・盆踊）	扇子	22	1982年最後の地謡によるエイサー。
	旭川	○	○	○	旧7月14日	手踊り	扇子・四竹	21	1978年太鼓導入するが衰退、2000年頃からヤグラエイサーに。
	中山	○	○		旧盆		扇子	19	1975年頃から中断。伊豆味に近いか。
名護地区	喜瀬								
	幸喜			△	旧盆・豊年祭	パーランクー			1992年頃から豊年祭や盆踊りでの子供エイサー。
	許田	○		○	旧7月14日				現在は青年会で。園田エイサーから習ってきた。
	数久田								
	世冨慶	○	○	○	旧7月15、16日	手踊り	扇子・四竹 サージ	20	由来は恩河親雲上、瀬底ヒヨー、読谷村長浜からの各伝あり。
	東江	○	○	○	旧7月13～16日	手踊り・太鼓	扇子・四竹	14	1989年より太鼓エイサー導入。
	城		○	○	旧7月13～15日	手踊り	扇子・四竹 サージ	23	1948年頃瀬底出身者より習う。
	港		○	○	旧7月13～15日	太鼓		13	1975年に辺野古エイサーを導入。
	大兼久	○				手踊り			1944年に分区。1999年に大兼久青年団を結成し復活へ取り組み。
	大東		○	△	旧盆	手踊り		17	
	大中		○	○	旧7月16日	手踊り		20	婦人会、子供会中心。
	大西		○	○	旧盆前後の土曜日	手踊り（・太鼓）		21	大兼久エイサー継承のため盆踊りに導入。子供エイサーもあり。
	大南		○	△	旧7月15、16日	手踊り		24	1983年頃から盆踊りエイサー途絶。かつては青年会主催で。
	大北		○	○	旧7月14日	手踊り（・太鼓）		18	戦後手踊りエイサー。現在は保存会。由来は世冨慶、瀬底の各説あり。
	宮里	○	○	○	旧7月15、16日	手踊り		31	手踊りエイサーに太鼓を追加。瀬底から習ったとの伝。
	為又	○	○	○	旧7月15日	太鼓（男）		9	戦前は瀬底から習う。90年代半ば二見エイサーを習う。現在は沖縄市山里と交流。
久志地区	久志	○	○	○	旧7月16日	太鼓		9	戦前は手踊り。1980年頃沖縄市住吉区の指導を受ける。
	豊原								
	辺野古	○	△	○	旧7月14～16日	太鼓		13	手踊エイサーは大正期途絶、1962年中部（池原・赤野・園田）から指導を受ける。
	二見	○	△	△	旧盆				現在は北部エイサーに参加。
	大浦	○	△	○	旧7月15日	太鼓		7	明治期手踊りエイサーは東江から説。現在の太鼓エイサーは2000年頃汀間から。

林幸男・小林公江 二〇一三など］。また小林公江は名護地区のエイサーと本部町瀬底エイサーとの関係について、詳しく検討し［小林公江 二〇一〇］、名護市名護地区各地に現在伝承されているエイサーがかならずしも瀬底から直接伝播したとは言い切れないという慎重な態度をとっている。このような複数地域間のエイサーの伝播、影響関係の詳細な検証のためには、伝承曲目の検討、踊りの所作など芸態に加えて、伝承年代や伝承内容の検討を含めた比較検討が必要である。[*6] しかし本論では、小林らのようなエイサーの芸態やレパートリー比較などの詳細な比較検討は行わない。あくまで「どこどこから伝わった、習った」、「どこどこのエイサーの指導を受けた」などの伝承情報からの分析に留めることにする。

表①「名護市エイサー伝承状況一覧」は、名護市中北部（旧名護町、旧屋部村、旧羽地村）のエイサーの系譜・伝播関係をまとめたものである。ここでは、先述した瀬底からエイサーが伝わったとする伝承をもつ地域が多いことが分かる。世冨慶《よふけ》、城《ぐすく》、大北（世冨慶からとの説もあり）、宮里（現在は太鼓エイサー）、田井等、為又《びいまた》（現在は太鼓エイサー）、宇茂佐の各地域が瀬底から手踊りエイサーが伝わったとの伝承を持っている。

一九七〇、八〇年代以降は、こうした手踊りエイサー様式が支配的であった状況に変化が訪れる。沖縄本島中部で隆盛した太鼓エイサーが手踊り地域にも伝播するようになり、現在では太鼓エイサーを踊っている地域も多い。

図⑤「名護市中北部エイサー系譜図」は、名護市中北部（名護地区、羽地地区、屋部地区）におけ

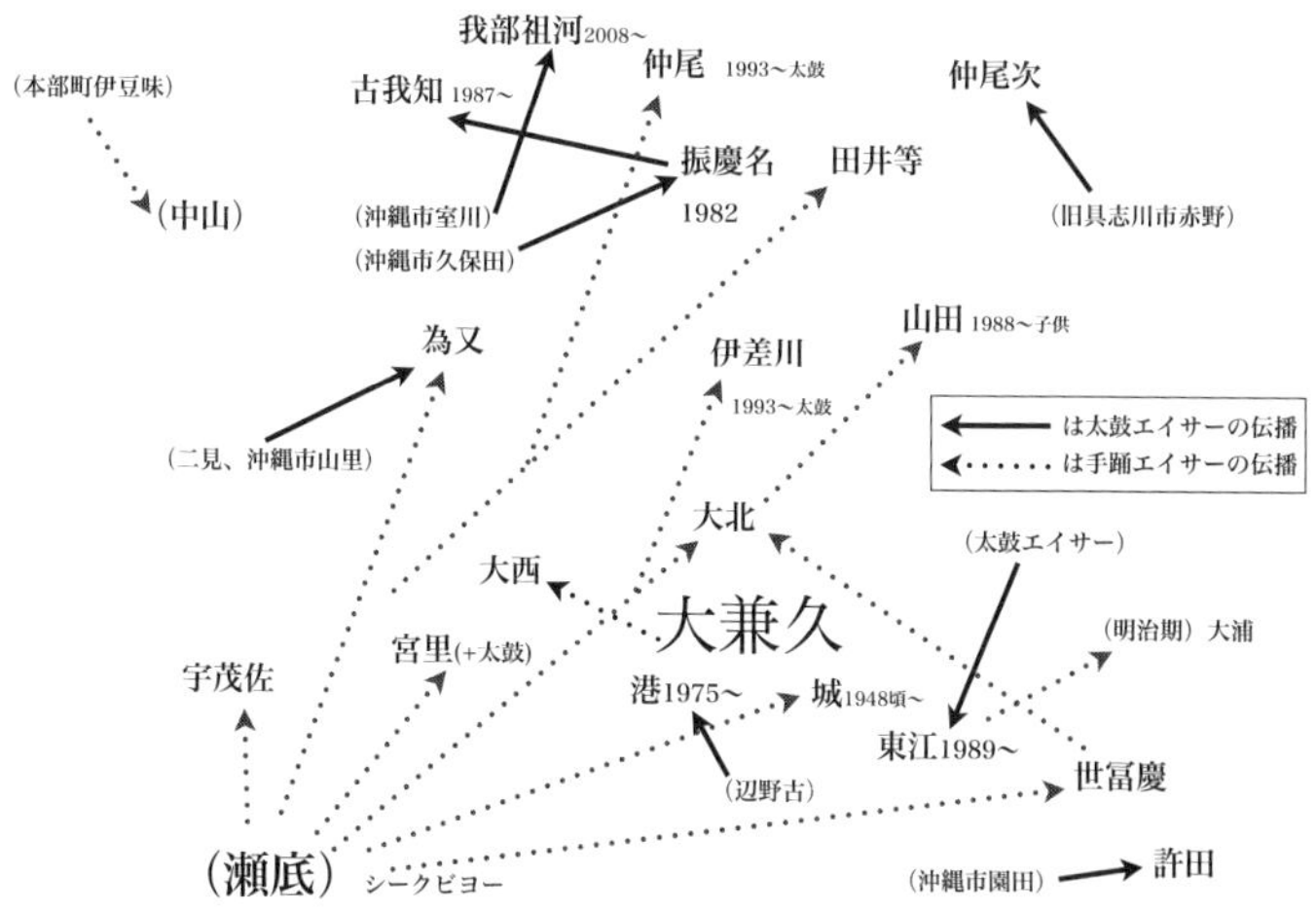

図⑤　名護市中北部エイサー系譜図

るエイサーの由来、系譜状況を図化したものである。図中の各集落の位置は、現実の地理的位置関係をある程度反映したものとなっている。

これを見ると、一九七二年の本土復帰後は沖縄本島中部で盛んな太鼓エイサー（赤野〔現うるま市〕、沖縄市〔園田・久保田・山里〕）がかなり流入してきていることが分かる。

一方、名護市東部（旧久志村）には、中北部で伝承が多い手踊りエイサーよりも、本島中部で盛んな太鼓エイサーが多く分布している。しかも、その多くが一九七〇年代以降に太鼓エイサーを他地域から導入している。この久志地区は、名護地区（旧名護町）、屋部地区（旧屋部村）と異なり、もともとは手踊りエイサーがほとんど伝わっていない地域である。

図⑥「名護市東部（旧久志村）エイサー系譜図」は、名護市東海岸の久志地区（旧久志村）のエイ

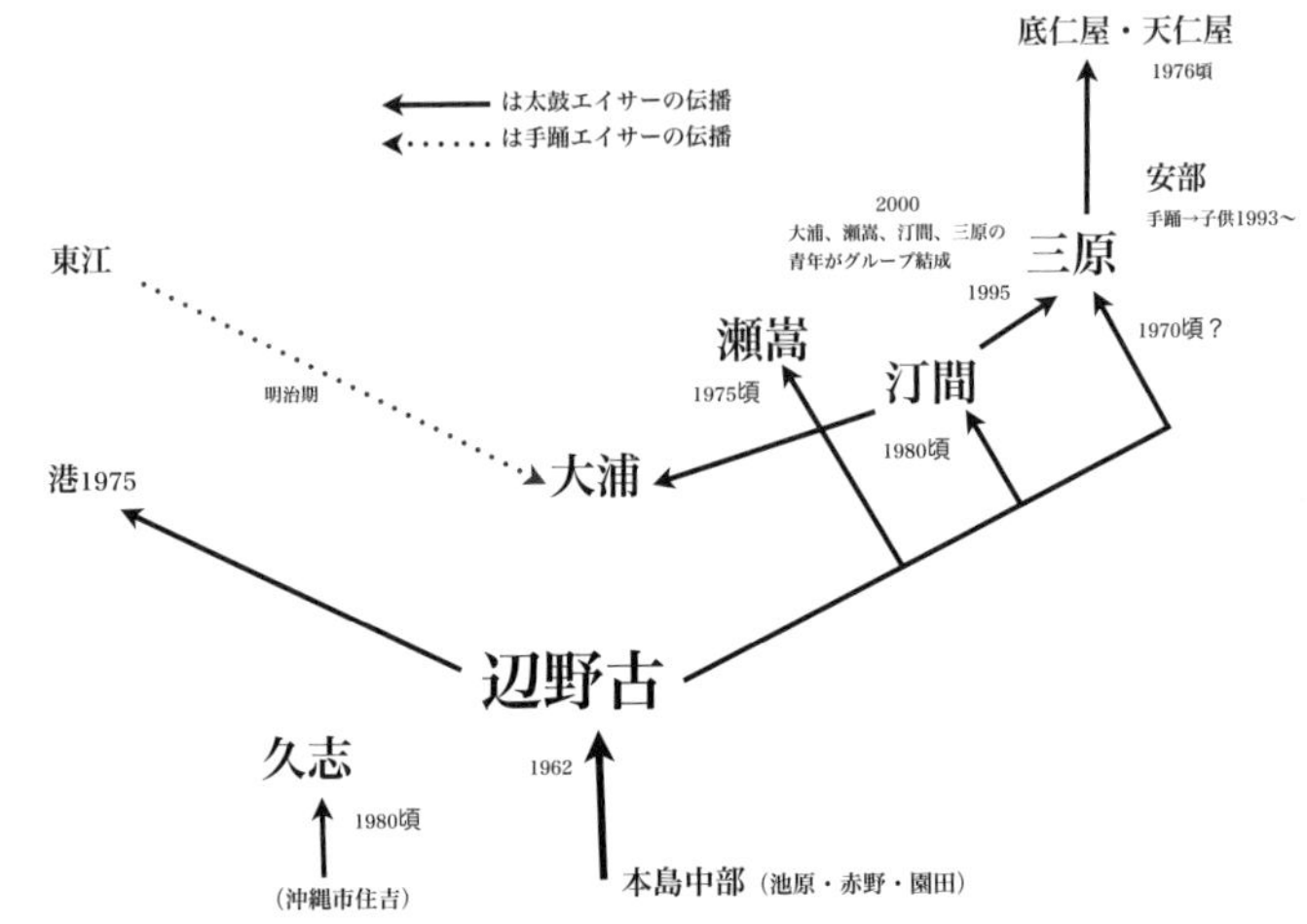

図⑥　名護市東部（旧久志村）エイサー系譜図

サー系譜関係について、実際の地理的位置関係をある程度反映して図化したものである。この図からは、一九六〇年代以降、この地域のエイサー伝播において、辺野古が中心となっていることが確認できる。この地域は戦後米軍の軍事基地の拠点として、また米兵相手の繁華街として、沖縄の他地域から多くの人々が集まってきた。この辺野古から名護市東部の各地（瀬嵩《せだけ》、汀間《ていま》、三原そして旧名護町港）に伝わっていることが分かる。

　辺野古には一九六二年に本島中部（池原・赤野・園田）から太鼓エイサーが伝わった。この辺野古が核となり、一九七〇年代以降、瀬高、汀間、三原などの地域に太鼓エイサーが伝播していった。さらに一九七六年頃、三原から底仁屋《そこにや》・天仁屋《てにや》にも伝えられた。

　こうして見ると、名護市西部・北西部（旧名護町、屋部村、羽地村）と、名護市東部（旧久志村）

とは、エイサーの伝承・伝播状況に関して明らかな違いがあることが分かる。名護市西部・北西部には瀬底に淵源を持つという伝承地が多く、手踊りエイサーが支配的な地域である。しかしそこにも、一九七〇年代以降は沖縄本島中部で盛んな太鼓エイサーが伝播してきている。

一方、名護市東部（久志地区）は、もともと手踊りエイサーの伝承・伝播は希薄な地域であった。そのような状況のなか、一九六〇年代に辺野古に沖縄本島中部から太鼓エイサーが伝わり、辺野古を起点として久志地区各地に太鼓エイサーが広がっていったことが確認できるのである。

四　沖縄本島中部地域のエイサーの伝播状況

ここでは沖縄本島中部に位置する宜野湾市におけるエイサーの伝播状況を見てゆく。宜野湾市は、琉球国時代の宜野湾間切に端を発し、一九〇八（明治四一）年に宜野湾村となった。それまでの一四ヶ村は一四字となった。一方、首里・那覇から士族層の移住も増え、村内に屋取集落を形成していった。一九四三（昭和一八）年には合わせて二二行政区となった。一九四五年の沖縄戦後、中心地域が米軍普天間基地として接収されたので、行政区画が大きく変わった。戦後の宜野湾村には、米軍基地関係の労働者として他地域からの移住者が多く集まり人口が激増し、一九六二年には宜野湾市となった。一九六三年には行政区再編成によって区の分離統合が行われ、二〇行政区が設置された。[*7] 宜野湾市の現在の人口は九七、六五一人である（二〇一九年六月一日現在）。

本節で紹介する宜野湾市域各青年会のエイサーに関する情報は、二〇一五年発刊の『増訂 宜野湾市のエイサー——継承の歴史』によっている。本書は、宜野湾市内各地区のエイサーについて、戦前から戦後の変遷、エイサーの系譜、芸態などについて簡潔かつ網羅的にまとめられている。同書によれば、宜野湾市内で現在エイサーを踊っている一八地区の中で、戦前からエイサーが踊られていたことが確認できるのは、宜野湾区、我如古《がねこ》区、伊佐区、中原区である。

宜野湾区の戦前のエイサーはもともと男性のみの参加で、大正時代中頃から女性も参加するようになった。当時のエイサーは大太鼓を一、二個、締太鼓も三、四個を使うのみで残りは手踊りであった。戦後は一九四九（昭和二四）年頃から復活したが、一九六七年に具志川村（現うるま市）赤野から指導者を四名招いてパーランクーエイサーを導入したという［宜野湾市青年エイサー歴史調査会編 二〇一五：一一四〜一一七］。

我如古区の戦前のエイサーは大正後期から昭和初期まで行われていた。エイサーではなく「七月念仏」と呼ばれ、男性のみの参加であったという［宜野湾市青年エイサー歴史調査会編 二〇一五：一〇三］。

伊佐区の戦前のエイサーは、大正時代から行われ、北谷村千原（現嘉手納町）から習ってきたのが始まりという［宜野湾市青年エイサー歴史調査会編 二〇一五：六九］。戦後、一九五五（昭和三〇）年ころから復活したという。

中原区の戦前のエイサーは北谷村《ちゃたん》（現嘉手納町）千原の流れを組んでいたという。当時は男女で踊られていたが、戦争のために中断した。戦後は一九六八年頃から中原区エイサーとして復活したが、一九六九年に具志川市（現うるま市）上江洲《うえず》から指導を受けた［宜野湾市青年エイサー歴史調査会編 二〇一五：一三七～一三八］。

このように、戦前エイサーが行われていた各地区のいずれも沖縄戦による中断を経て復活した。そして復活時に、各地区におけるエイサーの様式は、他地域のエイサーを導入することによって、それ以前に踊られていた様式から相当変化していることが分かる。

表②「宜野湾市域エイサーの状況」は、『増訂 宜野湾市のエイサー——継承の歴史』をもとに、現在宜野湾市内で踊られている各青年会エイサーの由来、様式についてまとめたものである。

この表を元に、現在のエイサーが伝わった年代順に並べたのが、図⑦「宜野湾市域エイサー系譜図」である。

この系譜図や表②「宜野湾市域エイサーの状況」を見ると、宜野湾市域では、大太鼓・締太鼓エイサーとパーランクーエイサーが混在していることが分かる。

一九六〇年代後半にはパーランクーエイサーが伝わった地域が増加している。野嵩《のだけ》一区（一九六八年）、宜野湾区（一九六七年赤野より）、大山区（一九六七年宜野湾区より）、普天間《ふてんま》二区（一九六七年比嘉より）、普天間三区（一九六八年赤野より）、そして七〇年代に入ってからは、喜友名《きゆうな》区（一九七〇年比嘉より）、我如古区（一九七八年与那城より）がパーランクーエイサーを始めている。これらにおいては、うるま市（旧具志川市）赤野や浜比嘉島の比嘉などが複数の地区の源泉となっている。これは、近隣地区の伝習先が他地区にも影響を与えているためと考えられるだろう。

表② 宜野湾市域エイサーの状況

地区名	由来・起源	エイサー様式
野嵩一区	1967～	大太鼓　締太鼓　パーランクー
野嵩三区	1966～ 安仁屋	大太鼓　締太鼓　女手踊
普天間一区	1976～ 謝苅4区（北谷町）	大太鼓　締太鼓　女手踊
普天間二区	1967～ 比嘉（浜比嘉島）	大太鼓　パーランクー　女手踊
普天間三区	1968～ 赤野（旧具志川市）	大太鼓　パーランクー　女手踊
新城区	1980～ 謝苅3区（北谷町）	大太鼓　締太鼓　女手踊
喜友名区	1970～ 比嘉（浜比嘉島）	大太鼓　パーランクー　男女手踊
伊佐区	1955～（1915～ 千原）	大太鼓　締太鼓　女手踊
大山区	1967～ 宜野湾区	大太鼓　パーランクー　女手踊
宇地泊区	1981～ 長浜（読谷村）	大太鼓　締太鼓　女手踊
大謝名区	1973～ 伊佐区	大太鼓　締太鼓　女手踊
嘉数区	1978～ 伊佐区	大太鼓　締太鼓　男女手踊
真栄原区	1982～ 伊佐区、1983～ 諸見里	大太鼓　締太鼓　女手踊
我如古区	1978～ 与那城（旧与那城村）	大太鼓　パーランクー　女手踊
長田区	1975～	大太鼓　締太鼓　男女手踊
宜野湾区	1967～ 赤野（旧具志川市）	大太鼓　パーランクー　女手踊
愛知区	1966～ 愛知、神山	大太鼓　締太鼓　男女手踊
中原区	1968～ 上江洲（旧具志川市）	大太鼓　締太鼓　女手踊

※網掛は、パーランクーエイサーの地域を表す。

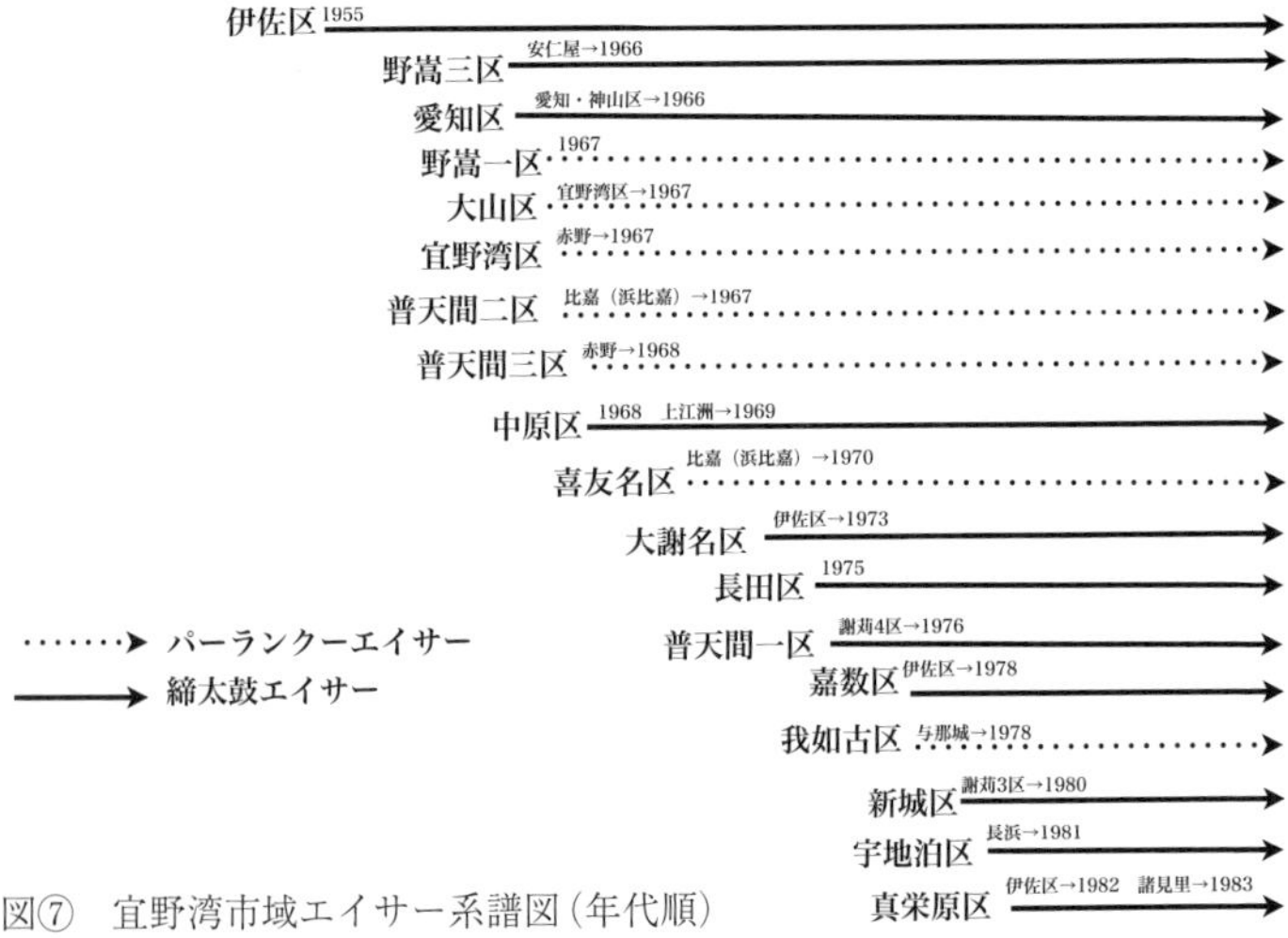

図⑦ 宜野湾市域エイサー系譜図（年代順）

一方、一九七〇～八〇年代には太鼓エイサーを始める地区が増加してゆく傾向が見て取れる。大《おお》謝名《じゃな》区（一九七三年伊佐区より）、長田区（一九七五年）、普天間一区（一九七六年 謝苅《じゃーがる》四区より）、新城区（一九八〇年謝苅三区より）、宇地泊《うちどまり》区（一九八一年長浜より）、真栄原《まえはら》区（一九八二年伊佐区より、一九八三年諸見里《もろみざと》より）と、宜野湾市の隣接市町村（北谷町、読谷村、沖縄市）各地から伝習していることが分かる。

これを年代ごとにまとめてみると次のようになる。

- 一九五〇年代　締太鼓エイサー1
- 一九六〇年代　締太鼓エイサー3、パーランクーエイサー5
- 一九七〇年代　締太鼓エイサー4、パーランクーエイサー2
- 一九八〇年代　締太鼓エイサー3

いずれにしても、宜野湾市域では前述のようにいくつかの地区で戦前からエイサーが踊られていたが、戦争で中断した。一九六〇年代以降に（伊佐区は一九五五年から）、他地域からの影響を導入しながら徐々に復活してエイサーが盛んになってきたことが読み取れる。戦後の沖縄本島のエイサーの歴史においては、宜野湾市はエイサー普及が比較的新しい地域であるといえるだろう。

そして、エイサーの様式は地域的特徴を反映しているのではなく、戦後沖縄社会のエイサーコンクールが隆盛した状況の中で、新たにエイサーを始めた青年会や、従来のエイサーの様式をやめて他の地域のエイサーを新たに導入する青年会が多くを占めていることが分かる。その場合、どこから習得するかについては、各地域独特のエイサー様式（第二節のエイサー分類を参照）に依拠して決められたわけではなく、当事者の趣向やその時代の価値観に基づく判断によって選択されてきたことが確認できる。都市化、情報化社会におけるエイサーの新たな伝播の方法が主要となっているのである。

五　沖縄本島南部へのエイサーの伝播

ここでは沖縄本島南部地域におけるエイサーの伝播状況を見てゆく。

沖縄本島南部地域は、琉球国時代には島尻方《しまじりほう》と呼ばれていた。一八九六（明治二九）年に島尻郡が発足し、郡役所は那覇に設置された。一九〇八年には、島嶼町村制施行により、島尻郡に糸満《いとまん》町（兼城間切のうち糸満村が分立）・小禄《おろく》村・豊見城《とみぐすく》村・兼城《かねぐすく》村・高嶺《たかみね》村・真壁《まかべ》村・喜屋武《きゃん》村・摩文仁《まぶに》村・具志頭《ぐしかみ》村・玉城《たまぐすく》村・知念《ちねん》村・佐敷《さしき》村・東風平《こちんだ》村・大里《おおざと》村・南風原《はえばる》村・真和志《まわし》村・具志川《ぐしかわ》村・仲里《なかざと》村・渡嘉敷《とかしき》村・座間味《ざまみ》村・渡名喜《となき》村・粟国《あぐに》村・伊平屋《いへや》村が発足した。一九四九（昭和二四）年には、大里村の一部が与那原町として分立した。

その後戦後の合併・町制施行等を経て、糸満町・兼城村・高嶺村・三和村（旧真壁村・旧喜屋武村・旧摩文仁村）が糸満市に、真和志村（真和志市を経て）、小禄村が那覇市に合併、南風原村は南風原町に、佐敷村は佐敷町となる。二〇〇二（平成一四）年には、豊見城村が市制施行して豊見城市、仲里村・具志川村が合併して久米島町が発足する。二〇〇六年の平成大合併では、東風平町・具志頭村が合併して八重瀬町が発足、玉城村・知念村・佐敷町・大里村が合併して南城市が発足し、郡より離脱した。

沖縄本島南部地域において、エイサーが広く踊られるようになったのは戦後、特に一九六〇年代以降のことである。もともと本島南部地域にはほとんど太鼓エイサーは分布していなかった。その理由は、念仏のみで各家を巡回するというエイサーよりさらに古い習俗が本島南部地域一帯に残存していたことによると思われる。ここではその事例をいくつか紹介する。

那覇市国場《こくば》では、かつては旧暦七月一五日の夕方、ムラヤー（村屋）の念仏エイサー好きの男女が集まり、道行きの準備をした。使われる楽器は三線、鉦鼓、太鼓である。地謡（歌三線）が四、五人、瓶担ぎが二人、あとはハヤシ（囃子）でこれは多いほどよい。一行はムラの東西に別れ、両端から各家を回っていった。普通の家では念仏《はなぐらん》を、ミィサ（死者が亡くなって一年未満）の家では念仏《いちちぃぬ》を歌って先祖の霊を供養した。念仏歌のあとは《サウエン節》になって軽い手踊りが加わり、次の家へと移っていった。各家ではどんなに遅くなってもエイサーが帰った後でウークイ（送り）をした［沖縄全島エイサーまつり実行委員会 一九九八：二四六〜二四七］。

南風原町喜屋武では、一九三五（昭和一〇）年ころまでクーヤーと呼ばれる行事を行っていた。旧暦七月一六日のウークイを済ませた真夜中、ムラの青壮年の男性がニーヤー（根屋）に集まり、ニンブチャー（念仏）歌を歌って出発した。一行は三線弾き、村役、六尺棒役、青年たちの順で、鳴り物には銅鑼《どら》、パーランクー（二〇〜三〇個）が使われた。回る順は集落の西から東へと進んだ。仏壇のある家では念仏歌を歌った。念仏歌は《継親念仏》《仲順流り》《親の御恩》など六種あった。仏壇のない家では《唐船ドーイ》《越来ヨー》《ピーラルラー》《海ヤカラー》などのカチャーシー歌を歌い踊った。全家庭でお酒を乞い、二人で担いだ酒瓶に入れて回った。全家を回り終えると再び全員ムラヤーに集まり、集まった酒を酌み交わし、賑やかに舞い遊んだ［沖縄全島エイサーまつり実行委員会 一九九八：二四七］。

南城市（旧佐敷町）手登根《てどこん》では、昔はハイヤーサと呼んでいた。戦前までは旧暦七月一七日に行われていた（現在は一六日）。ムラの人々は一六日午後からヌルドゥンチ（ノロ殿内）に集まり、ノロを中心とした行事を行い、その後ハイヤーサが始まった。ムートゥヤー（元家）から各家の順で回った。ミーサ（その年に死人を出した家）は回らなかった。夜明け前頃、シルイルン（トゥン、殿）で最後に踊った。大正期はじめころまでは三線はなく、鉦《かね》と太鼓、女性が持つチヂン（鼓）、酒を受け取るおどけ役のパーランクーという打楽器だけで拍子を取りつつ歌い踊っていた。隊形は円陣ではなかった。エイサー歌は隊列のままで踊り、《ピーラルラー》で列を崩して自然な形で踊った［沖縄全島エイサーまつり実行委員会 一九九八：二四七〜二四八］。

このように、沖縄本島南部各地では、今日我々が目にするような現代的なエイサーとはかなり様相を異にする、念仏歌を中心として各家を巡回する習俗が広がっていたことが分かる。しかしこれは沖縄本島南部に限ったことではない。沖縄本島北部では、前述のように早くも明治・大正期からモーアシビ（野遊び）で流行った楽しい民謡の数々を取り入れ芸能化した手踊りエイサーが流行り、念仏歌だけで家回りをする習俗が早く姿を消したと考えられる。

ところが、戦後沖縄社会の復興が進み、一九五〇年代以降エイサーコンクールも隆盛するにつれ、宜野湾市と同じく、旧コザ市で開催された全島エイサーコンクールの影響を受け、六〇年代にはコンクール初期の優勝団体を輩出した与勝地域のパーランクーエイサーが多く南部地域にも伝わった。[*8] さらに、一九七〇年代以降は沖縄本島中部地域で支配的な大太鼓・締太鼓エイサーも多く南部地域にも伝わった。

こうした沖縄本島南部地域におけるエイサー伝播の状況を考察するにあたって、資料的な問題がある。それはいまだに沖縄本島南部地域におけるエイサー伝播・分布状況についての悉皆的な調査が行われていないことである。ここではやや情報が古くなるが、一九九八年刊行の『エイサー360度──歴史と現在』[*9] から、一九九〇年代までの時点における本島南部地域エイサーの様態についての情報をまとめた。また、ほぼ同時期の調査に基づいている板谷徹編『沖縄におけるエイサー芸能の動態の総合的研究』[*10] から、一九九〇年代末における本島南部地域エイサーの実態についての情報をまとめた。いずれも現在からは二〇年以上前の情報であり、最新のエイサー状況はこれらの情報からはさらに変化している可能性があることを断っておきたい。表③「沖縄本島南部エイサー伝承状況一覧」は、これらの資料をもとに本島南部各地域エイサーの由来や形態についてまとめたもの

役　柄	由来・起源	出典
手踊（創作でパーランクー）	100年ほど前読谷から習った。	*
	1990年北谷の協力で復活。	**
チョンダラー1	1997頃浦添市から習った。	*
手踊女 ワクヤー4	1975年頃具志川市、石川市、北谷町謝苅から習った。	**
滑稽役2 旗持1 瓶担1	1995年糸満市喜屋武から習った。	*
	1990年読谷村楚辺から習った。	**
ばじゅん小20 東西南北2 旗持1	1984年屋慶名を見に行って始めた。	*
チョンダラー2〜6 旗持1	1984、5年頃奥武島に習いに行った。	*
手踊 旗	1994年浦添市内間から習った。	**
	1969年勝連町浜比嘉から習った。	**
手踊10 滑稽役2 旗持1	1975年頃石川市山城の指導を受けた。	*
滑稽2 旗持3 瓶担2 酒配1	1998年復活。様々な地区の型を導入。	*
手踊女 チョンダラー 瓶担	1966年から。屋慶名、平敷屋、平安名から導入。	*
滑稽役	19780年頃、奥武から習った。	*
手踊女10 チョンダラー4	1992年OBに沖縄市近郊の型を習った。	*
	中断後、1995年頃玉城村堀川へ習いに行った。	*
手踊女20	1993年頃沖縄市に依頼して習った。	**
チョンダラー1	1996年から始まる。浦添市宮城の型を参考に。	*
手踊女16 京太郎4 カタミー2 旗1	1996年頃糸満市大里に習った。	*
手踊女8 滑稽 瓶担 旗持1	1988年沖縄市諸見里から自習。いま交流。	*
手踊女 チョンダラー 旗持1	1980年大里村大城から習った。	*
手踊女	1979年頃糸満市米須から習った。	**
手踊女11 滑稽4〜5 旗持1	1985年開始、1990年糸満市米須から習った。	*
手踊女20男8 ザンメー15 前舞2 旗持1	1978年糸満市喜屋武から習った。	*
手踊女20 滑稽役 旗持1 瓶担2	1965年頃屋慶名から習った。	*
手踊 滑稽役 旗持	1972年沖縄市園田から習った。1979年具志頭村安里に教わった。	*
手踊男18女22 チョンダラー5（瓶担2）	戦前から。1978年頃屋慶名の人から習った。	**

※「太鼓の種類」の列は、大：大太鼓、締：締太鼓、パー：パーランクーを表す。数字は各々の太鼓の数を表す。

※「出典」の列は、*:『沖縄におけるエイサー芸能の動態の総合的研究』［板谷編 2005］、**：『エイサー360度――歴史と現在』［沖縄全島エイサーまつり実行委員会 1998］を表す。

表③　沖縄本島南部エイサー伝承状況一覧

旧市町村名		本　番	太鼓の種類	曲数
那覇市	首里石嶺	旧7月14日	大6 締30（パー40）	4+3
	首里平良			
	久場川	旧7月13〜15日	大 締20 パー	創作
	安次嶺	旧7月14〜15日	大4 締26	9
豊見城市	保栄茂	8月〜豊年祭	大2 パー24	6
	豊見城	旧7月14〜15日	大4 締	9
南風原町	津嘉山	旧7月15日	大2 パー24	12
	神里	旧7月15日	大4 パー	10
佐敷町	合同	町内イベント	大2 締15	5
大里村	大城	豊年祭	パー	5
玉城村	親慶原	旧7月13〜14日	大4 締23	6
	百名	8月28日	大4 締2 パー24男女	7
	奥武	旧7月15日	大4 パー	7
	堀川	旧7月14〜15日	大 パー21	9他
	船越	旧7月13〜15日	大4 締	8
	前川		大4 パー36	
知念村	合同	知念村祭り	大5 締40	6
東風平町	屋宜原	旧7月13〜15日	大6 締 パー女・子	5他
	富盛	旧7月14〜15日	大4 パー24	5
具志頭村	具志頭	旧7月14〜15日	大4〜8 締	11
	新城	8月20〜21日	大6 パー28	7
	安里	旧8月13、14日	大 締	
糸満市	武富	旧7月15日	大6 締15	8
	大里	旧7月13、15日	大4 パー24	9
	喜屋武	旧7月13〜15日	大2 パー24	11
	米須	旧7月14〜15日	大8 締	9
	真栄里	旧8月16日	大4 パー30	

である。[*11]

表③をもとに、沖縄本島南部地域のパーランクーエイサーの系譜関係を図化したものが、図⑧「沖縄本島南部地域パーランクーエイサー系譜図」である。これを見て特徴的なのは、この地域において、多くのパーランクーエイサー団体が沖縄本島中部与勝半島周辺地域のエイサーの系譜を持

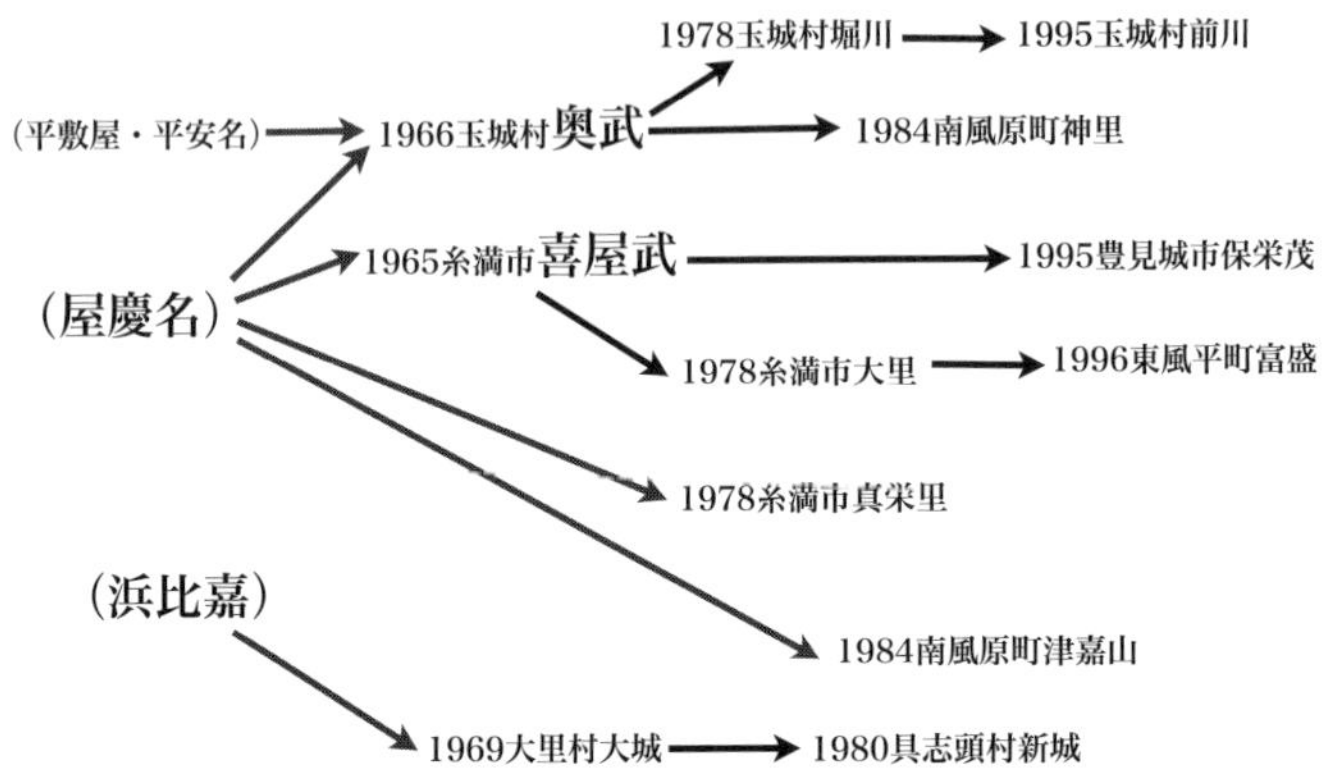

図⑧　沖縄本島南部地域パーランクーエイサー系譜図

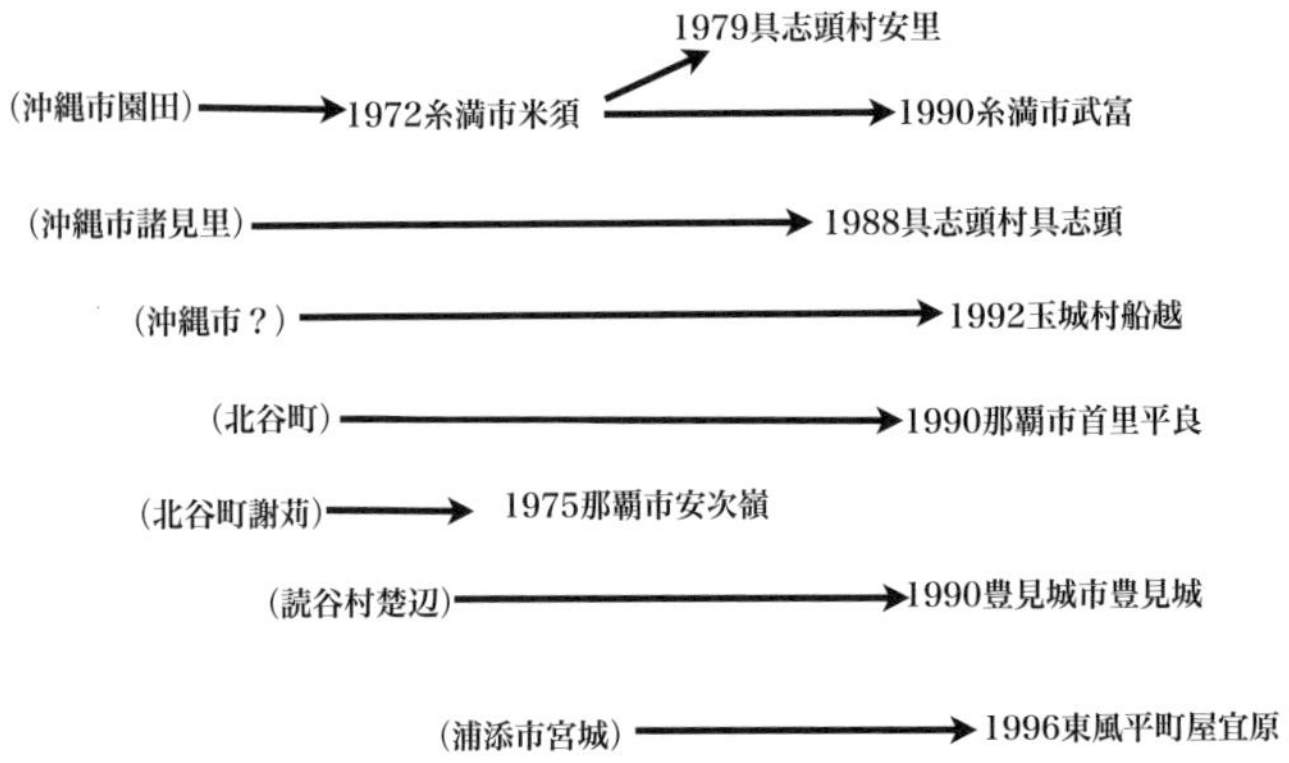

図⑨　沖縄本島南部地域締太鼓エイサー系譜図

っていることである。そしてそれらの多くが一九六〇年代にパーランクーエイサーを始めていることである。このことは、全島エイサーコンクールの初期において与勝半島地域のパーランクーエイサーが高い評価を受けたことを如実に反映していると思われる〔宜野湾市青年エイサー歴史調査会編 二〇一五：一三七～一三八〕。もともとエイサーが盛んでなかった本島南部地域の、これからエイサーを始めようとする若者たちにとって、全沖縄的なエイサーコンクールの場で活躍し、高評価を受けるパーランクーエイサーに憧れ、そのスタイルを習得してみたいと考えるのはごく当然のことであると思われる。

また、与勝半島地域のパーランクーエイサーの系統を引く団体が多いことに加えて、子、孫、曾孫世代というように、南部地域の中の特定の団体から次の団体、さらに次の団体へと親子孫関係のように継承されていく状況がたいへん特徴的である。たとえば、屋慶名（うるま市与那城）→喜屋武（糸満市）→大里（糸満市）→富盛（八重瀬町）のように、大元の屋慶名から数えると、富盛は曾孫の団体にあたるのである。

次に、沖縄本島南部地域における締太鼓エイサーの系譜関係を図化したのが、図⑨「沖縄本島南部地域締太鼓エイサー系譜図」である。これを見てみると、沖縄本島南部地域の締太鼓エイサーの特徴としては、本島中部（沖縄市、北谷町、読谷村）からの系譜を持つ団体がかなり目立つ。しかもその伝播時期が一九七〇年代～九〇年代と、パーランクーエイサーが南部地域に伝播してきた一九六〇年代よりは比較的遅い時代であることが分かる。エイサーコンクールでパーランクーエイサーが席巻した時代が過ぎて、一九七〇年代以降は太鼓エイサーのパフォーマンスが向上し、コンクールで好成績をあげるようになったことがここに反映していると考えられる。[*12]

ただし締太鼓エイサーにおいては、パーランクーエイサーにあったような、ある団体から子、孫といった逐次的な継承関係は見られない。例外的事例としては、園田（沖縄市）→米須（糸満市）→安里（八重瀬町）、米須→武富（糸満市）という系譜関係がある。

このパーランクーエイサーと締太鼓エイサーの系譜関係の違いには、一九七二年の日本復帰後、沖縄の道路状況も徐々に整備され車中心社会が加速化し、本島南部地域在住の若者たちにとって、直接本島中部地域に出向いて教習を受けることが復帰前の一九六〇年代よりも容易となったというような時代状況が反映しているのかもしれない。

六　まとめ

本章では、戦後（復帰前〜復帰後）沖縄におけるエイサー伝播の現状を沖縄本島北部（名護市）・中部（宜野湾市）・南部の事例によって検討してきた。ごく限られた事例ではあるが、そこから明らかになったことを以下の二点として指摘しておきたい。

第一に、一九六〇年代以降、沖縄本島各地のエイサー様式には沖縄の民俗音楽的、芸能民俗誌的研究で描かれてきたような芸態の分布がうまく当てはまらない状況となってきている。これには、戦後日本本土と同じく大きな変貌を経てきた沖縄の現代社会の様々な様相が影響を与えていることが考えられる。近代以降、数々の歴史的困難を通過してきた沖縄社会において、日本本土とは異なる速度ではありながら、従来の農村中心社会から転換し都市型生活様式が浸透していった。それによって人々が日々依拠する社会生活の領域も極度に拡大した。エイサー活動の母体となる青年会活動も従来の居住地域単位だけではなく、小中学校から高校へと進学する若者たちの居住地を超えた校区単位での人間関係が形成されている。[*13] また、人々が本来の居住地を離れて遠隔地に車で通勤したり、他地域出身者と婚姻したり、遠隔地域間の人間関係を持つ頻度が高くなっている。こうしたことがエイサーの現代的伝播・分布の遠因となっていることが考えられる。

第二に、エイサーコンクールが活発化した一九六〇年代以降、沖縄本島各地において、新たにエイサーを始める地域にどのエイサー様式が伝播していくかは、コンクールでの評価や団体の社会的知名度など、その時代時代の潮流や流行によっていることが考えられる。本島北部の名護市の事例では、東海岸の久志地区（旧久志村）において、一九六〇年代以降本島中部から締太鼓エイサーが伝播し、各地に広まっている。また本来手踊りエイサーが盛んに踊られていた名護市中西部（旧名護町・屋部村）においても一九八〇年代以降、締太鼓エイサーが徐々に伝播してきている。

沖縄本島中部の宜野湾市の事例では、一九六〇年代にエイサーを新たに始めた、あるいは復活した地区は比較的パーランクーエイサーの導入が多かったのに対して、一九七〇年代以降は締太鼓エイサーが増加していく。

沖縄本島南部地域においても宜野湾市と同様の傾向が見られ、一九六〇年代にエイサーを新たに始めた地区は、沖縄本島与勝地域のエイサー（平敷屋、平安名、屋慶名、浜比嘉）からエイサーを導入し、そこからさらに近隣地区へと、子→孫→曾孫という系譜関係によってパーランクーエイサーが伝播していく状況が見られた。それが一九七〇年代以降になると、沖縄本島中部（沖縄市、北谷町、読谷村など）から直接締太鼓エイサーを導入する地区が現れる傾向が確認できた。

こうした沖縄本島中南部におけるエイサー伝播傾向の年代による変化は、これまで幾度か指摘したように、一九五〇年代以降の沖縄のエイサーコンクール初期のパーランクーエイサー高評価の時代から、一九七〇年代以降の締太鼓エイサーの台頭と隆盛という情勢の変化が反映しているのではないかと考えられるのである。

これまで見てきたように、沖縄本島各地において異なるエイサー様式（手踊りエイサー、パーランクーエイサー、締太鼓エイサー）が混在する分布状況については、第二節において紹介したような近代期を通じて形成されてきたエイサー様式の地域的分布が、現代沖縄社会においてはなかなか当てはまらず、様々なエイサー様式がモザイク的に混在するより複雑な様相を呈しているということを認識しなければならない。私達がいま目にしている沖縄各地のエイサー様式のモザイク的混在状況には、戦後の激動する沖縄社会が通過してきた様々な現代的要因が反映しているのである。

1――『琉球王朝古謡秘曲の研究』には、一九一三（大正二）年に首里近郊に居住するチョンダラー達から採集した琉球念仏各種のテキストに加えて、念仏「親の御恩」「親しぐん」の歌唱旋律も採譜されている。これは念仏が三線伴奏化されてエイサーの中で歌われる以前の姿を伝える貴重な資料である。また採譜年代は定かでないが、エイサー数曲の採譜も掲載されている［山内 一九六四］。

2――近現代のチョンダラー研究の概要については、［久万田 二〇一一：第四章］を参照されたい。また近現代のエイサー研究の動向については［久万田 二〇一一：第五章］参照のこと。それ以外にも、一九八〇年代以降は『沖縄大衆芸能――エイサー入門』『エイサーアンケート』『沖縄市のエイサー――伝統の継承者たち』などが発刊されている。

3――小林幸男・公江のエイサーに関する調査報告・研究論文は多数あるが、代表的なものとして［小林幸男 一九八六・一九九一・一九九八］［小林幸男・小林公江 二〇〇九・二〇一三］などがある。

4――エイサーコンクールの展開については、［岡本 一九九八］［久万田 二〇一一：第五章］などを参照。

5――同書において、筆者はエイサーに関連するデータの取りまとめおよびエイサー概説の執筆を担当した。

6――塚田健一は、この瀬底からの伝播の問題について方法論的な検討を加えている［塚田 二〇一九：第二章］。

7――野嵩は、野嵩一区、二区、三区となった。安仁屋、伊佐浜、神山、赤道、上原は、行政区としてはなくなり、他の地区に再編された。また現在、佐真下にはエイサーはない。

8――全島エイサーコンクールの初期の優勝団体は次のようになっている。第一回（一九五六年）：勝連村比嘉青年会、第二回（一九五七年）：勝連村比嘉青年会、第三回（一九五八年）：勝連村平敷屋青年会、第四回（一九五九年）：与那城村屋慶名青年会、第五回（一九六〇年）：コザ市園田青年会、第六回（一九六一年）：具志川村赤野青年会。このように、初期の頃はパーランクーエイサーの優勝が続き、第五回でやっとコンクール開催の地元であるコザ市園田が優勝している。全島エイサーコンクールの開催初期は、パーランクーエイサーが圧倒的に評価されていたことが分かる［沖縄全島エイサーまつり実行委員会 一九九八：三四九〜三五〇］。

9――筆者は『エイサー360度――歴史と現在』において、沖縄本島南部エイサー諸団体についての調査および執筆を担当した。

10――筆者は『沖縄におけるエイサー芸能の動態の総合的研究』にまとめられた科学研究費助成研究（一九九七〜一九九九年度）に研究分担者として参加すると共に、沖縄本島南部エイサー諸団体についての調査およびデータ作成を担当した。

11――沖縄本島南部地域（那覇以南）のエイサー伝承で特異なのは、首里石嶺である。エイサーの伝承の少なかった沖縄本島南部地域の中で、戦前期に読谷村から習得したという伝承を持っている。これについては、さらに詳しい調査が必要である。

12――ただし、エイサーコンクールは順位を巡る様々な葛藤が表面化した結果、一九七〇年代半ばにはコンクール形式を取りやめ、順位をつけない祭り形式に移行していった［岡本 一九九八］。沖縄市の全島エイサーコンクールは一九七七年から祭り形式に移行、沖縄県青年団協議会主催の沖縄エイサー大会は一九七五年から青年ふるさとエイサーまつりとなった。

13――沖縄の青年会は、本来居住地域の自治会の下部組織として、活動の名目、内容ともに当該地域と密接な関わりを持つべき組織である。しかし現代における都市部の青年会においては、青年会構成員の半分以上、時には三分の二以上が他地域居住者となっている事例が多く見られる。これには、青年会参加者が居住地域に基づくよりも、小中学校、高校などの校区単位の友人関係によって参加を決定していることがその要因として挙げられる。『エイサー360度――歴史と現在』の沖縄市域内各団体の情報などを参照されたい。

＊参考文献

池宮正治　一九九〇『沖縄の遊行芸――チョンダラーとニンブチャー』ひるぎ社
板谷徹編　二〇〇五『沖縄におけるエイサー芸能の動態の総合的研究』（科学研究費基盤研究Ｃ２研究成果報告書）沖縄県立芸術大学
岡本純也　一九九八「戦後沖縄社会におけるエイサーの展開」（沖縄全島エイサーまつり実行委員会『エイサー３６０度――歴史と現在』那覇出版社）
沖縄市立郷土博物館編　二〇〇八『沖縄市のエイサー――伝統の継承者たち』（沖縄市立郷土博物館第三六回企画展図録）沖縄市立郷土博物館
沖縄全島エイサーまつり実行委員会　一九九八『エイサー３６０度――歴史と現在』那覇出版社
琉球新報社編　一九八四『沖縄大衆芸能――エイサー入門』琉球新報社
宜野湾市青年エイサー歴史調査会編　二〇一五『増訂　宜野湾市のエイサー――継承の歴史』榕樹書林
宜保榮治郎　一九九七『エイサー――沖縄の盆踊り』那覇出版社
ぐしけんかなめ編　一九九〇『エイサーアンケート』エイサー研究会
久万田晋　二〇一一『沖縄の民俗芸能論――神祭り、臼太鼓からエイサーまで』ボーダーインク
小林公江　二〇一〇「沖縄県名護市名護地区のエイサーと本部町瀬底エイサーとの関係」（『関西楽理研究』第二七号、一～一六頁）
小林幸男　一九八六「沖縄本島女エイサーの音階」（『諸民族の音――小泉文夫先生追悼論文集』音楽之友社）
小林幸男　一九九一「沖縄本島北部の女エイサーの歌唱構造」（『民俗音楽』第一〇号）

小林幸男　一九九八「エイサーの分類」（沖縄全島エイサーまつり実行委員会『エイサー３６０度――歴史と現在』那覇出版社、三六〜五二頁）
小林幸男・小林公江　二〇〇九「女エイサーの音楽（その１）」（『沖縄芸術の科学』第二一号、四三〜六二頁）
小林幸男・小林公江　二〇一〇『楽譜・歌詞資料　沖縄県名護市の大兼久エイサー――大東・大中・大西・大南・大北・山田』私家版
小林幸男・小林公江　二〇一三『私達の沖縄調査・録音・録画資料（１）――一九七五年〜二〇〇五年』私家版
塚田健一　二〇一九『エイサー物語――移動する人、伝播する芸能』世界思想社
名護市史編さん委員会編　二〇一二『名護市史　本編・８　芸能』名護市役所
日本放送協会編　一九九一『日本民謡大観（沖縄・奄美）　沖縄諸島篇』日本放送出版協会
宮良当壮　一九二六『沖縄の人形芝居』郷土研究社（『日本民俗誌体系　第一巻・沖縄』〔角川書店、一九七四年〕所収、『宮良當壮全集』第一二巻〔第一書房、一九八〇年〕所収）
山内盛彬　一九二八「琉球の盆踊」（『民俗藝術』第一巻八号、四九〜五八頁）（『山内盛彬著作集』第三巻〔沖縄タイムス社、一九九三年〕所収）
山内盛彬　一九六四『琉球王朝古謡秘曲の研究』民俗芸能全集刊行会（『山内盛彬著作集』第二巻〔沖縄タイムス社、一九九三年〕所収）

コラム⑤　「琉球國祭り太鼓」の躍進　目取真武男と創作エイサー　◉久万田晋

沖縄の創作エイサーを代表する「琉球國祭り太鼓」の創始者・目取真武男《めどるまたけお》＊1（一九五一年生）は、沖縄市泡瀬《あわせ》に生まれ育った。泡瀬はエイサーや京太郎《チョンダラー》など、民俗芸能が盛んな土地柄である。青年時代には地域の青年会長を務め、エイサーや京太郎を演じたという。高校時代には、当時教諭であった山内徳信（一九三五年生、一九七四年より読谷村長を六期、その後沖縄県出納長を務めた）の深い影響を受け、沖縄の歴史・文化に強い関心を抱くようになった。

日本復帰を遂げた一九七〇年代の沖縄では、青少年のバイク暴走行為が社会問題となっていた。ところが不思議なことに、旧盆のエイサーの時期になると、暴走行為をしていた若者が熱心にエイサーを演じていた。これを見た目取真は、エイサーには若者を引きつける魅力があると気づき、若者たちのエネルギーが発揮できる場、感動の場を生み出そうという目的で太鼓グループ実行委員会結成を構想したという。エイサーの時期にとらわれずに活動ができ、男性による太鼓の演技を基本として、そこに現代的な要素と伝統沖縄的な要素を組み合わせたものを創ろうというものであった。しかしこの構想は、周囲の誰にも理解されず、実現までには一〇年かかったという。その間、沖縄文化を掘り起こす地道なイベントを積み重ね、徐々に理解者を育てていった。

一九八二年一一月、泡瀬、登川、知花、高原など沖縄市内の青年会から目取真の趣旨に賛同した若者が集ってきた。彼らは各青年会に所属しながら、目取真の企画に参加し、従来の青年会とは異なる新たな組織として「祭り太鼓実行委員会」を結成したのである。当時の主な活動の場は各地で開催される観光イベントだった。沖縄各地に支部が結成され、徐々に輪が広がっていった。女性たちからも参加の

「琉球國祭り太鼓」の演舞風景（OKINAWAまつりin代々木公園、2019年5月）

希望が増え、大太鼓を叩くことを女性達にも開放した。作品作りにおいても、従来のエイサーとは大きく異なる大胆な発想で取り組んだ。マイケル・ジャクソン《ビリー・ジーン》、琉球古典音楽《瀧落し》を導入し、更には沖縄の空手の要素も導入していった。そして一九八七年の海邦国体を契機に、団体名を「琉球國祭り太鼓」と改めたのである。その後、日本本土や海外にも支部を設け、沖縄の観光イベントに積極的に関わっていった。

こうして一九八〇年代以降、「琉球國祭り太鼓」を嚆矢として、沖縄に創作エイサー団体が続々と登場してきた。創作エイサー団体は、住む地域や年齢を問わず誰でも参加できる、旧盆の時期以外にも年間を通じて活動する、女性でも太鼓を叩ける、県外・海外に支部組織をつくる、音楽にポップスを積極的に導入するなど、従来の青年会エイサーとは団体の性格や活動内容が様々な点で大きく異なっている。これらの創作エイサー団体の活発な活動を通じて、エイサーが全国の教育現場（小中学校の運動会など）や世界各地に広がっていった。沖縄では二〇一一年以降、創作エイサーのコンテストである世界エイサー大会も継続的に開催されている。

こうして創作エイサーは、現代のエイサー文化を語る上では欠かすことのできないものとして、存在感を発揮しているのである。

1——目取真武男の略歴については、大城盛裕『現代沖縄における「和太鼓」系創作芸能の実践に関する考察』（沖縄県立芸術大学大学院芸術文化学研究科博士論文、二〇〇九年）を参考にした。

第6章

ふるさとへの希求

ハワイ沖縄系移民と芸能

◉遠藤美奈

一　はじめに

「ふるさと」と呼ぶことのできる場所や心の拠り所は、自らが何者であるのかを教えてくれる。

かつて沖縄は、琉球王朝を築いていたが、琉球処分によって琉球藩へ、そして廃藩置県によって沖縄県となり、この土地を呼ぶ名は慌ただしく時代とともに大きく変わった。ここに住む人たちは、いいい沖縄県民と呼ばれるようになったが、どのように他者から呼ばれようとも、県内で暮らしているうちは、そのようなことを意識する必要がほとんどなかったから、たいていの人たちにとってあまり重要なことではなかったのかもしれない。だが、県設置のわずか二〇年後に開始された海外への出稼ぎ移民は違ったかもしれない。異なるエスニックコミュニティとの出会いもさることながら、同じエスニックとみなされていた沖縄県以外のいわゆる本土出身者との出会いも待ち構えていた。それはまさに他者との出会いの最前線だったに違いない。さまざまな人との出会いのなかで生まれた逸話は、移民の数だけ語られてきた。なかでも本土出身者との文化的な差異から生じた溝については、これまで多くの研究でも指摘され、悲話も残されている。だが、消極的な表現や逸話だけでは、こうした溝の部分について移民が重ねてきた足跡の一部をも十分に説明することはできない。とりわけ芸能が演じられる場面は、悲哀を帯びながらも歓喜に満ちていることが多い。

そこで本章では、沖縄から最初の移民先となったハワイの日系社会で演じられてきた沖縄系移民の芸能実践を取り上げる。とりわけ日系社会やその周辺の人々がその実践をどのように評価し、眼差しを向けてきたのかを知ることは、沖縄系移民の文化的な営みの新しい側面を見ることになるかもしれない。あわせて、入植後一〇〇年以上が経過した現在もなお、かの地に住みながらふるさとと深く結びつきを持つ移民の子弟らの横顔ものぞいてもらいたい。本章では、沖縄系移民が紡いできた唄や踊りを通じて、時代とともに移り変わる故郷沖縄と向き合う人々について考えていく。

二　沖縄系移民のはじまり——他者との出会い

沖縄県からの海外移民の始まりは、一八九九年まで遡る。神戸港から出発した船は、二六名を乗せ、年をまたぎ一九〇〇年にハワイへ到着した。[*1] この年、ハワイ諸島の各地でサトウキビプランテーションを営む耕地主たちは、ハワイがアメリカへ併合され、かつ契約労働制度が廃止されることを予見していたので、労働力を維持するために出稼ぎ移民の確保に奔走していた。そのため、大勢の日本人がハワイへ入植した。沖縄からの移民は、オアフ島ホノルルへ到着すると、すぐにエワ（Ewa）耕地へ向かい、沖縄系移民の先鞭をつけた。正式には、私約移民[*2]という労働形態で入植したが、この形態は廃止され、わずか三ヶ月で自由の身となってハワイ諸島の各地の耕地へと散って行った［沖縄県教育委員会編 一九七四：二一五〜二二二］。しかし、ホノルル内にあった日本人街でペストによる焼払い事件が発生すると、後続の移民が日本から送り出されることはしばらくなくなってしまう。沖縄の場合は、一九〇三年に移民がようやく再開されることとなって、移民地調査を兼ね當山久三（一八六八〜一九一〇）もこれに同行し、四一人が新たに入植することとなった。當山は、ハワイが有望な出稼ぎ先であることをその目で見て確信し、沖縄からの移民の送出へさらに尽力した。彼が移民の父と称される由縁である。

　ハワイでは一八六八年から本土出身者による出稼ぎがすでに始まっていたので、沖縄出身者は他県に比べ入植の時期が三〇年以上も後発となった。そのため、地縁や血縁に頼ることが多かったハワイの日系社会では、社会的にも経済的にも足がかりをえることが難しく、沖縄県出身者は不利な状況に置かれたとされている。[*3] 加えて、本当の苦労はむしろ沖縄から背負ってきた特徴ある自らの文化によるところが大きかったとも考えられている。沖縄からの入植者数が少数であった数年のうちは、自らの文化的な諸要素が目立つことが少なかったのだが、数千人単位の沖縄出身者がハワイへ入植すると、日系社会のなかで特徴ある集団として顕在化していった。沖縄出身者という集団の存在は、本土出身者との間にさまざまな差異を明確化させ、両者間における理解しがたい溝を深めることに結びついていったとみられる。この点に関して先行研究では、①異なる言語、②豚を食す食文化、③女性の手の甲に施された入れ墨（針突《ハヂチ》）などといった沖縄の古い慣習や習俗を理由に挙げている。これらの慣習は、奇異に見えただけではなく、本土出身者に文化的な「遅れ」のイメージを想起させたとみられている。ただ、日本各地からやってきた本土出身者の移民らが共通の言語や文化慣習を保持していたかといえば、そうとは限らないことは想像に難くない。とりわけ沖縄から「短期間で」「多数の」出稼ぎ移民がハワイへ送出されたことも遠因のひとつに加えなくてはならないだろう。

その一方で、沖縄からハワイへの移民には、かつての士族階級も多かった。本土出身者のなかには、文字が十分に書けない人たちも多かったので、沖縄出身者が本土出身者の手紙を代筆することもあったようだ。例えば、「今までは沖縄人は無教育の労働者だと思っていたが、実際は大間違い、沖縄人のなかには中学校を卒業した位の青年が随分沢山あるのみならず、全体から見ると、至って勉強心が多い」[*4]などの投稿が新聞にみられ、沖縄出身者の実像と、そのイメージとの間には少なからぬ違いがあったようだ。

入植二〇年が経過した一九二〇年代までには、沖縄系出身者は同郷ごとに組織を作り、市町村字会を発会させていく。新聞記事の掲載数の多さから察するに、活動が活発であったことがうかがえる。沖縄系出身者の動向が紙上にみられるようになった背景には、一九二〇年の尚典候の崩御の影響もあるかもしれない。その訃音は、遠く離れたハワイの沖縄系出身者らへも届き、ハワイ諸島の各地で追悼会が催された。これにはハワイ諸島内の日系仏教寺院のさまざまな宗派の開教使の協力も大きかった。尚氏の崩御を境にして、尚氏の人物像や関連する歴史などに迫った記事もみられ、かつて琉球と呼ばれた沖縄の独特な文化がハワイのなかで紹介され、沖縄系移民の文化的な背景が広く知られる先駆けとなった。

三　おきなわの唄と踊り――マウイ島における他者との出会いの最前線

さっそく、沖縄系出身者が自らの文化とどのように向き合い演じてきたのか、また本土出身者は沖縄系出身者の芸能をどのように見てきたのか、芸能実践の場から見えてくる他者との出会いの最前線を見ていきたい。特に本節では、戦前に沖縄系出身者の割合の高かったマウイ島の事例に着目する。

球陽倶楽部

マウイ島に住む日系人たちは、居住地域〔例えばワイルク〔Wailuku〕やプウネネ〔Pu'unene〕等〕ごとに、出身の県や市町村単位のコミュニティを結成していった。例えば沖縄系移民は、パイア地区（Paia）でパイア沖縄県人会を組成している。とりわけ沖縄系出身者が多かったパイアでは、一九二一年には周辺地域に居住する出身者をも含みながら広がり、やがてパイア沖縄県人会球陽倶楽部を立ち上げ、社会的な課題にも取り組む団体となっていった。

この頃の日系社会では、日本では許容される風俗や習慣も、他のエスニック集団からの目もあって不適切と見なされるものが散見された。新聞記事によれば、日系人は「優れた」移民でなくてはならないため、意識してそれを改めなければならないという風潮が強かったようだ。それらの文

図①　球陽倶楽部。演芸後の集合写真（年代不詳、マウイ沖縄県人会所蔵）

化・生活改善への理解を手助けするために行われていたのが矯風劇だった。沖縄系出身者らは、どの出身者コミュニティよりも早く取り組んだようで、矯風劇を用いて、ハワイ社会で生活していくためにいくつかの慣習を改め、かつ周知することにつとめた。球陽倶楽部が最初におこなった社会的な活動も矯風劇で、「余興演芸会は予想以上の成功にて二晩にて入場者三千人を超へたりと而して演芸中矯風劇は非常の好影響を社会に与へ其の当日よりパイアの婦人は胸を出して授乳したり子供を背負って外出する者無きに至」[*5]ったといい、矯風劇は「生活改良」の一助を担った。

　現在のマウイ沖縄県人会には、一枚の集合写真が残されている［図①］。背後にある幕の中央には、アメリカ国旗と日本国旗が交叉するように描かれ、その下にわずかながら「KYUYO CLUB／球陽倶楽部」の文字が見える。左側には「御大典　奉祝芸能」の文字があることから、一九二八年の昭和天皇御大典の折の演芸時の集合写真と推察される。大人ではなく子ども達による演舞が中心だったようで、左

図②　馬哇同志会による演芸会の集合写真（年代不詳、マウイ沖縄県人会所蔵）

右端の三角帽の少年三人、左側で袴に刀を差した少女二人、中央で長刀を持つ少女二人、右側で扇子を持った少女二名といった具合に、複数の演目が演舞されたことだろう。右手前に座る二人の男性が三線を持っていることから沖縄の芸能であったことは想像に難くない。中央に置かれた、樽をくりぬいて作られた大太鼓の存在感はとても大きく、一九二〇年代に京都で流行した「平和踊り」を思わせる。

馬哇同志会

やがて一九二九年になるとマウイ島に在住する沖縄系移民は、各地域で組織されていたコミュニティを統合して「マウイ沖縄県人連合協議会」を作った。[*6]だが、この組織は、沖縄からのある渡布者が持ち込んだ問題を境にして、大きな論争を起こし、一九三〇年に入る頃には分裂してしまう。[*7]その直後に、代替として新しく設立されたのが、馬哇《マウイ》同志会だった。

馬哇同志会の写真も現在のマウイ沖縄県人会に所蔵されているが、これについては年代もその機会についても不明なままである〔図②〕。ただ、球陽倶楽部と異なるのは、この集合写真の衣装・化粧・配役から察するに、館のなかで芝居を正式に上演した可能性が高いということである。前列に子ども達がいるので、舞踊もいくらかはあったとは思われるが、青年層による芝居がメインだっただろう。前列には小道具の花笠なども置かれ、琉球舞踊などを上演するためにハワイでもこうした小道具が製作されたのかもしれない。故郷の芸能を楽しむために故郷と極めて類似した状況での上演を目指したのではないかと思われる。

郷土芸術大競演会

一九三〇年代に入ると、日本のＳＰレコードや活動写真が流行し始め、人々の娯楽は豊かになっていった。芸能のまわりを見渡すと、移民の子弟らが通う日本語学校や各県人会等では演芸会が盛んに行われ、さらにはピアノ教室や三味線、箏といったお稽古ごとの温習会もあって、日系社会のなかで多様な芸能が嗜まれ、舞台などでも上演されるようになっていった。さまざまな芸能の上演機会が創出されたことで、アマチュア層の愛好家が増加し、移民らによる芸能活動がより活発化していったのである。

マウイ島では一九三三年に第一六回馬哇共進会の一環として、郷土の芸能による競演会が催された。主催者は、ラハイナ（Lahaina）在住で旅館業等を営む沖縄県出身の仲村常昭だった。注目して

図③　郷土芸術大競演会に参加した西組（1933年10月10日、マウイ沖縄県人会所蔵）

ほしいのは、競演会を沖縄系移民が主催している点である。これまでのように日系社会に向けて演じた矯風劇ではなく、本土のみならず、他のエスニックが多く集まる場において沖縄の芸能を演じようとしている点はとりわけ重要である。

沖縄系移民が置かれていた社会的な環境については、広告記事に掲載された表現に見え隠れしている。新聞記事では、郷土芸術大競演会について「沖縄県人の郷土芸術を懸賞附きで挙行する」[*8]と紹介される一方で、主催者の仲村は「日本人の芸術と流行踊りの大競演がある」[*9]と告知している。日系新聞の広告なのだから、わざわざ「日本人」の芸術と告知する必要はないだろう。仲村の意図を察するに、沖縄系移民が行う芸能もまた「日本人」の芸能であることを、あえて強調する必要があったということになるだろうか。

さて、競演会は、芸能だけではなく武術も披露されることになっていて、まさに流行の芸能が披露されるとあって「鬼に金棒」だったと新聞に大きく踊った。記事を詳細にみていけば、沖縄から新しい獅子を購入（輸入）するとあって、「おきなわ」の芸能を演じることへの特別な意気込みがうかがえ、そして「おきなわ」の芸能を他者へ披露することへの戸惑いを感じさせない。西組の集合写真には、沖縄から取り寄せたとみられる獅子が出演者とともに写っている［図③］。

四　おきなわを魅せる・競う──マウイ島における盆踊りの流行と競演

ハワイの日系社会を考えるうえで欠かすことができない芸能のひとつが盆踊りである。これまでもハワイの盆踊り（ボン・ダンス）について取り上げた研究は多いので、ある程度はそちらに譲りたい。ハワイでは、日系仏教寺院と盆踊りには深い結びつきがあるとみられ、こんにち盆踊りといえば一般的に寺院で催される盆踊りのことを指す。その広がりは、ハワイ諸島に点在するほぼすべての日系仏教寺院が、盆の時期に盆踊りを催していることからも明らかである。

さて、日系仏教寺院にとって盆行事（盂蘭盆会）は、早い時期から執り行われている大切な行事のひとつで、こんにちと同様に、盆行事に付随して行われてきたものだと考えられてきた［中原 二〇一四：四六～四七］。ところが、マウイ島の初期の盆踊り記事を確認すると、そうとは限らないものであったようだ。つまり、寺院の庭で行われながらも、主催は、盆踊りをする踊り子らによって組織された「連」（団体）である場合が多く、寺院が主催すると明記した盆踊りはほとんどみられなかった。むしろ盆踊りに対抗するかのように、寺院は余興として活動写真や福引といった娯楽の提供を積極的に行っていた様子がみられる。新聞記事のなかには、主催の判別ができるほど詳細な情報がないものもあるが、こんにちのように寺院が積極的に取り組んではいなかったように読み取れる年代がある。そのようななかにあっても、盆踊りの主たる場は寺院であったことに違いはなく、盂蘭盆会の時期に開催され続けてきた。各寺院の盆踊りの演目の変遷は、その後の盆踊りの継承に深く関係していくことになる。

臨済禅の開堂

ハワイ諸島では、プランテーション耕地内に日系仏教寺院が建立されていたが、沖縄系移民の宗教観といえば、祖先崇拝が主にあって、特定の宗派に属する慣習が稀薄で、あまり馴染みがない傾向がある。ところが一九二〇年にオアフ島のホノルル本願寺別院の開教使として訪れた上原東善、東本願寺派の開教使玉代勢法雲らの沖縄系出身僧が嚆矢となって、急速に沖縄系移民と寺院との関係が近いものになっていった。寺院は、コミュニティの集会所的な役割があったほか、子弟教育の場ともなり、日本語学校、裁縫学校等の付設施設を備えていてとても重要だった。日系仏教寺院の宗派はさまざまで、浄土真宗、浄土宗、日蓮宗、曹洞宗、真言宗等がある。

マウイ島の場合、馬哇同志会の発会時期に来島した石垣島の桃林寺[*10]（臨済宗妙心寺派）の僧侶だった岡本南針[*11]が早い。「新に成立した馬哇同志会の発会式は既報の通り川裾で開会したが多数の沖縄県人諸氏が出席し非常に盛会であった　仲村会長新城北山岡本南針氏等の熱誠のこもった演説[*12]」があったことが確認でき、同会に来賓として招かれている。

そののち岡本は、一九三二年に沖縄系移民の協力を得て、臨済宗妙心寺派ハワイ開教院を下パイアへ建立した。それを祝う開堂式は、盛大を極め、マウイ島に居住するほぼすべての沖縄系移民を集めるほどだったとみられている。

岡本南針が過去数年間に亘り心血をそそいで奔走した結果終に下パイアに敷地を求めて広大なる寺院を創立したのが臨済宗開教院である。

来る十三日十四日を以て開堂式を挙行する事項別項広告の通りであるが余興は何れも振ったもので殊に東西マウイ連合琉球踊りは定めし賑はふべくワイルク、ラハイナの如きも既に毎夜稽古を励んでをる。[*13]

少し長いが開教当時の様子を、新聞記事から示しておきたい。

臨済寺院の開堂式は予定のごとく一昨日午後□時より厳粛に挙行された。参式者は全マウイより押寄せ稀に見る盛況を呈した。その呼物たる東西マウイ連合の琉球盆おどり並に奉納演芸が土、日両夜とも本島未曾有の人出で下パイアは人と車の洪水であった。
西マウイから数台のトラックで殺到した踊子連を東馬の踊子総出で迎へ下パイア奈良丸劇場で合した一同は彼処で盛装し蜒々長蛇の隊を組んで数十名より成る音楽団を先頭におどり場に向って徐々に進むその数実に五百、踊子数の多きと馬哇に於て未聞に□すると云はる。踊場は中央に広大なる四方形のステージを設けて装電し琉球音楽団の一隊にナパロ君のピアノも加はり全場をゆるがす。天空一点の雲なく晴れわたり十五夜の月光皎々として全地を蔽ふ夜五百の踊子総ユカタにて大円陣を三重に描き踊におどる。秩序整然正に一系乱れず、踊りの高尚にして優雅なるに数千の観客は一驚した。
前後のおどりの中間はステージに於て二夜とも連合大演芸会があったが其主なるものは
おうぎ舞ひ。かさに。前のはま。ラハイナ組出し物
蝶々おどり　カイルア
与那原ぶし。久志の万歳。なぎなた。ラハイナ
てぃーまとー　カヘカ
たきどん節。高丁良の万才。四ツ竹。ラハイナ
なぎなた　パイア
はまちどり。川平節。赤山節。上り口説。揚作田。仲里節。越来節。早作田。忍び。ラハイナ
其の他ワイルクや他方面の出演でいやが上にも賑はった。*14

臨済禅の盆行事そのものに集まった観客は二日間、それぞれで約三〇〇〇人余りにのぼったと推測されている。[*15] 開堂後は、臨済禅の檀家の大半は沖縄系出身者が占めたとみられ、寺院が主催する諸活動の中心には、沖縄系移民らの文化的な活動が際立つ。既存の寺院での盆踊りは、もともとその宗派を信仰していた他県出身者が中心となって催していたので、「琉球盆踊」はゲスト出演にすぎなかった。臨済禅の建立は、マウイ島における「琉球盆踊」のホームグラウンドの建設であったともいえる。

盆踊り競演会

ハワイの盆踊りのひとつの転機には、SPレコードの普及と競演会の出現がある。それまで生演奏による郷土の音楽で唄い踊り続けていた盆踊りが、日本から輸入されたSPレコードの普及によって、レコードを伴奏にして踊る新しいスタイルに移行した。さらに一九三四年にオアフ島で河合大洋[*16]が盆踊りの技を競い合う「競演会」を興行し、大成功を収め、各島にもその興行形態が広がった。マウイ島のワイルクでは、「三富氏」が新しい盆踊りの音楽に振りを付けて、島内の四ヶ所で毎朝午前八時から午後四時、午後七時から午後一〇時まで踊りの稽古を指導してにぎわったとある。[*17] 人々はたちまち新しい踊りに魅了されたことがよくわかる。

新しい音楽で踊るスタイルが流行するなか、郷土の盆踊りは「伝統的な」盆踊りの立ち位置に置かれるようになった。これにより、移民一世にとっては懐かしい故郷の芸能が、二世以降の世代にとっては少し古くさい踊りになっていった。

だがその一方で、「琉球盆踊」は少し違う立ち位置に置かれようとしていた。一九三四年の競演会の盛況を受け、流行音頭のみならず「岩国踊り」や「福島踊り」などの「伝統的な」盆踊りを含めた競演会が行われた。出演団体には、プランテーションを単位とした地域コミュニティに加え、沖縄系出身者の子弟だけの組が一つあった。それは、「琉球聯合処女組」の名称で出演していて、とくに沖縄系出身者が多かった下パイア在住の少女たちで結成されたグループであったとみられている。その他に下パイアは、プランテーション耕地を単位とした下パイア少女A組と下パイア少女B組も出場している。逆に、他地域の団体の中にも沖縄系出身者の子弟と思われる名前を探すこともできる。

では、「琉球盆踊」がどのようなものだったのか、競演会で用いられた装束から少しずつ明らかにしていきたい。現在、臨済禅には、競演会に出場した演者らの集合写真が二枚残されている。ひとつは、一九三四年下パイア日本人商会前の広場で行われた第二回踊競演大会であり〔図④〕、もうひとつは、一九三八年馬哇共進会場内グラウンドで行われた馬哇公民協会主催第二回社会事業基金募集の音頭踊り競演会である〔図⑤〕。

まず、一九三四年の競演会からみていきたい。競演会に出場したのは、パイアに在住する女性、というよりは幼い子ども達である。一般的に沖縄でムラのエイサー（沖縄の盆踊りとされる）とい

図④　第二回踊競演大会（1934年、臨済禅所蔵）

えば、青年層を中心にした踊りである。マウイに限らずハワイでは、盆踊りを競い合う場合、特に幼い少女たちを出場させて、その技量を競い合っていたので、「琉球盆踊」もまた同様の理由で、踊り手はすべて幼い少女たちが担って出場した。

一九三四年の競演会では、各団体二曲で競われ、「琉球聯合処女組」は、《親の恩踊》《琉球はとま踊》を演舞した。競演大会への参加には、いくつかの注意事項が設けられ、そのうち装束に関する項目には、「一、服装は日本衣に限る事　質素を旨とし絹衣類を着用せざる事」[*18]が挙げられていた。そのため、全員が浴衣を身につけている。

一九三八年になると、競演会による競い合いの効果は、技量のみならず身だしなみにも出るようになってきていた。そのため、徐々に華美な装束で競い合うようになってきたことを改める記事が散見されるようになる。地謡と太鼓打ちは、一九三四年と同

図⑤　馬哇公民協会主催第二回社会事業基金募集の音頭踊り競演会（1938年、臨済禅所蔵）

じ顔ぶれである。一九三八年の演目は、現在のところ明らかではない。衣装に関する目新しい箇所は見つけられないが、地謡三人が羽織袴（琉球の左御紋入り）を身につけ、バチは爪ではなく細長い木の棒のようなものを用い、頭にはハチマキをせず、前回よりもシンプルな笠が見られる。一方の太鼓打ちはハチマキを前結びに変え、足元には脚絆らしいものが見える。太鼓は打つための支えとして、肩ではなく首から紐を下げている点は興味深い。

さて、一九三四年の大会には一五団体が参加し、その演舞を競い合った。競技の結果、踊り演目として台頭してきた流行音頭踊をおさえて「琉球聯合処女組」が一等を獲得し、日系社会の盆踊りの代表としての地位を得た。また、踊り競演会は三七年、三八年と続けられ、三八年の大会には、「琉球聯合処女組」が特別枠で出場し、特等を授与されている。「琉球盆踊」は、本土系出身者と同じ土俵で競い合って優勝したことからも、対外的にも公の評価を受けたとみることができるだろう。

次に笠についてであるが、両年ともに踊子が笠を用い、またオアフ島の盆踊り記事においても傘（笠）の着用が認められる。これは現代のエイサーには見られないが、盆踊りに欠かすことができない装束のひとつであった可能性が高い。また、一九三四年には《琉球はとま踊》が演舞されたが、八重山地方に伝承される《鳩間節》や伊良波尹吉の《鳩間節》には笠を用いない。この点から演出としてではなく、伝統的にエイサーを演じる際には笠が必要であったのではないかと推測される。

戦前の沖縄本島のエイサーについて、「顔が見えないように頬かぶりをした」［池宮 一九九八：三三〜三四］と言い伝えられている地域があるように、エイサーにおいて顔を隠すという行為に重要な意味がかつては込められていたようだ。それは、八重山諸島のアンガマ[*19]と類似しているようにみえる。また、一九二八年に山内盛彬は「琉球の盆踊」と題して、盆踊りの盛んな越来あるいは美里周辺（現沖縄市）で見られる女性の装束について、次のように述べている。

> 男の服装は黒の繭頭巾を巻きつけて後方に垂らし、その上から天蓋の様な面垂を被り、衣裳は山藍の薫り高い紺の芭蕉衣を涼しく着流し、帯等右脇に結んで、左脇には煙草入や手巾をぶら下げたものも居る。女は同じく紺地の単衣に兵児帯を締め、袖は袂でない広袖に、頭には手製の麦藁笠を被って、手製の手巾を肩に打ちかけ、手には扇子と四つ竹を持ち、頸には首飾のシ

シ玉をかけたのも居る。（傍線引用者）［山内　一九二八：五二］

さらに、読谷村にも同様に女性が笠を被って踊ったという記録が残されている。読谷村内のいくつかの地域では、笠あるいは笠と手拭いを用いて、女性の踊り手たちは顔を隠して踊っていたというのである。代表的な地域として、字楚辺のエイサーがある。字楚辺は、明治期よりエイサーが盛んであったが、風紀等の乱れにより中断を余儀なくされ、一九三〇年頃に嘉手納の千原エイサーから改めて習ったといわれている。中断する以前のエイサーの衣装は、「女性は絣の着物にタスキをかけ、花を飾ったムンジュル（麦藁――筆者注）笠を被っていた」［字楚辺誌編集委員会編　一九九九：三四五］と記録が残されている。

マウイの競演会で用いられた笠は、沖縄市や読谷村の記録にある麦藁笠とは異なる素材の笠ではあるものの、かの地である移民先においても盆踊りの装束として重要であったものなのかもしれない。特に、当時の越来あるいは美里の装束は、一九三八年の競演会だけではなく、「踊り子は必ず浴衣を身につけて傘、四ツ竹、シタ□、ジエ（ゼイのこと――筆者注）を持参すること」[*20]という一九三三年のオアフ島・ワイパフ本願寺の記述とも類似していて、現代では見られないかつてのエイサーの装束を踏襲したものである可能性が高いと考えられる。

五　故郷を身につける――ルーツと向き合う

ハワイ諸島において沖縄系移民が、「琉球盆踊」を行い始めた当初から、盆踊りとともに演じられてきたのは獅子舞だった。一九一五年にカウアイ島ケカハ耕地で比嘉太郎によって撮影された琉球盆踊の集合写真にも獅子はあって、オアフ島、マウイ島などで獅子舞が演じられていたことはわかっている。

マウイ島の場合、先の図③に写っているような戦前からの謂れを持つ獅子は、戦争をはさみ、その所在を知る人すらいない状況にある。ある帰米二世の話によれば、戦後、臨済禅では、オアフ島にある獅子舞と演者を招聘するかたちで、獅子舞を演じてきたという。

三世の世代が中心となる頃には、オアフ島から獅子舞と演者を招聘することをやめ、マウイ島の人々で行うことができないかと模索される。そして二〇〇八年には、獅子の製作と演者の育成の試みが始まった。

まず、獅子の製作の流れを順においって見てみる。最初に行ったのは、臨済禅の堂のなかで、祖先に対し製作を始める報告とその成功の「祈願」だった。

マウイ島の獅子頭の見本となったのは、オアフ島で主にオキナワン・フェスティバル（Okinawan Festival）やハワイ沖縄県人会（Hawai'i United Okinawa Association）などの行事で用いられる獅子だ

図⑥　ハワイで製作された獅子舞（上：オアフ島、下：マウイ島）

った［図⑥右上］。獅子頭の製作は、マウイ島在住の芸術家で、妻が沖縄系出身者のアラン二階堂で、胴体部分の製作を檀家とマウイ琉球文化会（Maui Ryukyu Culture Group、以下MRCG）が担った。オアフ島の獅子の胴体部分はナイロンの疑似毛で作られているが、マウイ島の獅子の胴体はビニール紐を毛に見立てられて作られた［図⑥左上・左下］。ビニール紐で作られる疑似毛は、獅子の胴体の骨組みにあたる格子状のロープに結びつけられ、黄色、ピンク、赤、黒など、さまざまな色が混じり合うようにあみあげられ、獅子の毛並みが表現された。

獅子頭と胴体部分が出来上がると、次にどのように演舞させるかが話し合われた。理想的な形とされたのが、オアフ島で行われる大獅子と子獅子の親子獅子だった。しかし、獅子舞の動きを教えることは容易なことではなく、それを演舞できそうな人材はマウイにはほとんど見当たらなかった。そこで白羽の矢が立ったのは一組の兄弟だった。

臨済禅の盆踊りで新しい獅子が披露されるという告知は、ＭＲＣＧを通じ、マウイ沖縄県人会の会員やマウイのメディア等に広くなされていた。そこまで準備したのは、彼らが製作したのがボン・ダンスで使用する獅子の被り物ではなく、生命を宿した神仏的な象徴だと考えたからで、多くの人たちに関心を持って参集してもらうためだった。それを理解してもらうために準備したのが、沖縄の慣習に基づく、獅子へ命を吹き込む儀式「獅子起し」だったのである。

この儀式は、新しく獅子を製作した際に、お祓いした上で魂を入れる（マブイグミ）ために行うものだとされている。沖縄では、獅子が数十年という長いサイクルで新調されることから、そうした儀礼を行う場に居合わせることや、その様子を見ることは滅多にない。ここでとても興味深い視点が示されている。それは、この儀礼を行うことによって、沖縄系の人々に沖縄の慣習を体感してもらうねらいがあるという点だ。

この儀礼には、神人やノロによる御願《ウガン》などムラの中でもほとんど知られていない作法が多い。そこで、沖縄の祈りの場にみられる要素を集めたマウイ島の独自の儀礼で執り行われることになった。二〇〇九年八月二二日の臨済禅の盆踊りの冒頭に「獅子起し」は行われた。盆踊りの地謡が用いる小上がりの舞台中央には、真新しい獅子が御堂の方角へ顔を向け、手前両脇には供え物が並べられた。やがて、白い羽織をつけた神人役の女性を先頭にして、獅子舞の演者、臨済禅の僧侶、ウスデークの太鼓を持った女性、臨済禅の檀家らが鳥居から入場し、獅子の前に座り始める〔図⑦〕。神人の前には、パパイヤやリンゴなどのフルーツ類のほか、清めの泡盛、塩、鶏の血、ウチカビ（先祖供養に用いる紙銭）などが用意されている。神人役にはピンマイクがつけられ、彼女の発する言葉が会場の人々に届けられる。会場の参集者に一言一句もらさず聞いてほしいという明確な意図があったようだ。やがて、この儀礼に参加する人々が獅子の前に座り揃うと、神人が次のような祝詞を捧げた。*21

今日ぬ喜る日に　マウイ島人の子　子孫うみそるてぃ
今やパイヤマウイかい　うんちけーさびてぃ
唄　舞　テーク　うみかきやびら
我々皆に作やびたんシーサーぬマブイグミさびら
親　祖父母　我々子供達ぬしゃわしぃ　繁栄るぐとぅ　みーまんてぃ　うたびみそり
ウートゥト　アートゥト　親　祖父母　大息　ウタビミソーリ
トゥトゥト　ウキーミィソーリ　ウキーミィソーチ

続いて老人の装束をした踊り手が、短い祝詞を捧げ《かぎやで風節》を踊る。その後、爆竹がならされ、神人は四方に塩をまき、ウチカビを燃やし、さらに祝詞を捧げる。続いて、神人はその場に立ち上がり、獅子の頭、目、耳、鼻、口をそれぞれ塩で清める。最後に鶏の血で同様の箇所を清め、獅子に魂を入れるための準備を整える。

神人による魂込め（マブイグミ）の所作が終ると、少年らが鎌を持った武術や空手を披露した。空手を演舞したのは、獅子の中に入る兄弟で、ふたりはそれぞれ演舞が終ると素早く獅子の中へ入った。神人が再度、祝詞をあげると、獅子へ新たな魂が入ったことを象徴するかのように少しずつ手足などを動かし始め、命が吹き込まれて行くさまが表現された。この様子の後ろでは大量の爆竹がならされ続ける。やがて獅子へ命が吹き込まれ、舞台上で本格的な演舞が続く。最後に獅子は舞台から飛びおりて、神人以下この儀礼に参加していた人たちを先導して鳥居から退場した。このようにしてマウイの「獅子起し」の儀式が終了すると、例年の臨済禅のボン・ダンスが始められた。

図⑦　マウイ島での「獅子起し」の儀式

この場に集った人々の顔ぶれを今いちど確認しておきたい。「獅子起し」に参加していたメンバーは主に三世である。ただし、役割の中には沖縄生まれの新一世も混じっていた。祝詞をあげるなどの沖縄方言を唱える場面や拝みをする場面などは、おおよその手順を知っている新一世のほうが、儀礼の進行上では都合がよい。実際、この時に祝詞をあげた神人役は、新一世であった。さて、儀式の様子や内容は、説明を受けていない観客側の目にはどのように映っただろうか。そもそも観客の多くも三世以降の世代であるため、日本語さえもわからないわけで、スピーカーで広く聞いてもらおうとしても沖縄方言で唱えられる祝詞を理解することは不可能である。では、なぜこのようなスタイルをとったのだろうか。

二〇〇九年のボン・ダンスの目的は、ホノルルで踊られている獅子舞ではなくマウイの獅子舞を披露することにあったが、一方で二世らに「獅子起し」の儀礼を見せることが重要であったというのだ。三世らは、沖縄で行われている儀礼を再現することによって、自らの持つアイデンティティを表象しただけではなく、ひとつ前の世代である二世にも沖縄の伝統的な芸能とは何かを示そうとしていたのである。つまり、一世から二世へ引き継がれた「ハワイの沖縄」ではなく、故郷で行われている「本当の沖縄」の様相を体現したかったのではないかと考えられる。二世までが伝承してきた沖縄の芸能を強く否定するわけではないが、三世が思い描く「伝統的な沖縄」の芸能だとも考えられる。

では彼らが行った「獅子起し」には伝統的な要素があったのだろうか。とりわけ、この儀礼を創出した指導者の影響は少なくない。おそらく、沖縄で行われているそのものを再現したかったに違いない。指導者によれば、沖縄で、沖縄の「十五夜をイメージして」や「ムラの祭りのように」など教えてもらったといい、実際の儀礼の段取りについては「ムラの人を集めて」や「最初神人やノロみたいな人がやってきて、そしてこんなことをして……」など、かなり抽象的な教わり方だったという。神人が奉げた祝詞については、読谷や勝連、具志川の田名や字具志川、八重山等の儀礼からこのスタイルを取り入れ、特に昔の八重山の世果報にまつわる祭りをイメージして作ったものだと教えてくれた。このようにして沖縄の儀礼の場の雰囲気を保ちつつ、ハワイにおける中国の獅子舞などの要素も融合させた、どこのものでもないマウイオリジナルの儀礼が創り出された。

出演した三世らの話に耳を傾けてみると、とても満足した様子だった。これまでの過程を振り返ると、より「正統な」「伝統的な」沖縄を追求しているかのように見えていたが、その全てを完全に移植することは不可能であることは多くの人が理解していた。その中に自らのルーツと確かにつながることを実感できる「沖縄」があれば、満足といったところだろうか。

だが翌年以降にウスデークを演舞したという話は届いてこない。その一方で関心が全くなくなったというわけではなさそうだ。今後、沖縄での在住経験のない三世らにとって、自らのルーツを実感できる実演の経験は特別な行為になっていく。それを提供できる側、つまり今回のような指導者は、これからの芸能の展開を考えていく上では、重要な人物であり続けていくことになる。故郷と確かにつながる芸能として民俗芸能を移入する試みは、この先も続くのだろうか。

六　ルーツとつながる

日本からハワイへ移民した都道府県出身者の組織のなかで、移民出身者ほぼ全ての市町村字のコミュニティを形成しているのは沖縄県だけかもしれない。沖縄系子弟は、沖縄県出身者、いわゆるウチナンチュとしてのアイデンティティを持っていることに違いはないが、それぞれの市町村字のコミュニティが組織化されていることからもわかるように、自らの出自がどこの市町村字であるのかが、長い間大事にされてきた。しかしながら、芸能の側面から考えてみると、特定の地域で継承されてきた民俗芸能の類の実践はほとんどみられない。

では、ムラで継承されてきたような地域の芸能に光があたることはなかったのだろうか。ハワイにおいて民俗芸能へ関心がもたれるようになったのは、一九七六年にハワイ大学で紹介されたパーランクーエイサーの影響が大きい。沖縄での生活経験を持たない人々が大半を占めるハワイの沖縄系社会のなかで、「民族音楽（芸能）」ではない「民俗音楽（芸能）」との出会いは新鮮で、人々を魅了したとみられる。こんにちのハワイでは、これをきっかけにしてパーランクーのエイサークラブが組成され、広く愛好されている。この点だけを考えれば、民俗芸能の定着としては好例ではある。ややこしい言い回しをしたのは、このパーランクーのエイサーは、浜比嘉島出身の指導者に由来しているのだが、実際は浜比嘉島で行われているエイサーとは全く異なるからである。本当は、新しいスタイルのエイサーが根付いた状況に極めて近い。
その後も、民俗芸能への関心が高まったことはあるようで、その芸能が何のために踊られるのかをよく理解している一世や二世がハワイへ持ち込み、エキゾチックやクールだと感じた三世や四世が実践したことがあった。例えば、自らの郷土の芸能の実演として、一九八〇年代のオキナワン・フェスティバルに一度だけ臼太鼓（以下、中部地域の名称にならい「ウスデーク」とする）が登場したことがあった。公の場においてウスデークが披露されたのは、おそらくこれが初めてとみられる。しかし、観客の誰もがこの芸能が何であるのかを理解していなかったこともあって、その後ウスデークがフェスティバルで披露されることはなかった。[*22]
しかし、マウイ島において、ふたたびウスデークが注目される機会がやってきた。その背景にあったのは、パーランクークラブマウイ支部の指導者の高齢化にともなう引退だった。二〇〇七年、マウイ島のパーランクークラブに所属していた女性達は、指導者の不在を埋めるべくオアフ島からやってきていた沖縄の芸能指導者へ相談を持ちかけた。指導者は、自らの芸能活動で伝統への強いこだわりを持っていたこともあって、エイサーのパーランクーは本来男性が行うもので、女性たちが中心になって集団で踊るものではないという考えを持っていた。また、パーランクークラブなどの諸団体が、さまざまなところから依頼を受けて、盆の時期でないにもかかわらず踊っていたことについても、芸能の本来の意味が理解されていないのではないかと感じていたようだ。相談を受けた指導者は、パーランクーエイサーを女性へ教えることに抵抗があると伝え、指導を引き受けることはなかった。

そこで、マウイ島の女性達はその指導者とともに、代替となるような芸能の模索を始めることにした。指導者からは、ハワイ移民の多くが沖縄本島の出身者であるため、沖縄本島の芸能で、女性が行うことに意味を見いだすことができる芸能であるほうがよいのでは、という提案があった。いくつかの理想とする芸能が挙げられたが、そのなかのひとつがウスデークだった。当然ながら、依頼してきたマウイ島の女性たちは、ウスデークを見たことはおろか、その名称すら聞いたことがなかった。そこで、指導者は本来の意図を崩すことなく行える女性の芸能であることを説明し、ウスデークという芸能をマウイの女性達に紹介した。指導者がウスデークを取り入れたいひとつのポイントとしていた「女性が踊ることに意味を見いだせる芸能」という点に対して、マウイ島の女性たちは、とても好意的に受け止め、ウスデークを行う意図を互いに理解しながら、新しい挑戦が始まった。

ウスデークへの取り組み

沖縄においてウスデークは、本島中北部を中心に分布している芸能であるが、こんにちの沖縄ではエイサーほど知られている芸能ではない。その理由として担い手が女性のみであることや、参加者の多くが高齢であること、地域ごとに踊り方や唄、そして演じる時期が異なることなどが挙げられる。沖縄で、四〇代から六〇代の世代の女性へこの芸能に参加していない（できない）理由を聞けば、仕事をしたり子育てをしたりしているため練習に参加することができないということをよく耳にする。一方で、七〇代や八〇代に聞けば、唄が難しく全ての旋律を覚えることが大変だが地域の芸能へ参加することに意義を感じていると話し、もっと若い時期から参加しておけばよかったと後悔の言葉を耳にする。多くの地域で、六〇歳を越えてからウスデークを始める人も少なくない。地域によっては演目を歌い覚えている長老が亡くなると、誰も歌えなくなってしまい、テープで演舞している。このような光景は、すでに珍しいものではなくなってきてしまった。

ところで、新たな芸能としてウスデークを提示されたマウイ島の人々は、沖縄の各地に継承されている民俗芸能であることは理解し始めたが、沖縄での生活経験のない人たちにとっては未知の芸能として向き合わざるを得なかった。ルーツの芸能であるからこそ、強い興味によって試みてはみたものの、自らが体験したことがないという奇妙な関係は、実に興味深い。

マウイ島におけるウスデークの指導は、相談を受けた前述の指導者が引き受けることになり、指導者を介して女性達にさまざまな情報が伝えられていった。最初の数回は勉強会に充てられ、主にウスデークに関する歴史的な背景や目的など、踊ることの意味の理解に時間が割かれたという。この勉強会の主な情報源となったのは、指導者のルーツにおける実演の様子や書籍から得られる知識、指導者が沖縄を訪れるたびに蓄積してきた経験である。

具体的にマウイ島のウスデークの基礎となったのは、うるま市字具志川のウスデークである。ウスデークは地域によってその名称が少しずつ異なっていて、マウイ島では指導者のルーツの呼び方を用いて、「ウスデーク」と呼んでいる。指導者は、勉強会を行うにあたって、実際に字具志川や周辺地域において聞き取りを行い、年配者からのアドバイスを受けている。指導者自身もまた、ハワイでウスデークを踊る意味を模索していたと推察される。指導者が最も重視したのは、ウスデークという芸能が、ムラごとに異なる芸能であるという点である。年配者のアドバイスも、「字具志川と同じ歌詞や同じ動きでもいいけれど、地域によってところどころ違うものだから、できたら自分たちで作ったほうがいいよ。字具志川のウスデークが要素的に残っていたら嬉しいよ」というものだった。[*23] つまり、マウイ島のオリジナルのウスデークを作ることを提案されたのである。琉球舞踊や三線の経験のある指導者は、歌詞と旋律を創り出すことが可能であると考え、メイド・イン・マウイのウスデークを現地の人々とともに試みることになった。

ウスデークは、パーランクークラブの元メンバーを含む八名で始められることになった。そのなかには沖縄から婚姻を理由にマウイに居住する新一世も数人含まれていたが、ウスデークを踊ったことがある人はいなかった。二〇〇八年五月頃からは、実際に創作にとりかかったという。勉強会においてウスデークという芸能がどういうものなのかを頭で理解したとはいえ、実際の創作が簡単であるはずはなかったようだ。

まず、始められたのは、歌詞の創作だった。マウイ島のウスデークであっても、歌詞の最終的な出来上がりにウチナーグチを用いたことには、沖縄の芸能を創作しようとする意識が強く現れている。その手順は、最初からウチナーグチで作詞するのではなく、主に英語で歌詞のアイデアや内容が話し合われ、新一世によって日本語で文字化されていった。日本語と英語の双方の言葉と意味合いで表現を模索する作業が続き、概ね整ったところで日本語からウチナーグチになおされた。その歌詞は次の通りである。

Usudeku（ウスデーク）
Kari nu Me（嘉例ぬ舞）

Chu ya achimataru
Watta uyafwafuji
今日や集またる　我達親祖先
（訳）今日集まった　私たちの親、祖先の精霊たちよ
Chu ya Yukaruhi ni
Mo-i, te-ku, utayabira
今日や吉かる日に　舞太鼓歌やびら
（訳）今日の吉日に　舞、太鼓、歌を披露しましょう
Umikajin shirasa
U-jin yukati, anshi churajima

海風涼さ　うーじん良かてぃ　あんし美らシマ
（訳）海風のすがすがしさよ　さとうきびもこんなに良い出来でなんと素晴らしいシマよ
Haleakala yaman usa soibin
Amakara fwikai churasa
ハレアカラやまんうっさそいびん　あまから光美らさ
（訳）ハレアカラ山も喜び　山からの光も輝いている
Chu ya uyafwafuji kutu suruti
Nmarijima kutu mamuti
今日や親祖先くとぅ揃てぃ　生りシマくとぅ守てぃ
（訳）今日は、親や祖先が一同に揃って　生まれシマがさらに守られていることよ

沖縄では、ウスデークが踊られる日取りは、旧暦七月最初の定められた日、盆の直後、盆の過ぎの定められた日、といった具合に各ムラの地域によって異なる。マウイ島の場合、ボン・ダンスとともに踊ることを決めていたため、盆の供養になる歌詞が前後部に用いられている。中間部は、マウイ島の海や山などの自然を讃える土地褒めによってマウイ島のウスデークの特徴を表している。土地褒めの歌詞は、沖縄で用いられる土地の褒め方と似せているようだ。

次に旋律をつける作業に移ったのだが、歌詞を覚えることに加え、すでに盆踊りの日程を間近に

譜例①　《Kari nu Me》

控える時期になっていたこともあって、複雑な旋律で歌うことが難しい状況だったという。また、出来上がった歌詞が、ウチナーグチになじみのなかった二世や三世にとっては極めて難しかったので、複雑な旋律を創作することを避けたという。沖縄のウスデークの旋律は、民謡や古典音楽と同じくらいしっかりとした要素で作られている。マウイでも完成度の高い旋律をつけることを目標としていたようだが、最終的には極めて単調な旋律がつけられた。

譜例①に示したように、ラ・シ・レの三つの音を上行・下行するだけの旋律である。短い上行と下行を繰り返す音の運びは、旋律的ではないので、とても不自然に聴こえる。指導者は、単調な旋律で作曲したほうが覚えやすいというねらいもあったが、実はそれとは異なる別のねらいも含んでいると説明してくれた。歌詞のひとフレーズごとを上行と下行に作曲しているのは、八重山の神歌や豊年祭で用いられる祝詞、そして組踊に用いられる唱えの詩形を意識したためだと教えてくれた。[*24] 八重山の神歌がこの旋律かは疑問だが、組踊で用いられる唱えのフレーズ感は上行と下行なので、類似とまではいかないものの、その意図はうっすら見えてくる。

さて、実演に目を向けてみる。本来ならば、さらに踊りが加わるのだが、

図⑧　臨済禅で演じられたウスデーク（2008年8月22日、ジュリー比嘉提供）

振付までは創作されなかった。指導者の理想としては、音取《にーとぅい》りと呼ばれる旋律をとって太鼓を打ちながら踊る人と、手踊りだけの人とで分けて踊るものにしたかったという。[*25] 指導者らは、手踊りの振付を断念し、《Kari nu Me》を全員で太鼓を打ちながら円陣を作って歌う、というシンプルな演舞とすることを決めた。

二〇〇八年八月一六日に行われた臨済禅のボン・ダンスでは、ウスデークが最初に披露された。当日は一〇名の女性たちが集まり、一列になって鳥居から太鼓を打ち鳴らしながら入場し、やがて《Kari nu Me》を歌唱した。前述した「獅子起し」とは異って、マイクも何もつけない一〇名の女性達の唄は、会場を埋め尽くした三〇〇人以上のざわめく声によってほとんどがかき消されていた。盆踊り会場を埋め尽くす人々が、彼女達が何をしているのか全く理解できていないことは明らかだった。それでも指導者は、ウスデークの芸能については観客に聞かせるために行っているわけではないので、マイクを使用して行う必要もなくよいものだったと話してくれた。[*26]

当日、歌われた歌詞は、二番までだった。女性たちにとって、普段話すことのないウチナーグチを覚えることはとても難しかったようだ。歌詞の間違いや忘れを避けて大きな声で歌えるようにと、二番までとしたそうだ。中央に設けられている正方角の舞台を一周すると鳥居から退場し、マウイのウスデークの初披露が終った。

さてここで、衣装に注目してみたい〔図⑧〕。当日の装いは、紺地に絣模様が入った着物で、紫色の帯をしめ、頭には白く長いはちまきを後ろ手に縛っている。ここで注目すべきは、シダのような草をはちまきの間に挟み、垂らしている点である。一般的にどこのウスデークも、このようなシダを挟み込まない。この装束は、マウイ島で創作された際に、付け加えたものと考えられる。ウスデークが、彼女たちにとっても、周辺の人たちにとっても神聖な行事であることの表明であるかのようであった。

七　おわりに

ハワイで継承されてきた沖縄芸能を調べていると、現在も沖縄で実演されている芸能を研究している錯覚に陥る。というのも、海外にはかつての沖縄が残されているといったノスタルジックな気持ちもあるが、戦前の芸能の様子が確かに見え隠れしていると感じるところがあるからである。本章でも「琉球盆踊」に用いられた笠について言及したが、その他にも念仏歌の歌詞なども沖縄で残された歌詞とほとんど変わらない長さと内容で残されていることなどは極めて興味深い。全国的に戦争をはさみ人々が失ったものは大きい。かつて東恩納寛惇は著書の中で、終戦直後の沖縄が一面焼け野原となってしまった惨状を憂いて、戦前から出稼ぎで関東や川崎にいる沖縄県人がその文化を沖縄から大切に運び育んでいたことは救いだったとし、それを「文化の疎開」と表現した。これは互いが相対する国となってしまったハワイにいた沖縄系移民が育んできた芸能文化も同様だと言える。こうした本来は外側として切り離してしまいがちな人々の存在は、沖縄の芸能の姿を考えるうえで極めて重要であることは言うまでもない。さらに加えるならば、その後の「沖縄」が復興し、発展していく過程で彼らの存在を抜きにして語ることは到底出来ない。いまの「沖縄」は、沖縄県だけで完結することができないことを常に留意し続けなければならないだろう。

最後に、マウイ島で初めて行われたウスデークや「獅子起し」について思い返してみたい。マウイ島では、実演者でさえ知らないそれらを、観客は知る由もない。では、なぜ誰も見たことも聞いたこともないような芸能を披露する必要があったのだろうか。

指導者のインタビューからその理由がうかがいしれる。指導者は、「ウスデークを初めてマウイ島で行った時、周りを取り囲む観客はウスデークを見たことがなく、新しい芸能を見ているという雰囲気だった。そして、ウスデークを知らない観客の目には、エイサーの前に行われたこともあっ

図⑨　臨済禅のボン・ダンス（2008年8月22日）

て、〈お祈り〉や〈神踊り〉として認識されたかもしれない」[*27]と語った。新しいように見えるが実は「伝統」的な方法であることを披露する狙いがあったようだ。それは、次の付け足された言葉でもわかる。「二世らに「本当の沖縄」を見せてあげたい」[*28]――これは、すでに沖縄へ飛行機で行くことが難しくなった世代への労りでもあるが、もう一つ別の意味が含まれているのではないかと私は感じた。一世らは自らの経験から沖縄の芸能を自在に変化させることができた。しかし、二世はどうだっただろうか。帰米二世を除けば、ハワイでの生活経験が長く、一世の姿から自らのルーツである沖縄のそれらを引き継いだ。継承とは難しいもので、一世が「わざと」したことも二世にはそれが「わざと」かの判断は付かなくなっていき、いずれは「昔からそうだった」と言われるようになっていくこともある。異なる文化を背景に育まれていく中では、少しのズレから大きなズレまでよくある。三世や四世は様々な方法で今のルーツにも過去のルーツにもアクセスできるようになった。それゆえに伝統へ回帰する力は、かつてよりも強く働きやすくなったのかもしれない。

では「本当の沖縄」とは一体何を意味しているのか。この地とかの地で沖縄の芸能はこれからも演じられ続けていく。

1——出発したのは一八九九年だが、周年記念式典などはハワイへ到着した一九〇〇年から数えることが通例となっている。

2——私約移民とは、日本政府が認めた民間の移民会社を通して出稼ぎに渡った人たちのことをさす。それに対し、私約以前の移民は、政府が認めた移民であることから官約移民と呼ばれる。ハワイ併合以前の移民は概ね三年間の契約を結び、契約した耕地と仕事を離れることが禁止されていた。

3——入植の早かった他県出身者は耕地の暮らしから離れ、都市部への移住や農業従事者から商業従事者へと転身を果たし、新たな生活の基盤を固めていた。これらの素地は日本人としての結びつきよりも血縁や地縁、同郷者との結びつきによっており、どこの出身者であったのかは極めて重要だったとみられる。

4——「中学卒業が多い」(『日布時事』一九〇七年一二月六日)。なお、本章で引用した新聞記事等の明らかな誤植については、断りなく訂正している。

5——「成功せし演芸会／入場者三千名」(『馬哇新聞』一九二一年七月一二日)。

6――「沖縄県人聯合協議会発会式の盛況　自動車が百余台」（『馬哇新聞』一九二九年二月四日）。

7――「沖縄県人統一団体終に分裂す」（『馬哇新聞』一九三〇年二月二八日）。

8――「共進会の見世物　郷土芸術大競演会　空前の大々的催し」（『馬哇新聞』一九三三年一〇月三日）。

9――広告（『馬哇新聞』一九三三年一〇月三日）。

10――石垣島に現存する臨済宗妙心寺派の寺院。この寺院は、一六一四年に建立されたとみられ、『琉球国由来記』や『球陽』などにもその名称を確認することができる。寺院には隣接して併設された権現堂とその拝殿や四脚門があり、権現堂社殿は一九五六年沖縄県指定文化財に登録されている［石垣　一九八三：九〇九～九一〇］。

11――岡本南針は義子で、沖縄出身の人物である。

12――「同志会の発会式盛大」（『馬哇新聞』一九三〇年七月四日）。

13――「臨済宗の開教院の落成祝賀会」（『馬哇新聞』一九三一年八月三日）。

14――「中央マウイを不夜城との歓楽郷と化した」（『馬哇新聞』一九三一年八月一一日）。

15――「Thousand see bon odori fete」（『Maui News』一九三一年八月一七日）。

16――オアフ島在住の興行師。ハワイへ入植後、アメリカ本土へ。再びハワイへ戻り映画や演劇等の興行を行ったほか、盆踊りにおける競演会様式を最初に始めた人物。

17――「踊の師匠　三富氏の段」（『馬哇新聞』一九三四年七月一三日）。

18――「舞踊競演大会の懸賞法変更　一等より七等まで」（『馬哇新聞』一九三四年九月七日）。

19――アンガマは八重山地方に伝わる旧盆行事の名称。また、石垣などではその際に登場する祖霊の一団のことを指すほか、別の地域ではそこで行われる芸能の名称としても用いられる。一般的には石垣で催されるアンガマが有名で、あの世から来た霊の「翁（ウシュマイ）」と「媼（ンミ）」を先頭に、「孫子（マーファー）」たちが、集落の各戸を回りながら祖霊を供養する。
20――「ワイパフ本願寺の琉球盆踊り」（『日布時事』一九三三年八月二五日）。
21――この祝詞はすでに考えられていた内容だったと神人役となった女性は話してくれた。彼女が記憶していた祝詞を再度書き起こしていただき、その内容を掲載した。
22――二〇一一年八月、ジェーン比嘉へのインタビューによる。
23――二〇〇九年八月、エリック和多へのインタビューによる。
24――注23に同じ。
25――注23に同じ。
26――注23に同じ。
27――注23に同じ。
28――注23に同じ。

＊参考文献

宇楚辺誌編集委員会編　一九九九『宇楚辺誌――民俗編』宇楚辺公民館
池宮正治　一九九八「エイサーの歴史」（『エイサー360度』那覇出版社、二四～三五頁）
石垣博孝　一九八三「桃林寺」（『沖縄大百科事典』中巻、沖縄タイムス社）
石川友紀　一九九七『日本移民の地理学的研究――沖縄・広島・山口』榕樹書林
遠藤美奈　二〇〇九「海外における沖縄民俗芸能の実践――ハワイ・マウイ島のウスデーク」（『MOUSA』沖縄県立芸術大学音楽学研究誌、第一〇号、四一～四九頁）

遠藤美奈　二〇一〇「移民社会における沖縄県系出身者の新たな挑戦――ハワイ・マウイ島臨済宗妙心寺派ハワイ開教院の獅子舞と三世」（『MOUSA』沖縄県立芸術大学音楽学研究誌、第一一号、四五～五六頁）
遠藤美奈　二〇一一「戦前のハワイにおける「琉球盆踊」の歴史――マウイ島内での継承とその背景について」（『移民研究』琉球大学国際沖縄研究所移民研究部門紀要、第七号、二五～四二頁）
沖田行司編　一九九八『ハワイ日系社会の文化とその変容――一九二〇年代のマウイ島の事例』ナカニシヤ出版
沖縄県教育委員会編　一九七四『沖縄県史　第七巻各論編六　移民』沖縄県教育委員会
沖縄市企画部平和文化振興課　一九九八『エイサー三六〇度――歴史と現在』那覇出版社
久万田晋　二〇一一『沖縄の民俗芸能論――神祭り、臼太鼓からエイサーまで』ボーダーインク
小林公江　一九九一「具志川市具志川・田場の臼太鼓歌」（『大阪女子短期大学紀要』第一六号、一〇七～一一九頁）
白水繁彦編　二〇〇八『移動する人びと、変容する文化――グローバリゼーションとアイデンティティ』お茶の水書房
城田愛　二〇〇〇「踊り繋がる人びと――ハワイにおけるオキナワン・エイサーの舞台から」（福井勝義編『近所づきあいの風景――つながりを再考する』〔「講座　人間と環境」第八巻〕昭和堂、五八～八九頁）
田坂養民　一九八五「移民百話　河合太洋（その4）活弁時代」（『EAST-WEST JOURNAL』一〇月一五日号）
田坂養民　一九九〇「ハワイ今昔物語　盆踊り」（『EAST-WEST JOURNAL』八月一日号）
寺内直子　二〇〇〇「ハワイ沖縄系〈盆踊り〉――ディアスポラの芸能における諸要素の重層構造」（『沖縄

文化』第三六巻一号、一〜二三頁）
中原ゆかり　二〇〇二「ハワイ日系人のボン・ダンスの変遷」（水野信男編『民族音楽学の課題と方法――音楽研究の未来をさぐる』世界思想社、一八一〜二〇三頁）
中原ゆかり　二〇一四『ハワイに響くニッポンの歌』人文書院
東恩納寛惇　一九八〇『東恩納寛惇全集』第八巻、第一書房
比嘉武信　一九八九「沖縄盆踊りについて」（『HAWAII PACIFIC PRESS』七月一日号）
比嘉武信　二〇〇四『比嘉武信の雑炊日誌』琉球新報社
比嘉武信編　一九五一『布哇沖縄県人写真帖――来布五十年記念』上原松
比嘉武信編　一九七八『ハワイ琉球芸能誌』ハワイ報知
比嘉武信編　一九九〇『新聞にみるハワイの沖縄人90年――戦前編』若夏社
比嘉武信編　一九九〇『新聞にみるハワイの沖縄人90年――戦後編』若夏社
比嘉太郎編　一九七四『移民は生きる』日米時事社
比嘉豊光・村山友江編　一九九三『楚辺のアシビ』字楚辺誌編集室
山内盛彬　一九二八「琉球の盆踊」（『民族芸術』第一巻八号、地平社書房、四九〜五八頁）
山内盛彬　一九九三『山内盛彬著作集』第二巻、沖縄タイムス社
山内盛彬　一九九三「琉球に於ける傀儡の末路と念仏及び万歳の劇化」（『山内盛彬著作集』第三巻、沖縄タイムス社、三四二〜三七一頁）
早稲田みな子　二〇一〇「日系ディアスポラにおける盆踊りレパートリーの形成――ハワイと南カリフォルニアの比較」（『音楽学』第五六巻二号、一一〇〜一二四頁）
Onishi, Katsumi 1937 “The Second Generation Japanese and the Hongwanji”, *Social Process in Hawaii*, Vol.3,

Honolulu: University of Hawaii, pp.43-48

Onishi, Katsumi 1938 "“Bon” and “Bon-odori” in Hawaii", *Social Process in Hawaii*, Vol.4, Honolulu: University of Hawaii, pp.49-57

Smith, Barbara B. 1959 “Folk Music in Hawaii”, *Journal of the International Folk Music Council*, Vol.11

Smith, Barbara B. 1962 “The Bon-Odori in Hawaii and in Japan”, *Journal of the International Folk Music Council*, Vol.14

Van Zile, Judy 1982 *The Japanese Bon Dance in Hawaii*, Honolulu: Press Pacifica

Yano, Chiristine Reiko 1983 “Bon-Odori, Hawaii Style”, *Hawaii Herald*, Vol.4, No.15, pp.6-7

Yano, Chiristine Reiko 1984 *Japanese Bon Dance Music in Hawaii Continuity, Change, and Variability*, Thesis for the degree of Master of Arts, University of Hawaii at Manoa, Music, Ethnomusicology; no.1724

コラム⑥

ふるさとへ帰ってきた芸能

仲宗根文通・宮里松と与儀エイサー

◉遠藤美奈

地域で継承されてきた芸能が、「むかし」と同じ状態であるということは残念ながらほとんどない。そもそも人が介入している限り、微小な「ズレ」を伴いながら次へ継ぐことになる。「ズレ」の許容の程度は、地域や時代によっても異なるだろう。ただ基本的には、重要な構成要素を残して枝葉部分は自由度が高い場合が多い。ところが沖縄各地の青年会のエイサーの歴史に目を向けると、全く異なった地域の芸態を取り入れて自分たちの地域の芸能として継承していることは珍しくない。沖縄のなかでエイサーは、それぞれの地域で大胆な継承の系譜を持っている芸能とみるべきかもしれない。

このようななかにあって、ハワイの出稼ぎ移民が持ち帰ったエイサーを継承している地域があると言っても、もはや驚くことはないかもしれない。

一九三四年にハワイから二人の出稼ぎ移民、仲宗根文通《ぶんしょう》、宮里松が故郷の沖縄市与儀《よぎ》へ帰郷した。与儀で継承されていたエイサーは彼らが帰郷したことを契機にやめて、ハワイの沖縄県人会で演じられていたとされる一三節を与儀のエイサーとして取り入れた。アサギ（集落祭祀を行う建造物、またはその空間）から旗頭を先頭にして、獅子舞、銅鑼、鐘、太鼓、手踊りと、ムラの人々で列をなし、広場へ到着すると締太鼓を円の中心にして踊った。締め太鼓の周りの輪は、内側を女性、外側を男性の二重の円を描くかたちだった。このエイサーは戦争で中断するまで続けられた。

戦後になって青年会活動が再開されると与儀にもエイサーが復活した。もちろん戦前から伝えられたハワイのものだったが、仲宗根・宮里の元出稼ぎ移民の二人の姿はもうなかった。戦前からの太鼓打ちはほんの数人しかいなかったので、戦前と全く同じ

ようには演じることができなかったが、与儀のエイサーは手踊り中心だったので、老若男女の多くが戦

第4回沖縄全島エイサーコンクールに参加した与儀青年会の集合写真（1959年8月22日、諸見小学校グラウンド、与儀公民館所蔵）

前の手を思い出しながら復活させた。戦後の与儀エイサーは、ハワイからエイサーを伝えてくれた宮里松の功績を称えて、宮里の生家からスタートするようになった。今から十数年前には、宮里のトートーメー（位牌）がハワイの長男のところへ移されることになり、家を守ってきた三男の盛三から宮里家を起点とせずともよいとの申し出があった。宮里家からスタートするエイサーは、今は人々の間で語り継がれる与儀エイサーの歴史となった。

与儀青年会は、第四回全島エイサーコンクールへ出場し演舞したこともあったが、残念ながらコンクールの上位に入賞することはなかった。男女の手踊りが中心だったため、出場していた他のムラよりは手が少し古くさかったのかなと出場した古老は話す。今でも与儀のエイサーは年齢問わず男女が誰でも踊ることができるスタイルを維持している。ハワイから持ち帰られた与儀のエイサーが、いつかハワイにいる多くの子弟らとともに踊られる日が来ないかと、勝手に心待ちにしている。

第7章　三線に積み重なる価値と人間関係

大阪の事例から

◉栗山新也

一　三線――その独特な地図

三線《さんしん》は持ち運びが簡便で、沖縄の人びとの移動に伴って広い地域に渡っていった。とりわけ移民・出稼ぎが急増した明治期から昭和初期にかけての頃には、移民・出稼ぎ地であるハワイや南北アメリカ、日本本土、ミクロネシア、フィリピンなどに多くの三線が運ばれた。

このように人の移動に伴って世界各地に普及した楽器はほかにも種々存在し、その代表的な楽器のひとつにギターがあげられる。ケビン・ダウェとアンディ・ベネットはギターを「地球規模で移動する楽器（globally mobile instrument）」［Bennett and Dawe 2001:1］と定義し、ギターがグローバルに流通するとともに、ローカルなコンテクストのなかで流用、融合、変容され、世界各地の様々な音楽に用いられてきたことを指摘している。またギターは、その市場もグローバルにひらかれている。たとえば中古ギターのうち、特徴ある音や見た目、有名なギタリストが演奏したことなどによってギターファンの間で評価されてきた「ヴィンテージ・ギター」は、世界中の熱心なバイヤーやコレクターによって取引が行われてきた［Ryan and Peterson 2001］。

これに対し、三線の演奏者の大多数は沖縄の人びとであり、彼らが移動した地域にのみ根付いてきた。演奏されるのも沖縄の古典音楽や民謡、ポップスにほぼ限られる。また古い三線の一部は骨董品のように扱われ、ものによっては数百万円の値段で取引されてきたが、ほとんど一般市場には出回らず、沖縄の人びとのコミュニティに閉ざされ、個人の取引で売買されてきた。三線は、民族的に局在するが、（ギターほどでないにしろ）地理的に遍在する。すなわち、「地球規模で民族的に移動する楽器（globally and ethnically mobile instrument）」と定義することができよう。たとえば、沖縄移民によってハワイや南北アメリカに持ち出された三線がのちに沖縄に「里帰り」する事例がみられるが、これはこのような特質をよく示している。[*1] したがって三線文化を把握するには、沖縄に存在する三線だけでなく、沖縄の人びとの移民・出稼ぎ地に渡った三線も視野に入れる必要があるだろう。

本章は、このように独特の分布地図を形成してきた三線文化の一端を、沖縄の人びとの主要な出稼ぎ地の一つであった大阪（隣接する尼崎も含む）に密着して明らかにするものである。

三線を対象にして、これまで二度の大規模な記録調査が実施されている。

最初は一九五〇年代初頭に沖縄の古典音楽の演奏家・池宮喜輝が実施した調査である。池宮は一九五一年、沖縄音楽の指導を目的に北米とハワイに滞在した際、ハワイに四千丁もの三線が渡ったことを知り［池宮 一九五四：九〜一〇］、これを契機に、移民・出稼ぎ地を中心とした三線の記録調査と次に述べる五つの基準に基づいた審査を実施したのである。

調査は一九五二年一月に開始された（終了時期は不明）。対象地域はハワイ、ロサンゼルス、ペルー、関東（東京都、神奈川県川崎市など）、関西（大阪府大阪市、兵庫県尼崎市、奈良県奈良市など）、沖縄本島で、各地では古典音楽野村流の師範や教師が審査委員として協力した。審査方法は各審査委員立ち会いの上、三線の弾奏は一切せず、①用材（クルチ〔リュウキュウコクタン〕であること）、②継ぎ木の有無、③全体の均衡、④壓点《あってん》の波状の有無、⑤心《しん》の削り方やノミ型、の五つの基準をもとに合否を決定するものであった。審査対象となる三線の選定方法については不明である。審査した三線の総数は九四四〇丁にものぼり、このうち合格した三六二丁（ハワイ一二三丁、ロスアンジェルス二丁、東京方面五丁、大阪方面三八丁、沖縄本島八五丁）が掲載された図録『琉球三味線宝鑑』（東京芸能保存会、一九五四年）が刊行された。

二度目は、沖縄県教育委員会が一九八九年度から一九九二年度にかけて文化庁国庫補助事業の歴史資料調査として実施した「県内所在琉球三味線調査」である。この調査は資料の散逸、忘失を防ぐために、所在・保存状況などを調査し、保存対策の基本計画の策定に資することを目的としたものであった〔沖縄県教育庁文化課編 一九九三：一〕。

調査対象は、沖縄県内に現存する戦前に製作されたすべての三線とし、次のような手順で調査が行われた。①『琉球三味線宝鑑』『三線名器一〇〇挺展』*2などの資料や月一回三線の鑑定会を開催する「琉球三味線楽器保存育成会」の情報を基に予備調査を行い、対象リストを作成し、所有者および関係者に調査協力を依頼する。②調査員を三〜四人のグループに編成し、所在地に出向き、公民館や所有者宅において型、銘・刻字、材質、漆塗、各部の寸法、重量、製作年代、由緒などを詳細に調査して調査カードに記録し、正面、側面等の各部を写真撮影する。調査員は、主任調査員の琉球大学教授・池宮正治、県文化財保護審議会委員の又吉眞三、琉球三味線楽器保存育成会の会員

（おもに古典音楽の演奏家）、県内の博物館の学芸員、カメラマンなど、一六人で構成された。

この調査の報告書として一九九三年に刊行された図録『沖縄の三線』には、六一二丁の三線の概要が掲載された。池宮喜輝の調査が、調査地を移民・出稼ぎ地を中心とし、厳格な審査基準を通過した三線のみのデータを報告したのに対し、この調査の意義は、調査地を沖縄に絞り、戦前に製作された三線を悉皆的に調査記録したことだといえる。

以上、これまでに実施された三線の記録調査について概観した。これらの調査は、沖縄や移民・出稼ぎ地の膨大な三線の所有状況、型や用材、由緒・来歴などに関するデータを集め、いまもって得難い基礎資料を作り上げた点で大きな成果を上げたといえる。一方、前者は調査した三線が「名器」であるかどうか審査するものであり、また後者は文化財調査の一環として三線の保存状態・所在を記録するために行われたものであった点で、調査者が「名器」「歴史資料（文化財）」のように三線の価値を固定的・一義的に捉えてきたことが指摘される。だが次節で示すように、演奏者や所有者が三線に対して付与する価値の基準はきわめて多様で、個人によっても異なる。また人から人へと継承される過程で、三線に対する価値付けにはなんらかの変化が生じるものと考えられる。

そこで本章では、大阪で継承された三線を対象に、三線がどのような人間関係の中でやり取りされてきたのか、また一丁の三線をめぐっていかなる価値が付与されてきたのかを明らかにする。それにより、社会生成の媒介物としての三線の機能・役割を明らかにするとともに、三線の価値が固定的・一義的なものではなく、多様で、継承の過程でその価値が推移し、積み重なっていくものであることを示したい。

対象とする大阪には、一九二〇年代から一九三〇年代にかけて沖縄からの出稼ぎが集中し、しだいに大阪市大正区や隣接する尼崎市に沖縄出身者の集住地域が形成された。移住した沖縄出身者たちは戦前から稽古場を開き、沖縄の古典音楽や民謡を継承してきた。現在は、一九六〇年代から七〇年代にかけて大阪へと移住した沖縄出身者が師匠として活躍している。一方、稽古場に通う弟子にも沖縄出身者や二世や三世が含まれているが、大多数を占めるのは沖縄以外の人びと（ヤマトンチュ）である［栗山 二〇〇八］。本章は、おもに現在大阪で沖縄の音楽や舞踊の師匠として活動する沖縄出身者（またはその子孫）を対象とした三線の現物調査と聞き取り調査に基づくものである。

二　三線に対する多様な価値基準

本論に入る前に、沖縄で一般的にみられる三線に対する多様な価値基準について述べておきたい。三線の価値を評価するうえで最も重視されるのは棹《さお》である。これに対して胴《どう》は「消耗品」とみられる傾向にある。三線の所有者に三線を紹介してもらうと、まずもって棹の用材、型、形状、古さなどが話題となる。大切な三線は弾かれることが少なく、絃《げん》と胴を外して棹だけが保管あるいは飾られる事例もみられる。棹に接ぎ木がほぼみられないのも、こうした棹に対する特異な価値観のあらわれだといわれる［池宮 一九九三：一一〇］。これを踏まえ、三線の評価基準を大きく三つに分けてみたい。

(i)楽器としての実用性

音色や弾きやすさについての評価である。良い音色とされる基準は、琉球古典音楽、沖縄民謡、八重山民謡などの音楽ジャンルや個人で大きく異なる。音色とともに手になじむかどうかも重要視される。弾奏しやすい三線は「チル（絃）が柔らかい」などと表現される。三線は主に歌の伴奏楽器として使用されるため、音色だけ評価するのではなく、弾き手の声に合うかどうかも重視される。

(ii)棹の用材・形状美・製作技術の高さ

棹の用材・形状美・製作技術の高さについての評価である。既述のように、三線の部位のなかで、圧倒的に重要視されるのは棹である。棹の価値評価の基準となるのは、主に用材、天《てん》、野《の》、鳩胸《はとむね》［図①］などの形状の美しさ、全体の均衡である。棹の用材には八重山産のクルチが珍重されてきたが、現在はほぼ流通しておらず、希少価値が高くなっている。

(iii)由緒・来歴

「○○開鐘」「○○御殿所有」「○○氏製作」「○○氏所有」「○○という謂れがある」など由緒・来歴についての評価である。

現在沖縄の三線職人たちによって新しく製作される三線は、一般的に(i)(ii)の双方から評価される。一例として、沖縄県立博物館・美術館で二〇一四年に開催された三線製作のコンテスト「三線打ティーワジャコンテスト」の審査方法をみてみよう。[*3] このコンテストは、沖縄県立博物館・美術館で二〇一四年二月一八日~三月一一日に開催された企画展「三線のチカラ――形の美と音の妙」の関連事業として「現代沖縄の三線製作者における新たな名器の発掘をめざす」目的で行われたもので、三線職人三三名から五六点の三線が出品された。第一次審査では、天・野・鳩胸・胴の仕上り、棹

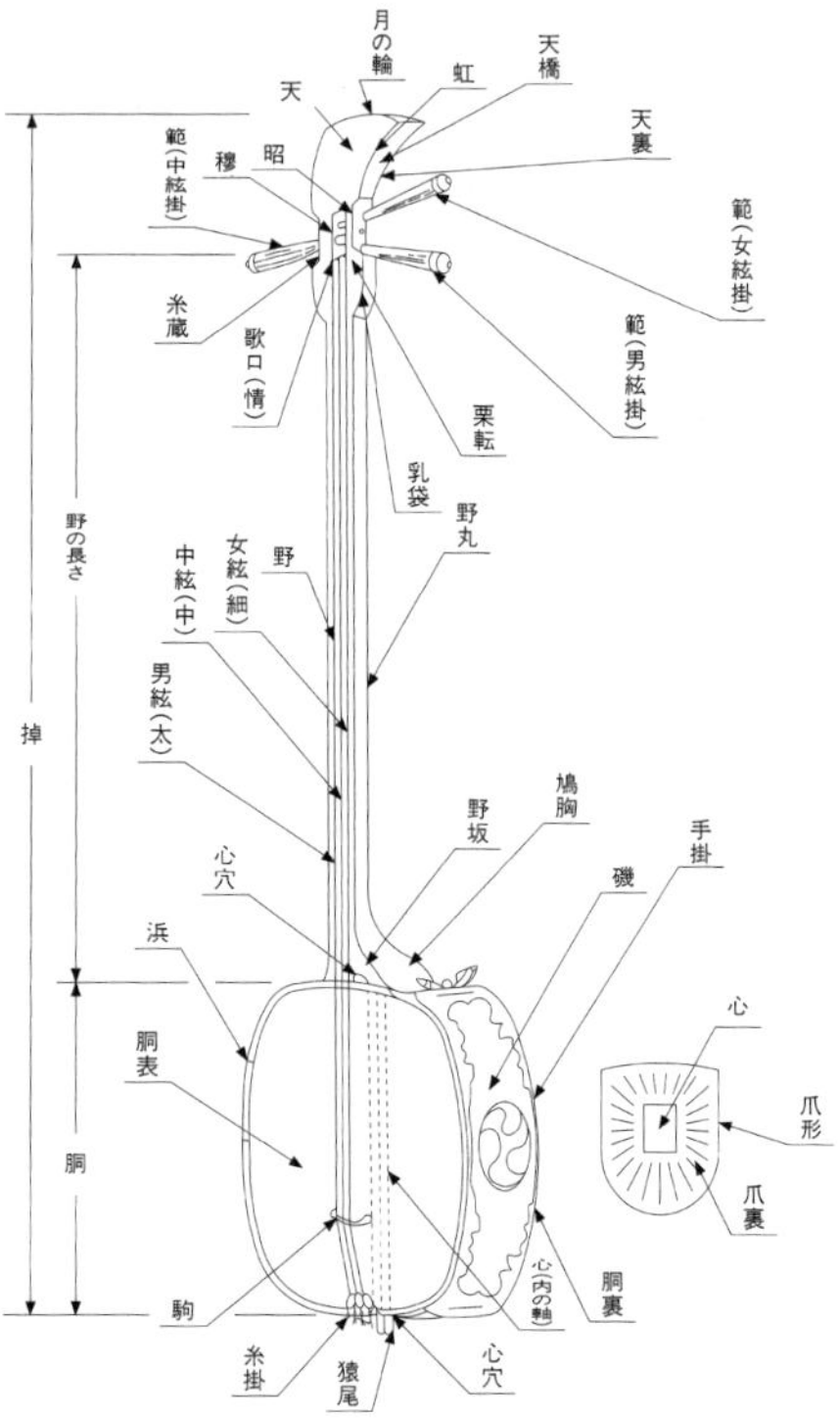

図① 各部位の名称
[沖縄県教育庁文化課編 1993:28]

と胴の仕上り、カラクイの形とバランス、全体の形のバランス、第二次審査では、音の心地よさ、重厚感、余韻、音量、音のバランス、艶、透明感の観点から審査が行われた。このような価値観は現在の演奏者や三線職人に広く共有されているものと考えられる。

一方、既述したように、製作年代の古い三線は、演奏用の楽器として使用されるよりも、保管もしくは飾られることが多い。こうした三線は家宝や形見の品、記念品として、また棹の形状・製作技術・用材などが優れていると骨董品のように扱われることもある。すなわち価値基準(i)の観点から評価されることは少ないが、価値基準(ii)(iii)の観点から評価されている場合が多いといえる。

ここに挙げた価値基準をもとに、大阪で継承された三線にいかなる価値が付与されてきたのか、次節以降で検討しよう。

三　戦前の移住者が持ち込んだ三線

一九二〇年代以降、「ソテツ地獄」とも呼ばれた深刻な経済的苦境に陥った沖縄では、日本本土やミクロネシアなどへの出稼ぎが急増した。日本本土のなかでも沖縄出身者を大量に雇用する紡績会社が存在した大阪には出稼ぎが最も集中した。一九三〇年代には世帯形成が進み、大阪における沖縄出身者数は一九四〇年の時点で四万人以上にも膨れ上がった。

沖縄出身者数の増加により、大阪は沖縄芸能の拠点のひとつとなった。一九二七年には、沖縄出身の普久原朝喜が、沖縄音楽を専門とするレコード会社「丸福レコード」を西淀川に設立し、沖縄レコードの制作・販売を開始した。一九三五年に発行された関西の沖縄出身者の興信録『関西沖縄興信名鑑』(関西沖縄興信社)には、古典音楽の稽古場が存在したことが記録されている。さらに一九三〇年代末から一九四〇年代にかけては、沖縄芝居の大阪巡業が活発になり、しだいに常打ち公演が商業的に成立するようになった[栗山 二〇〇八]。

この期間に大阪へと移住した人びとは、どのような三線を持ち込んでいたのだろうか。その一端を知ることができる資料に、先に示した池宮喜輝『琉球三味線宝鑑』(東京芸能保存会、一九五四年)がある。既述のように、本書のもとになった記録調査では関西も対象地域の一つであった。大阪の審査委員は「野村流音楽教師　又吉嘉昭」と記されている[池宮 一九五四:三六]。又吉嘉昭とは、古典音楽(野村流)の師匠で、戦前に港区で稽古場を開いている。海外や日本本土で古典音楽の指導にあたっていた池宮は、関東で指導した帰りに大阪の又吉の自宅にたびたび立ち寄って指導していたとされる[青い海大阪支社編集部 一九八〇:六六]。

このうち同書には三二丁の三線が収録され、その詳細が記されている。まず、三線の所有者名をみると、前述した又吉嘉昭と、一九三二年頃大阪に移住して古典音楽の稽古場を開いたとされる又吉栄義の二氏に師事した古典音楽の演奏者が多い。一人の所有者に対して一丁の三線が掲載されている場合がほとんどだが、なかには複数掲載されている者もある。たとえば、崎山御殿(二丁)及び本部御殿に所蔵されていた三丁の三線の所有者はすべて宮里政榮となっている。

御殿《ウドゥン》とは、琉球国王の親族たる王子・按司の邸宅のことである。宜保榮治郎によれば、御殿では、腕のいい職人がいると三線を四、五丁作らせ、よく働いた奉公人への褒美や記念品とした。このように御殿から下賜された品物を当時はウドゥンサガイといい、人びとは家宝と称して誇りにするようになった［宜保 一九九九：一一九～一二〇］。御殿所有という由緒・来歴をもつ、これらの貴重な三線は、演奏に使用するというより、家宝や財産、周囲の人びとに誇示するなど、所有すること自体に価値が付与されていたものと思われる（価値基準ⅲ）。

『琉球三味線宝鑑』の「前持主」及び「備考」欄には、三線の来歴や継承のようすが見て取れる。三二丁のうち、一四丁は家伝の三線である。大阪の沖縄出身者どうしで三線がやりとりされたようで、比嘉良助・山城三郎所有の三線の前所有者は前述した又吉栄義、また比嘉康博・知名定繫所有の三線の前所有者は丸福レコードを興した普久原朝喜であったと記されている。師弟や三線仲間での三線のやりとりは、現在の沖縄でもよくみられる事例であり、後述するように現在大阪で古典音楽や民謡を継承している師匠の中にもこうした経験をもつ者がある。稽古場などを通じて形成される演奏者どうしのつながり自体が、三線の流通網として機能していたのだろう。

大阪の人びとを相手に商売する三線の仲買人もあった。普久原朝喜の所有する二丁の三線の前所有者は、小禄村の平良雄一とされている。平良は一九二二年に大阪の義村朝義に師事、一九三〇年代以降は沖縄で金武良仁や古堅盛保に師事した古典音楽安冨祖流の演奏者である。普久原と平良との間で三線のやり取りがあったとみられるが、残念ながらこれ以上の情報は記されていない。ただし、宜保榮治郎『三線のはなし』（ひるぎ社、一九九九年）のうち、三線の仲買人について記された「御殿下がりと斡旋（仲買）人」の節には、「大阪との繋がりがあった」人物として又吉栄義、平良雄一の名前が紹介されている〔宜保 一九九九：一二二〕。

沖縄では、三線の仲買人のことを「三線バクヨー」と呼んでいる。「バクヨー」という言葉は牛馬の売買や周旋をする「馬喰《ばくろう》」に由来するもので、沖縄の各ムラには、ウシ、ウマ、ブタなどを扱うバクヨーが二、三人いたという〔上江洲 二〇〇五：一二七〕。「三線バクヨー」は戦前から存在し、経済的に成功をおさめた移民などを相手に名器の売買を仲介した。平良は一九二〇年代に大阪に滞在していたことから同地の沖縄出身者と交友があり、彼らを相手に三線の売買を仲介するようになったとみられる。

また『琉球三味線宝鑑』には、地域別に「三味線現存数」の項目があり、「大阪方面」は、大阪市に限った統計で「三百五十丁」と記されている〔池宮 一九五四：三六〕。これは「東京方面」の「六十丁」よりもはるかに多い。この「三味線現存数」がどのように調査されたのかは不明だが、先述した審査方法や掲載された三線の所有者から推測すると、大阪の古典音楽（野村流）関係者が所有する三線の調査から推定されたのだろう。この統計から、東京より大阪のほうが古典音楽の演奏人口が多く、それに比例して三線の数も多かった、と推察される。

以上のように、戦前の大阪では、一九三〇年代には古典音楽の稽古場もみられるようになり、そこに集う人びとが家伝や御殿所蔵の名器を持ち込んでいた。一九五〇年代の時点で、大阪は、日本本土の中で最も多くの三線が存在した地域であったと考えられる。

一方、この資料の限界は、古典音楽関係者を中心として調査が行われたこと、また前述のような池宮が設定した基準で選び抜かれた三線しか掲載されていないことである。当時大阪に存在した三線のうち、審査にかけられた三線はほんの一部だっただろう。趣味として個人的に三線を嗜んでいた人びとの三線も含めると、一般的にどのような三線が主流だったのかについて同調査は教えてくれない。また沖縄から大阪へと持ち込まれた三線だけでなく、大阪で製作された三線もあっただろう。たとえば照屋林助は、前述した又吉栄義が三線製作をしており、父・林山はそれを見て三線製作を覚えたと証言している〔照屋 一九九八：五三〕。こうした大阪での三線製作はどのような人たちによって、どの程度行われていたのだろうか。これらの事実関係については、今後、聞き取りなどを通じてさらに検討を加えたい。

四　南港に流れてきたコクタン――大阪独自の三線製作

つぎに、現在大阪で古典音楽や民謡を指導する師匠たちへの聞き取りから明らかになった三線製作の方法を紹介する。

大正区で沖縄民謡の師匠をしながら民謡酒場を営む仲田順市は、三線の使用される木材の調達について次のように語る。

コクタンはその硬い材質から、当時ラワン材を運搬するためのコロ（重量物を運搬する際、荷の下に敷く円柱形の道具）として利用されていた。そのためラワン材に混じって南港へと運ばれてきた。南港の貯木池で沈木をひきあげる仕事をしていた沖縄出身者がこうしたコクタンをひろいあげ、那覇の三線職人に送って三線を製作させていた。南港で入手できたコクタンの種類にはアオコク（青黒檀）、シマコク（縞黒檀）、フィリピン産のコクタンなどがあり、量も豊富だった。南港で仕入れたコクタンを使った三線製作は昭和五〇年代から昭和末頃（一九七〇年代後半から八〇年代）まで行われていた。[*4]

三線の棹の材料には、王府時代からクルチが珍重されてきた。しかし現在は市場にほとんど流通しておらず、アジアやアフリカから輸入したコクタンや沖縄産のユシギ（ユスノキ）を使用することが多い。

大正区では、製材業に従事する沖縄出身者が多かったことが、輸入コクタンの調達に結び付いた。また大阪で調達したコクタンを材料に沖縄の三線職人が製作するという、大阪と沖縄を結ぶ三線製作・販売のネットワークが形成されていた。同様の方法で三線製作をした別の事例を紹介しよう。

事例①　仲村英芳所有の三線(1)

大正区在住で野村流音楽協会師範の仲村英芳は一九七〇年頃、クブングヮー[*5]にあったアパートの大家から七万五千円で購入したという三線を所持している。仲村は当時大正区のバルブ製造会社で働いており、三線の値段は月給の三ヶ月分であった。三線を販売したアパートの大家は、沖縄出身者で、演奏はしなかったが大阪の人びとに向けて三線を販売していた。この三線の棹には大阪で仕入れたアオコク（重いコクタン）が使用され、販売者が那覇市の三線店に木材を持ち込んで製作させたものであった。[*6]

棹に使用する木材を大阪から沖縄へと送り、沖縄の三線職人が製作するという点で一致するが、さらにこの事例では、材料を仕入れ、三線の製作を手配し、売買を仲介する人物が存在したことが知られる。これは前述した「三線バクヨー」の商いのやり方とも類似するものである。購入者と製作者の間を取り持つ人物の存在が、この大阪と沖縄を結ぶ三線製作・販売の要となっていたのである。

ここまで、大阪の沖縄出身者たちが三線をどのように調達してきたのかについてみてきた。大阪における沖縄出身者の数は一九二〇～三〇年代に急増し、それに伴って持ち込まれる三線の数も増加したと考えられる。移住者のなかには芸に堪能な者もあり、しだいに古典音楽の稽古場が開かれるようになった。古典音楽を嗜んでいた一部の沖縄出身者は、大阪に家伝や御殿所蔵の名器を持ち込んでいた。また稽古場が組織されることによって師弟関係や愛好者どうしのつながりができ、そのなかで三線のやりとりも行われた。

現在の沖縄でも古典音楽の演奏者には、三線の音色や弾きやすさ、棹の用材や形状、製作者などに強いこだわりを示す者が多い。彼らの間では音楽のオーセンティシティだけでなく、楽器のオーセンティシティもまた求められる傾向にあるといえる。古典音楽が比較的早い時期に普及したことが大阪への名器の移動へと結びついたと考えられる。

一九七〇年代後半から八〇年代にかけては、大阪で三線の棹の材料となるコクタンを入手し、それを沖縄の三線職人に送って製作させることで三線を調達する方法がみられた。大正区では製材業に従事する沖縄出身者が多く、彼らによって三線の棹の材料となるコクタンが調達された。また、三線販売の窓口となり、沖縄の三線職人に製作を依頼する仲介者も大正区に存在した。人びとが三線を求めることで、大阪の製材業従事者や三線製作・販売の仲介者、沖縄の三線職人を結ぶ越境的なネットワークが形成されたのである。

なお、移民出稼ぎ先で調達された材料での三線製作が、沖縄の三線職人たちの間でどれほど行われていたかについては、今後の課題としたい。

五　三線の継承過程と付与される価値

本節では三線がどのような過程で人から人へと渡っていったのか、またその過程で三線にどのような価値が付与されていったのかを検討する。

最初に三線どうしが交換された事例をみよう。三線をめぐる個人の取引では、物々交換を通じて人から人へと三線が渡ることがある。物々交換で三線と交換されたものには、三線、家畜、食料、日用品などがあるが、なかでも三線どうしの交換は演奏者のあいだで比較的よく行われてきた。二つの事例を紹介しよう。

事例② 仲村英芳所有の三線(2)（首里清信→仲村英芳）

仲村英芳は、一九六七年に来阪し、大正区の伊佐真和に師事して古典音楽を学んだ。日曜日には大正区平尾の仮設住宅に同門の仲間どうしで集まって稽古することが多く、よく古典音楽の二揚曲の歌い勝負をしていた。[*7] 一九七五年頃、この日曜日の集まりの場で同門の首里清信と三線どうしの交換をした。仲村によれば、交換は「一瞬やった。それまでそんな話は全然せーへんかったけど、わしのとケービーン（かえるか）というからその場ですぐかえた。気に入ったのやったらかえへんけど、弾かんとずっと置いとったもんやから」。仲村が差し出した三線は、当時沖縄から三線を取り寄せて販売していた大阪の沖縄出身者の店から二万五千円で購入した知念大工型の三線で、同じ程度の値段とみられる三線どうしの交換だったという。[*8]

事例③　田中秀二所有の三線（伊礼哲→吉永安正→田中秀二）

田中秀二[*9]は、一八歳のころ沖永良部島から東京に移住し、信用金庫で三年間勤めた後、ファミリーレストランチェーンに入社し、四〇歳のころ（一九九一年）大阪に転勤となった。大阪では工場長を任され、夕方以降時間が空くようになったため、何か趣味をもとうと思い、宝塚にあった吉永安正の三線教室に入門した。

入門して一年もたたない頃、尼崎アルカイックホールで吉永の教室の発表会が開催され、田中は宣伝や人集めに協力した。その懇親会でのことである。会場となった沖縄民謡酒場では関西在住の民謡歌手・伊礼哲がライヴをしていた。このとき吉永は三線を二丁もっていたが、その二丁の三線をもって伊礼と交渉し、伊礼が弾いていた一丁の三線と交換した。そしてその帰途、吉永は、伊礼と交換した三線を、「これは良い三線だからとっときなさい」といって田中に譲渡した。田中は、おそらく発表会の世話をしたお礼の意味が込められていたのではないかと回想する。現在田中は四、五丁の三線を所有しているが、師匠から譲り受けたこの三線を最も大切にし、演奏に使用している[*10]。

事例②では、仲村は、稽古場で顔を合わせた三線仲間に急に交換を持ち掛けられ、「一瞬」で三線どうしを交換した。事例③では、吉永が自らの三線教室の発表会の懇親会の会場で偶然演奏していた伊礼と三線の交換をし、さらにそれを田中に譲り渡した。この二つの事例から、交換とは即興的な性格をもつことが指摘できる。また事例③では、吉永が行った交換・譲渡が、損得に基づいているのではなく、発表会の運営に貢献した田中への「思い」に突き動かされているように捉えられる。三線の行方は、人間関係や感情によっても大きく左右されるのである。

さらにここでは師匠から弟子へと三線が譲渡されていることも重要である。譲渡された三線はお礼の品というだけでなく、そこには継承の意味が込められているものと考えられる。三線が単なる消耗品、実用品以上のものである理由のひとつに、この系譜意識を挙げることができよう。

事例③において、田中が所有する三線は、もともと伊礼がライヴ演奏に使用していたもので、現在田中も演奏用の楽器としてこれを愛用している。所有者が変わっても楽器としての価値は付与され続けているのである（価値基準ⅰ）。だがそれだけでなく、田中は、師匠である吉永の「思い」が込められたモノ、また発表会やその懇親会、自宅への送迎といった吉永との付き合いの思い出がつまったモノとしても価値を捉えているのが見て取れる。つまり吉永から田中への譲渡を通じて、この三線には関係の象徴的価値（価値基準ⅲ）が加えられたのである。このように、人から人へと渡った三線は、前の所有者との関係を引き摺り、実用品としての楽器にとどまらない価値を形成していくのである。

次に沖縄から大阪へと渡った事例をみよう。大阪や兵庫では、戦後、古典音楽、民謡、舞踊、組踊など様々なジャンルの芸能家を沖縄から招聘してきた。大きく分けると、県人会が県人向けの催しとして招聘する場合と、芸能団体や個々の芸能家が公演のゲストとして招聘する場合がある。[*11] 次に示すのは、個人の発表会に招かれた民謡歌手が大阪の沖縄出身者に六線《ロクシン》を継承した事例である。六線とは三線を複絃にしたものだが、形状や音色、奏法は三線と同様であるため、ここでは三線の一種として扱いたい。

事例④　糸洲広志所有の六線［図②］（前川朝昭→糸洲広志）

糸洲広志[*12]は、現在大阪市北区に稽古場をもつ沖縄民謡の師匠である。一八歳のころ大阪に移住し、のちに沖縄から大正区に移住してきた沖縄民謡・前川朝昭一門の富村一文に師事した。一九七五年には、妻の勝子とともに、「糸洲民謡舞踊研究所」を開設し、一九八五年、大阪市大淀区民センターで「創立十周年記念発表会」を開催した。この公演には沖縄から師匠筋にあたる前川朝昭がゲストとして出演した。プログラムは二部構成で、各部の後半に前川朝昭の民謡ステージがあり、六線で「兄弟小節《ちょーでーぐゎー》」や「富原《とんばる》ナークニー」が演奏された。

糸洲は、この公演の後、前川が演奏に使ったこの六線を発表会の記念の品として二五万円で買い取った。購入した直後は多少弾いたが、しだいに演奏には使用しなくなり、現在は三線ケースのなかに大切に保管されている。この三線について糸洲は「前川が演奏に使ったので価値があるし、自慢になる」と語る。[*13]

三線の元所有者である民謡歌手・前川朝昭は、琉球民謡協会の支部設立に尽力した人物で、たとえばハワイでも一九六〇年代後半から指導し、支部設立に関わっている［比嘉編著 一九七八：六〇］。大阪では、琉球民謡協会関西支部の前身となる「関西民謡会」の発表会（一九七一年）にゲスト出演しているほか、関西支部の初代会長をつとめた富村一文の師匠であったことから、大阪の沖縄民謡関係者とは広く交流があった。

この六線は、本来前川が糸洲の発表会で演奏するために沖縄から持参したものだが、発表会の後、糸洲が前川から買い取り、糸洲の所有となった。糸洲は、この六線に発表会の記念品としての価値を付与している（価値基準ⅲ）。

また、前川が演奏用の楽器として持参したのに対し、糸洲はしだいに楽器としての用途では使用しなくなり、発表会で前川が演奏した、という点に価値基準を置くようになったのがわかる。すな

図②　糸洲広志所有の六線

図③「創立十周年記念発表会」における前川朝昭の演奏風景

わち、楽器としての実用的価値（価値基準(i)）よりも、六線の来歴やここに象徴される前川との人間関係が価値として強調されるようになったといえよう（価値基準(iii)）。「前川が演奏に使ったので価値があるし、自慢になる」と糸洲が発言しているように、有名な演奏家が演奏した三線は、三線の演奏者や愛好者の間で共有された価値基準の一つであるようだ。

このように、糸洲がこの六線に対して新たに付与した価値基準をみると、人から人へ継承されることで価値及び用途の推移が生じていることがわかる。すなわち、楽器としての実用的価値（価値基準(i)）から記念品的価値・関係性の象徴的価値（価値基準(iii)）へと重視される価値が移り変わってきたのである。

この事例から、三線ならびに六線の価値は継承の過程で推移すること、そして三線を譲り受けた所有者の価値付けには、継承された経緯や前の所有者と現所有者との人間関係が反映されることが明らかになったといえよう。

最後に、個人製作された三線が継承された事例をみよう。

事例⑤　山端家所有の三線［図④］（普久原朝喜→山端立昌→山端家）

この三線は普久原朝喜が製作したもので、普久原から山端立昌へと譲渡された。[*14] 親族には、お礼の意味で三線を譲り受けたと伝わっているが、その具体的な経緯は不明である。立昌は西淀川の沖縄県人会長をつとめ、沖縄から大阪に出てきた人びとの支援や、大阪、兵庫の県人会の相互交流を深める活動に尽力した人物で、同じ西淀川に住む普久原とは家が近く、戦前から付き合いがあった。三線は趣味として嗜んでおり、この三線を弾いていたという。

立昌の死後、三線は家族で引き継ぎ、古典音楽を習っていた次男・立治が演奏に使用するようになった。その後、琉球舞踊を習っていた立治の娘・奈歩が沖縄で結成された歌舞劇団「美《ちゅら》」に参加することが決まり、その稽古で彼女もこの三線を使用した。現在も家族のものとして共有されている。

普久原はこうした手製の三線を七丁だけ作り、お世話になった人たちに渡した。山端立昌のほかに三線を譲り受けた人物に宮城正雄がいる。宮城は、長年にわたって関西での沖縄芸能公演の舞台監督、司会を務めてきた人物で、普久原朝喜の妻であり、琉球舞踊の師匠であった京子と組んで各地で公演を催し沖縄芸能の普及に努めた。山端奈歩は、普久原から三線を譲り受けた二氏の人柄や活動をふりかえりながら、「普久原夫妻と心が通い、沖縄の芸能に敬意を表し、継承したいという気持ちが一致する人たちに三線が譲渡されたのではないか」と想像する。[*15]

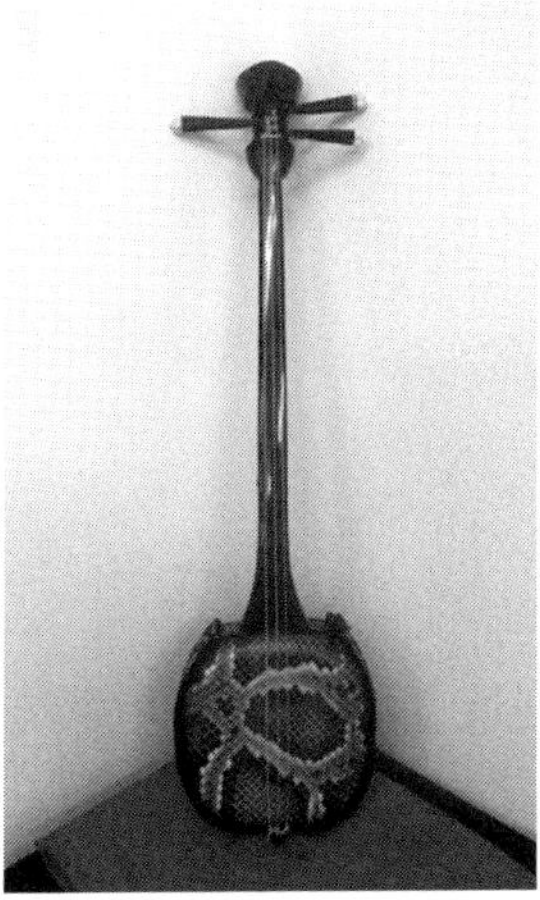
図④　山端家所有の三線

まずもってこの三線の価値を形成しているのは、製作者が普久原朝喜だという点だろう（価値基準ⅲ）。

既述のように普久原は戦前に「丸福レコード」を興した人物で、沖縄における新民謡の創作やレコード制作の先駆者として有名だが、三線製作に関してはこれまで知られていなかった。このように三線職人以外の人が個人的に三線を製作する事例は珍しいものではない。沖縄の大工や三線の演奏者のなかには三線作りを趣味にする者が多く、自分や他人のために作ったり、友人の三線を直したりする「素人作り」の領域が広がっている。立昌の長男・立昇は、「普久原は手先が器用だったので彼が三線を製作したことは想像に難くない」[*16]と語る。

継承の過程をみると、普久原から山端立昌に贈られ、その後親族へと引き継がれている。事例④とは著名な演奏家から渡ってきた点で共通するが、この三線は保管されるのではなく親族で代々弾かれてきた。したがって演奏用の楽器としても価値が付与されてきたといえよう（価値基準(i)）。

この事例で最も注目すべき点は、この三線が持つ人間関係の象徴的価値のありようである。三線の所有者の一人である山端奈歩は、祖父の形見（価値基準(iii)）であるとともに、祖父である山端立昌と普久原朝喜との付き合いや彼らの芸能継承への「思い」がつまったモノとして価値を捉えていることが証言からうかがえる。

これまでに示した事例②〜④でも、三線ならびに六線に人間関係を象徴するモノとしての働きがあることが明らかになった。しかし、これらが象徴していたのは、現所有者が実際に三線をやり取りした直前の所有者との関係であった。これに対しこの事例では、三線が、それを過去に継承してきた人びとの関係を想像させる媒体として機能しており、そのような人間関係を引き摺っていることに価値が付与されているのである。

ここでは三線が長期にわたって人間関係を媒介し、過去に三線を継承してきた人びとの関係の連なりを蓄積すること明らかになった。この積み重なった人間関係が、所有者にとってかけがえのない価値を形成しているのである。

六　三線に積み重なる価値と人間関係

本章では、大阪で継承された三線を対象に、三線をめぐっていかなる人間関係、価値が引き出されてきたのかを明らかにしてきた。

沖縄から大阪への人の移動は一九二〇年代から三〇年代にかけて急増した。それに伴い、移住者たちが三線を携行したり、仲買人（バクヨー）や行商人を介して入手したりして、大阪における三線の数は徐々に増加したと考えられる。大阪へ渡った三線はその後、親族、師弟、三線仲間などの人間関係のなかで継承された。

大阪独自の三線製作も行われていたことがわかった。大正区では、一九七〇年代後半から八〇年代にかけて、南港に流れてきたコクタンを入手し、それを沖縄の三線職人に送って製作させることで、三線を調達していた。この三線製作の過程では、大阪の製材業従事者や三線製作・販売の仲介者、沖縄の三線職人を結ぶ越境的な人びとのネットワークが形成されていた。したがって三線には地域間ネットワークの媒介物としての働きがあることを指摘できよう。

三線が継承される過程では、三線に対して様々な価値が付与されていた。具体的には、演奏用の楽器としてだけでなく、お礼や感謝の意が込められたモノ、記念品、誰それが演奏した、形見の品などの価値基準が存在した。本章に登場した沖縄出身者やその子孫に限って言えば、大阪へ人と三線が移動することによって生じるであろう価値観の変化はみられなかった。

さらに三線が人から人へと渡ることによって、楽器としての実用的価値から記念品的価値・関係性の象徴的価値へと価値付けが推移する事例がみられた。こうした価値付けの変化には、譲渡された経緯や、現在の所有者と前の所有者との人間関係が大きく反映されていた。三線の価値は、固定的・一義的なものではなく、その継承の過程で推移し、積み重なっていくものであることが明らかになったといえよう。

「形見の品」「誰それから譲り受けた三線」といったように、三線が持つ関係の象徴的価値は、本章で示したどの事例の所有者においても重要視されていた。三線が象徴する人間関係のありように着目すると、三線は前の所有者との関係を象徴するだけでなく、長期にわたって三線を継承してきた人びととの関係の連なりを蓄積し、過去に三線を継承してきた人びととの関係を想像させる媒体として機能していた。このように楽器としての実用性よりも三線に積み重なった人間関係の「履歴」が重視されるところに、楽器として、あるいはモノとしての三線の特徴があらわれているのではないだろうか。

三線の用途に着目すると、演奏用の楽器として使用価値が見出される場合と、楽器としては使用せず所有すること自体に価値が見出される場合とに大きく分けられる。本章で提示した事例では、大切な三線だからこそ弾かずに保管しようという者もあれば、だからこそ演奏しようという者もあった。

これと同様に、希少価値の高い戦前に製作された三線の沖縄社会での動向をみると、個人宅で大切に保管されたり博物館に寄贈されたりして楽器としての使用価値が見出されなくなる事例もあれば、一方で演奏に使用され続けている事例もまた存在する。どのような価値が強調され、どのように利用されるかについては、三線の所有者や取り巻く人びとの意向（所有者が演奏に使用してこそ意味を成すと考えているなど）、演奏活動の有無、三線に対する社会的な価値付けの推移（文化財指定など）といった多様な要因が影響しているものと考えられる。今後、三線の価値や用途の揺らぎにどのような要因が影響しているのかについて、さらなる検討を加える必要があるだろう。

1——戦前に製作された三線三六二丁を掲載した『沖縄の三線』［沖縄県教育庁文化課編 一九九三］には、ハワイや南米などから沖縄に「里帰り」した経緯を持つ三線が散見される。ハワイの「里帰り」三線にいかなる価値が付与されてきたのかについては［栗山 二〇一七］を参照されたい。

2——一九八八年一一月一日から一一月二七日まで沖縄県立博物館で開催された特別展『三線名器一〇〇挺展』の図録。

3――「平成二五年度博物館企画展「三線のチカラ――形の美と音の妙」関連事業「三線打ティーワジャコンテスト」応募要領」沖縄県立博物館・美術館ホームページ http://www.museums.pref.okinawa.jp/museum/topics/detail.jsp?id=1112（最終閲覧、二〇一六年一二月二六日）。

4――仲田順市に対して実施した聞き取り調査に基づく（二〇一五年六月二四日）。

5――クブングヮーとは、沖縄の言葉で窪地を意味し、大正区北恩加島、小林町の低湿地帯にバラックなどが建てられた地域のことである。

6――仲村英芳に対して実施した聞き取り調査に基づく（二〇一五年六月二四日）。

7――低い方から順に四度＋五度（ドーファード）の関係に調弦する本調子から、第二弦を一音高くして、低い方から順に五度＋四度（ドーソード）の関係に調弦する調弦法。

8――注6に同じ。

9――一九五一年、沖永良部島生まれ。

10――田中秀二に対して実施した聞き取り調査に基づく（二〇一五年一二月一八日）。

11――大阪・兵庫における沖縄からの芸能家の招聘については［宮城 二〇〇三］を参照した。

12――一九四五年、粟国島生まれ。

13――糸洲広志に対して実施した聞き取り調査に基づく（二〇一五年一二月五日）。

14――一九二一年、南大東島生まれ。一九九七年没。

15――山端奈歩、山端立昇に対して実施した聞き取り調査に基づく（二〇一五年一二月二四日）。

16――注15に同じ。

＊参考文献

青い海大阪支社編集部　一九八〇「関西琉球古典音楽の五十年を遡る」（『青い海』第九一号、六四～六九頁）
池宮正治　一九九三「沖縄の三線」（沖縄県教育庁文化課編『沖縄の三線』沖縄県教育委員会、四～一六頁）
池宮喜輝　一九五四『琉球三味線宝鑑』東京芸能保存会
上里宜治　一九八三「バクヨー」（『沖縄大百科事典』沖縄タイムス社）
上江洲均　二〇〇五『沖縄の民具と生活』榕樹書林
沖縄県教育庁文化課編　一九九三『沖縄の三線』沖縄県教育委員会
関西沖縄興信社　一九三五『関西沖縄興信名鑑』私家版
宜保榮治郎　一九九九『三線のはなし』ひるぎ社
栗山新也　二〇〇八『関西における沖縄出身者社会と沖縄の芸能』沖縄県立芸術大学大学院修士論文
栗山新也　二〇一七「「里帰り三線」――楽器の移動と積み重なる価値」（細川周平編著『日系文化を編み直す』ミネルヴァ書房、三五三～三六八頁）
照屋林助（北中正和編）　一九九八『てるりん自伝』みすず書房
東京文化財研究所編　二〇〇四『うごくモノ――「美術品」の価値形成とは何か』平凡社
比嘉武信編著　一九七八『ハワイ琉球芸能誌――ハワイ沖縄人78年の足跡』私家版
宮城正雄　二〇〇三『舞台――関西沖縄芸能とのふれあい』私家版
Bennett, A and Dawe, K 2001 “Introduction: Guitars, Cultures, People amd Places”, Bennett, A and Dawe, K Eds., *Guitar Cultures*, Bloomsbury Academic, pp. 1-10
Ryan, J and Peterson, R.A 2001 “The Guitar as Artifact and Icon: Identity Formation in the Babyboom Generation”, Bennett, A and Dawe, K Eds., *Guitar Cultures*, Bloomsbury Academic, pp. 89-116

コラム⑦ 伝統を建て直す 仲嶺幹と三線業界改革 ◉三島わかな

バブル崩壊直後の一九九二年、海外産の三線が日本へ流入し始めた。折しもインターネットは黎明期をむかえ、ネット販売というマクロ市場を背景に、沖縄の三線業界も否応なくグローバル経済の渦に呑み込まれていく。それから一六年後の二〇〇八年、世界の三線市場は一二億円にのぼり、その四分の三が海外産、四分の一が沖縄産という現状をどう打破するか。

業を煮やした県内食品会社の某社長が県内三線職人へ一致団結を呼びかけ、二〇一〇年、一般社団法人沖縄県三線製作事業協同組合（以下、組合）が誕生した。以来、組合の歩みはグローバル時代の生き残りをかけた挑戦の連続であり、そのなかで二〇一八年、三線が国の伝統的工芸品に指定された。それは大きなステップをもたらし、沖縄産ブランド三線の「販路開拓・後継者育成・技術の継承」の三本柱のもとで、新時代を見据えた新たな仕組みづくりがスタートした。「挑戦は途《みち》なかば」[*1]と語るのは、組合事務局の仲嶺幹さん。三線職人の幹さんは組合設立準備段階時、三二歳ながら最年少で事務局を引き受け、数十歳も年上の組合員の先輩衆との意見の違いに直面しながらも、「対話」を重ねることで互いに理解をはかり、世代間の葛藤を幾度となく乗り越えてきた。

幹さんの三線職人としてのルーツは伯父の盛英《せいえい》にさかのぼる。伯父は一三人兄弟の三男に生まれ、三線職人の奉公に出た。ひと回り年下の弟が幹さんの父・盛文《せいぶん》である。父は高校生の頃から伯父の元で修業に励み、現在六名しかいない沖縄県認定工芸士のひとりである。小学生の頃の幹さんは父の作業場を自分の居場所とし、父の側で宿題をし、作業場に散らかった木屑を片付けた。そうやって育った幹さんは一九歳で家業を本格的に手伝うようになり、二四歳の時に伯父が他界したため、伯父の店を継いで独立した。

組合が設立準備段階に入った二〇〇八年、三線の品評会が初開催された。三線はその形状から七つの型が文化財に指定されており、品評会の審査基準でも「七つの型の図面通りに作るのが正式」とされた。その点に疑問を抱いた幹さんは七つの型に指定されない「仲嶺型の真壁型」の図面で三線を製作出品し、基準外ではあるが「チュラカーギー（形状が美しい）」ということで「審査員賞」を受賞した。そんな幹さんの心には「今ある伝統を絶対的なものとは思うな」という、尊敬してやまない先輩のある学芸員の教えがあるという。

仲嶺幹さん

三線製作の喫緊の課題は材料問題にある。材料の黒檀の成長には数百年かかるので、伐採のために需要と供給のバランスが崩れてしまった現状をどう乗り越えるか。代替材として相思樹を使った試作品が二〇一九年末にお披露目された。もはやこの業界だけで解決できるわけでなく、他ジャンルと繋がり、そして様々な知恵を持ち寄ってこそ、壊れかかった伝統を建て直すことができるのではないかと、筆者に投げかける。伯父から父そして自分。世代を継ぐことによって守りたいという思いが深まり、それが心のよりどころとなる。組合活動を積極的にやっていくことは三線業界への恩返しと言う。そこには伝統を重んじるからこその改革者の姿があった。

1——なかみね・みき（一九七六年生）。沖縄県浦添市出身。沖縄県三線製作事業協同組合事務局。

音楽・映像資料紹介

本書で扱ったさまざまな沖縄芸能が、音や映像で確かめられる資料を紹介する。本書理解の助けにご活用いただきたい。ここには、パッケージ・メディアとしてまとめられた資料を紹介するが、この他にも現在ではインターネット上でたくさんの音楽・映像資料を視聴できるので、興味を持たれた方はご自身で探してみてほしい。

＊　＊　＊

CD『沖縄音楽総攬』上下巻（全一六枚組、三隅治雄監修、大城學解説、日本コロムビア、二〇〇七年）

▼沖縄・宮古・八重山三諸島の古典、民俗音楽、民謡を三〇〇曲以上収録。各曲の解説、各地の発音でのルビ付歌詞、曲目索引などを収めた別冊解説書も資料的価値が高い。

DVD『沖縄組踊選集』（二枚組、三隅治雄監修、大城學解説、日本コロムビア、二〇一二年）

▼組踊八作品（「執心鐘入」「二童敵討」「銘苅子」「女物狂」「孝行の巻」「万歳敵討」「手水の縁」「雪払い」）の主要部分を映像で収録。各作品の解説と標準語による字幕がつき、組踊の入門に最適である。

CD『沖縄の古歌謡　王府おもろとウムイ』（フォンテック、二〇〇六年）

▼琉球各地の神祭りなどでうたわれていた古歌謡「ウムイ」と、それを琉球王府が採録・編纂した「王府おもろ」（『おもろさうし』）を収める。「王府おもろ」は、おもろ歌唱法の伝承者・山内盛彬の歌唱による。

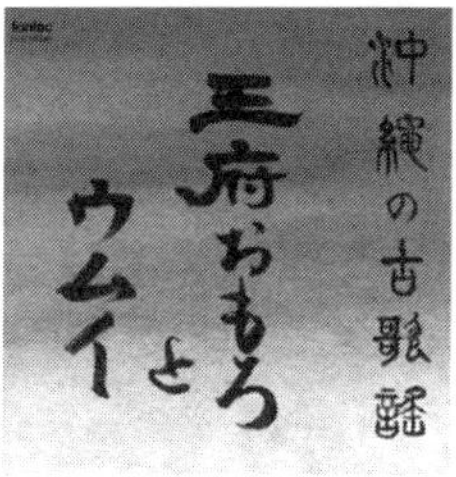

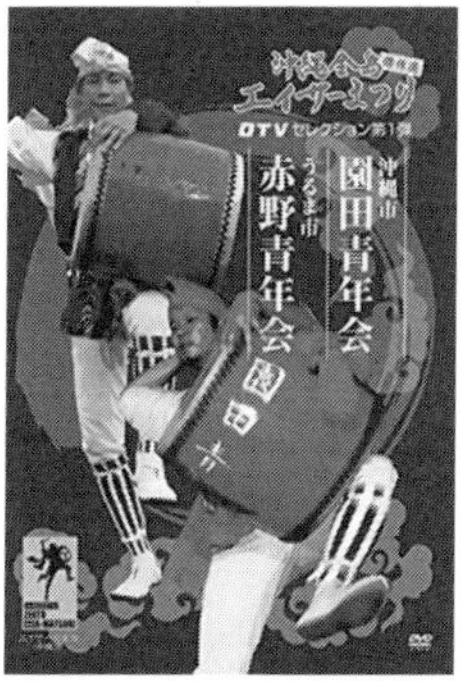

DVD『沖縄全島エイサーまつり 傑作選！ OTVセレクション』（沖縄テレビ開発／ゴマブックス、二〇一六年）

第一弾：園田青年会・赤野青年会

第二弾：山里青年会・平敷屋青年会（西）

第三弾：東青年会・平敷屋青年会（東）

第四弾：諸見里青年会・屋慶名青年会

▼沖縄全地域から選抜された団体が演舞を披露する「沖縄全島エイサーまつり」のアーカイブ映像の中から、沖縄テレビがセレクトしたシリーズDVD。人気エイサー団体の名演舞を見ることができる。

あとがき

沖縄も今年で太平洋戦争後七五年、日本復帰後四八年を迎えた。この間、沖縄の日本の中での位置づけや沖縄を取り巻く世界の情勢も大きく変容してきている。日本復帰時の沖縄の入域観光客数四四万人が、いまや一千万人を超える状況である。こうした社会状況の変化に伴って、沖縄文化のあり方そのものも変容してきている。とうぜんそれらについての研究も対象や方法論を変化させなければならない。

本書は、琉球・沖縄の音楽芸能を対象とし、若手研究者による様々な角度からの論考を集めた論集である。各論文の執筆者は、みな沖縄県立芸術大学と関わりをもっている。沖縄県立芸術大学は一九八六年に初の県立大学として美術工芸学部、附属研究所の構成で開学し、一九九〇年には音楽学部も開設された。それ以来、大学院修士課程・博士課程を増設しつつこれまでに多くの卒業生、修了生を送り出してきた。今回の執筆陣は、ある者は大学院で研鑽を積み学位（修士、博士）を取得し、ある者は大学に奉職して琉球・沖縄の音楽芸能研究の道を邁進している。本論文の多様な研究対象と研究方法を見ると、開学以来三〇年を超えた沖縄県立芸術大学が、沖縄の音楽芸能研究センターとしての働きを着実に果たしていることを実感できる。

　本論集のもう一つの特徴として、各論文が近世琉球、近現代沖縄といった特定の時代、あるいは沖縄の特定の島や市町村といった地域や行政単位にかならずしも限定できない文化事象に注目している点を挙げることができる。ある重要なテーマが、時空間を超えて各論文の間で響き合っていることにも注目したい。近世琉球における多様で柔軟な王府芸能の上演のあり方が近代沖縄にも継承され、それがさらに地域に波及展開してゆき八重山において祝宴の多様性を見せつつ、「長者の大主」という芸能が核としての強固な存在感を保ち続けているという指摘は興味深い。

　また、ラジオという近代の支配的なメディア空間において構築された琉球・沖縄イメージが現代にまで及ぼす力は、現代沖縄において隆盛を極めた古典芸能コンクールという「社会文化装置」における「型の統一」や演者の「性」をめぐる権力性の問題とも通じている。さらに現代沖縄におけるエイサーの伝播状況は、従来の民俗学的な様式分布に基づくのではなく、一九五〇年代以来盛んとなったエイサーコンクールでの社会的、メディア的評価に大きく依存している。特定の時空間を超えて介在するマスメディアや社会文化装置が沖縄文化の方向性に支配的な影響力をもつという、現代社会特有の様相が浮かび上がってくるのである。

　さらに、近代以降の沖縄からハワイへの移民に伴う沖縄芸能の伝播が、当地での独自の展開を導き、沖縄―ハワイ間での双方向的な交流によって創造・越境・還流というダイナミックな文化運動を生み出してゆく。そうした運動は人と芸能においてだけではなく「モノ」の移動においても生起する。沖縄を代表する楽器である三線も移民、出稼ぎなどによって、人とともに移動する。その移動が人間関係の履歴を伴いながら連鎖的、越境的ネットワークを形成してゆくのである。

天皇と元号がかわった昨年は、組踊誕生三〇〇周年の節目でもあり、沖縄の内外で組踊の公演が多く企画された。そこにおいては、ただ組踊を上演するにとどまらず、沖縄の人々にとって組踊、琉球芸能がこれまでどのような価値を持ってきたのか、これからどのような意味を担ってゆけるのかという真摯な問いが突きつけられた一年でもあった。

首都東京の中心で大嘗祭の諸儀礼が遂行された晩秋に、再建から三〇年近くを経てようやく沖縄の人々の心のよりどころとして定着しつつあった首里城が炎上し、人々の心に大きな喪失感を与えた。編者は首里城のお膝元に位置する大学にいて、炎に包まれる首里城を呆然と見つめていた。

しかし文化とは第一義的には今を生きる人々の心の中にあるものであり、日々生み出されるものである。沖縄で日々実践される音楽や芸能のパフォーマンスこそが、沖縄文化再構築の明日への一歩を導く道なのである。本書が、二一世紀沖縄文化のこれからを展望するひとつの手がかりとなることを願っている。

二〇二〇年二月二〇日

久万田晋

呉屋淳子（ごや・じゅんこ）

沖縄県立芸術大学音楽学部准教授。文化人類学。

『「学校芸能」の民族誌――創造される八重山芸能』（森話社、2017年）、『文化権力――帝国とポスト帝国の連続と非連続』（共著、小花、2019年、韓国語）

遠藤美奈（えんどう・みな）

沖縄県立芸術大学音楽学部准教授、京都市立芸術大学日本伝統音楽研究センター客員研究員。民族音楽学。

「戦前のハワイにおける「琉球盆踊」の歴史――マウイ島内での継承とその背景について」（『移民研究』第7号、2011年3月）、「ブラジルにおける琉球古典音楽の継承――沖縄からもたらされたそれぞれの「国際化」」（『移民研究』第8号、2012年9月）

栗山新也（くりやま・しんや）

国立民族学博物館外来研究員。沖縄芸能研究、民族音楽学。

「「里帰り三線」――楽器の移動と積み重なる価値」（細川周平編『日系文化を編み直す』ミネルヴァ書房、2017年）、"Music and Performing Arts of Okinawans in Interwar Osaka"（Hugh de Ferranti and Alison Tokita eds. *Music, modernity and locality in interwar Japan: Osaka and beyond*, Ashgate Publishing Ltd, 2013）

[編者]
久万田晋（くまだ・すすむ）
沖縄県立芸術大学附属研究所教授。民族音楽学、民俗芸能論。
『沖縄の民俗芸能論——神祭り、臼太鼓からエイサーまで』（ボーダーインク、2011年）、『日本民謡大観（沖縄奄美）奄美諸島篇』（共著、日本放送出版協会、1993年）

三島わかな（みしま・わかな）
沖縄県立芸術大学附属研究所共同研究員、同大学音楽学部講師。音楽学、洋楽受容史。
『近代沖縄の洋楽受容——伝統・創作・アイデンティティ』（森話社、2014年）、『文化としての日本のうた』（共著、東洋館出版社、2016年）

[執筆者]（掲載順）
飯田泰彦（いいだ・やすひこ）
竹富町教育委員会、名桜大学国際文化研究科後期博士課程。沖縄芸能史、民俗芸能論。
「八重山の祭祀、芸能にみる「世」の表現」（『沖縄文化』第52巻1号、2019年6月）、『八重山探検隊レポート集——郷土学習の手引き』（共著、石垣市立図書館、2015年）

鈴木耕太（すずき・こうた）
沖縄県立芸術大学附属研究所准教授。琉球文学・文化学。
『琉球・沖縄芸能史年表（古琉球～近代編）』（公益財団法人国立劇場おきなわ、2010年）、「『琉球戯曲集』の真価を問う——『校註 琉球戯曲集』収録の組踊と諸本の校合」（『奄美沖縄民間文芸学』第15号、2018年）

沖縄芸能《おきなわげいのう》のダイナミズム――創造《そうぞう》・表象《ひょうしょう》・越境《えっきょう》

2020年4月15日　初版第1刷発行

編　者……………………久万田晋・三島わかな
発行者……………………西村　篤
発行所……………………株式会社七月社
〒182-0015　東京都調布市八雲台2-24-6
電話・FAX　042-455-1385
印刷・製本……………株式会社厚徳社

Printed in Japan　ISBN 978-4-909544-07-0　C0073